本书由国家自然科学基金（71673215）、国家自然科学基金（71974158）和西部文化创意产业协同创新中心资助。

中国货币政策与宏观审慎政策协调搭配研究

ZHONGGUO HUOBI ZHENGCE YU HONGGUAN
SHENSHEN ZHENGCE XIETIAO DAPEI YANJIU

杨秀云 吴智华 著

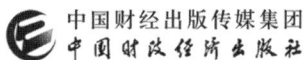

中国财经出版传媒集团
中国财政经济出版社

图书在版编目（CIP）数据

中国货币政策与宏观审慎政策协调搭配研究／杨秀云，吴智华著．--北京：中国财政经济出版社，2020.9

ISBN 978 – 7 – 5095 – 9900 – 6

Ⅰ.①中… Ⅱ.①杨…②吴… Ⅲ.①货币政策－研究－中国 Ⅳ.①F822.0

中国版本图书馆 CIP 数据核字（2020）第 121418 号

责任编辑：陆宗祥　　　　　责任校对：李　丽
封面设计：卜建辰　　　　　责任印制：史大鹏

中国财政经济出版社 出版

URL：http://www.cfeph.cn

E – mail：cfeph@cfeph.cn

（版权所有　翻印必究）

社址：北京市海淀区阜成路甲 28 号　邮政编码：100142
营销中心电话：010 – 88191522
天猫网店：中国财政经济出版社旗舰店
网址：https://zgczjjcbs.tmall.com
北京财经印刷厂印装　各地新华书店经销
成品尺寸：170mm×240mm　16 开　11 印张　189 000 字
2020 年 10 月第 1 版　2020 年 10 月北京第 1 次印刷
定价：65.00 元
ISBN 978 – 7 – 5095 – 9900 – 6
（图书出现印装问题，本社负责调换，电话：010 – 88190548）
本社质量投诉电话：010 – 88190744
打击盗版举报热线：010 – 88191661　QQ：2242791300

序

20世纪八九十年代，美联储将通货膨胀作为唯一的政策目标实现了较为稳定的宏观经济效果，尤其是"大缓和"时期快速的经济增长伴随着低水平的通货膨胀更为紧盯通胀的传统货币政策理论提供了强有力的经验支撑。然而，2008年美国次贷危机所引发的金融危机事件却表明，在货币政策紧盯通货膨胀的同时，系统性金融风险却可能也在逐渐积累。一些学者认为，格林斯潘领导下的美联储在2000年互联网泡沫破裂后，将联邦利率长期保持在较低水平鼓励了对房地产市场的过度投资，最终导致次级抵押贷款市场金融风险的快速积累；也有学者认为，中国在2003年加入WTO后对美国出口的大量廉价商品压低了美国的通货膨胀，而将经常项目顺差投资到美国资本市场，对于推动资本市场过度繁荣也负有不可推卸的责任，这导致了传统货币政策传导渠道失效，最终演化成一场全面的经济危机。

无论上述观点是否能够得到学术界和相关政策当局的普遍赞同，但2008年金融危机的经验却表明，一方面紧盯通货膨胀的货币政策在新的经济背景下似乎难以实现金融稳定目标，货币政策将资产价格作为政策考虑的辅助变量也具有一定的理论基础；另一方面，次贷危机也表明金融衍生品市场的快速发展可能会导致金融机构对其持有的风险资产作出错误定价，传统上以单一金融机构资本监管为核心的微观审慎监管政策无法有效防范系统性金融风险的积累和传导，而金融机构的风险承担行为更加大了金融顺周期性对宏观经济的影响。金融危机过后，系统性金融风险管理成为宏观金融稳定的核心内容，宏观审慎的政策理念及其实践也逐渐受到世界各国的关注。相对于货币政策，目前学界广泛认为宏观审慎政策在降低系统性金融风险的积累和传导、维护金融系统整体稳定方面存在明显优势，但宏观审慎政策必然会对货币政策的信贷渠道产生一定程度的影响。因此，如何处理好逆周期的宏观审慎政策与货币政策之间的关系，对推动我国宏观经济政策调控和完善金融监管制度框架具有一定的理论价值和现实意义。

鉴于此，基于对现有文献的系统性梳理和分析，本书从理论和实证两个方面对货币政策与宏观审慎政策协调搭配的机制和效果进行分析。就理论分析而言，分析上述两类政策在维护价格稳定与金融稳定方面的优势和不足，指出两者的协调作用与协调机理，选定新凯恩斯动态随机一般均衡模型作为基本分析框架，从逆周期金融风险调控的视角，识别货币政策与宏观审慎政策盯住的目标变量、传导机制和政策外溢效应，明确两者在维护金融稳定方面的差异，指出两者协调搭配的必要性；以此为基础，从合作均衡与非合作均衡的视角对两者协调搭配的社会福利效果和机制进行定量与定性的分析，指出两者协调搭配的可行方式。就实证检验而言，本书对宏观审慎政策关于不同类型货币政策工具维护金融稳定的效果差异进行了检验。最后，以上述研究结论为依据，提出具有可操作性的、精准的政策建议。

目前，针对货币政策与宏观审慎政策及其两者之间关系的研究已取得了较大进展。作者认为，宏观审慎政策的核心在于抑制金融顺周期性和系统性金融风险在金融机构之间的分散和传播，降低因合成谬误而导致的金融危机发生的概率。自2000年以来中国在不断推进利率市场化改革，但政府对国有企业的隐形担保等金融政策却将金融资源不断地向生产率较低的国有企业或僵尸企业配置，这就产生了有别于发达国家的资产价格泡沫——衰退式资产价格泡沫，即经济越不景气，资产价格却越高。在经济周期与资产价格运动方向不一致时，宏观审慎政策便体现出其重要的工具价值，这也是作者认为的：尽管中国货币政策能够有效抑制以银行信贷为主的金融风险积累，但宏观审慎政策更在于降低因金融扭曲而产生的金融风险，强化银行资本配置效率。最后，在中国尚未建立一个有效率的金融系统时，至关重要的不仅是防范系统性金融风险，更应该做的是，在金融风险可控下，逐渐放松对金融部门的监管，开放金融市场，鼓励竞争，强化资本市场对资本的配置效率，而不是因控制金融风险而忽视了金融部门的市场化改革。

此为序。

作者

2019年于西安交通大学雁塔校区

目 录

1 绪论 ·· 1
1.1 研究背景 ·· 1
1.2 研究意义 ·· 5
1.3 研究方法与拟解决的关键问题 ··· 6
1.4 研究思路与研究内容 ·· 9
1.5 主要创新点 ··· 13

2 文献综述 ··· 16
2.1 货币政策相关理论 ·· 17
2.2 宏观审慎政策 ··· 32
2.3 货币政策与宏观审慎政策 ··· 41
2.4 文献述评与本书的研究方向 ··· 46

3 货币政策与宏观审慎政策协调搭配的机理分析与模型构建 ····· 50
3.1 货币政策与宏观审慎政策协调搭配的机理分析 ················ 50
3.2 货币政策与宏观审慎政策协调搭配的模型构建 ················ 54
3.3 本章小结 ··· 77

4 货币政策与宏观审慎政策维护金融稳定效果的差异分析 ········ 82
4.1 货币政策的目标变量识别和金融稳定效应 ······················ 83
4.2 宏观审慎政策的目标变量识别和金融稳定效应 ··············· 87
4.3 货币政策与宏观审慎政策的传导机制分析 ······················ 90
4.4 货币政策和宏观审慎政策的政策外溢效应 ······················ 95
4.5 本章小结 ·· 102

5 货币政策与宏观审慎政策协调搭配的机制分析 ………………………… 105

5.1 货币政策与宏观审慎政策协调搭配的福利效果 …………… 105
5.2 货币政策与宏观审慎政策协调搭配的传导机制分析 ……… 108
5.3 稳健性检验 ………………………………………………… 118
5.4 本章小结 …………………………………………………… 120

6 货币政策与宏观审慎政策协调搭配的实证分析 ………………………… 122

6.1 变量选取、模型构建与数据描述 ………………………… 123
6.2 实证分析 …………………………………………………… 129
6.3 稳健性检验 ………………………………………………… 139
6.4 本章小结 …………………………………………………… 144

7 结论与政策建议 ……………………………………………………… 146

7.1 主要结论 …………………………………………………… 146
7.2 相关政策建议 ……………………………………………… 149
7.3 研究展望 …………………………………………………… 151

参考文献 …………………………………………………………… 153

1 绪 论

1.1 研究背景

在 2008 年美国次贷危机所引发的金融危机之前，主流宏观经济理论认为，货币政策的主要目标在于维护价格稳定与充分就业，只要宏观经济保持合理的低通胀水平，以通胀目标制为导向的货币政策和对银行的微观审慎监管就能确保实体经济与金融系统的整体稳定。次贷危机的爆发引起了对其成因的探讨。主流观点认为，游离于商业银行监管体系之外的影子银行是此次危机爆发的根源，而金融监管政策和货币政策亦纵容和助长了危机的扩大和蔓延：资产证券化使影子银行能够运用与正规商业银行类似的期限转换从机构投资者处获得短期负债，以更高的杠杆率为长期资产（住房抵押贷款）融资，短期逆回购市场较低的资本成本融通了证券化资产的发行，反过来以资产支持证券作为抵押物，进一步扩大融合和债务发行规模，这种模式使影子银行形成了极易受到冲击的闭环回路，其脱离于监管体系之外创造的流动性最终导致危机爆发[1][2]。

基于金融危机成因的探讨，学术界和相关政策当局对传统货币政策理论和金融监管模式进行了深刻的反思：一方面，认为传统上紧盯通货膨胀的货币政策似乎不能实现金融稳定，美国的通货膨胀率在次贷危机前一直保持在合理的低水平，而信贷规模快速扩张导致资产价格泡沫急剧膨胀，金融风险不断累积，金融失衡引发的危机最终对宏观经济产生了显著的负面溢出效应，将资产价格或信贷量等金融指标纳入传统 Taylor 规则之中，对系统性金融风险做出必要的反应也逐渐得到众多学者的支持；另一方面，以资本充足率、市场纪律和监督检查为核心的微观审慎监管政策框架（《巴塞尔协议 II》的主要内容）在金融创新进程加快、金融系统内部复杂度显著提升的背景下，并未有效阻止金融风险的积累和传导，金融机构的顺周期性特征更强化了系统性金融风险对宏观经济的影响。

在此背景下，国际清算银行（BIS，2009）提出了"宏观审慎"的概念，希望借此解决金融系统顺周期性、监管不足和监管标准低等系统性金融问题。宏观审慎政策是指运用潜在工具为实现金融稳定目标而采取的各类政策总和，宏观审慎政策主要通过约束金融市场参与者事前过度风险承担动机，降低单一金融结构对系统性金融风险的边际贡献，防范"合成谬误"，增强金融系统应对不利冲击的弹性进而抑制系统性金融风险的积累和传导，从而维护金融系统的整体稳定[3]。危机过后，20国集团（G20）于2010年末批准了《巴塞尔协议Ⅲ》的基本框架。该协议主要包括加强宏观审慎监管、增强对金融系统逆风向调节等相关内容。与之前的微观审慎监管相比，宏观审慎监管侧重于关注"给定时点上的金融风险跨机构分布和整个系统的跨时间分布"，前者指因金融机构的相互关联和同质性而产生的共同风险敞口问题，后者指如何抑制金融系统的顺周期性特征。综合来看，宏观审慎政策的核心在于以逆风向调节的方式降低金融系统过度风险承担所产生金融风险的积累和传导，以提高金融部门资产头寸的方式强化其抵御外部不利冲击的能力。

从现实经济角度来看，随着金融冲击成为驱动宏观经济波动最为重要的影响因素，各国政府日益关注金融稳定性问题，在确保微观审慎监管的基础上，逆周期的宏观审慎政策也普遍受到各国中央银行的重视。在以《巴塞尔协议Ⅲ》为主的宏观审慎政策出台后，世界各主要经济体纷纷响应，针对本国实际情况在金融监管环节融入宏观审慎的监管理念。例如，2009年，英国议会通过《银行法案》和英国财政部提出的《金融市场改革》白皮书，成立金融市场改革委员会以加强宏观审慎政策力度，监督并解决可能威胁到金融系统整体稳定的各类风险；2010年，美国出台了《多德—佛兰克法案》以加强宏观审慎管理，抑制系统性金融风险的积累；中国人民银行于2015年底建立并完善了金融机构宏观审慎评估（MPA）体系，明确表示"加强宏观审慎管理是当前推动金融监管的核心内容"。基于宏观审慎政策框架，如何处理好逆周期调节的宏观审慎政策与货币政策之间协调搭配的问题，在物价稳定基础上，进一步实现金融稳定已经成为当前宏观经济理论研究的重点。

宽松的货币政策通过金融机构风险承担行为和资产负债表途径，降低了金融机构对风险资产的感知和容忍度，导致信贷供给过快增长，由信贷驱动的资产价格泡沫削弱了金融系统的稳健性，尤其当资产价格泡沫与信贷供给水平形成螺旋式上升局面时，金融系统脆弱性将急剧增加，这表明货币政策也能够对金融系统稳定性产生一定影响。然而，作为全局变量的货币政策却很难针对金融领域内风险产生足够的抑制作用，而不产生显著的政策外溢效应。IMF（2009）认为，在不运用宏观审慎政策条件下，利用货币政策抑制信贷市场过热，需要较大幅度的利率调整，而在资产价格不断上涨的预期下，提高利率尽管能够增加投资者的融资成本，却很难抑制资产价格不断上涨的过度乐观预期和投资者激进的风险资产选择行为[3]。相对于较"钝"的货币政策工具，宏观审慎政策工具比较精准，能够针对具体金融领域内风险做出足够的反应，降低结构性金融失衡，减轻货币政策维护金融稳定的负担，增强其维护价格稳定承诺的可信度。

显而易见，单独使用货币政策影响存款基准利率，改变实体经济的储蓄和借款决策，促使金融机构调整资产负债表结构，从全局角度可以增强金融系统稳定性，却不可避免对实体经济产生较大程度溢出效应；而宏观审慎政策能够直接作用于金融系统决策，为未预期到的冲击提供足够的政策缓冲空间，降低外生冲击通过金融系统信贷传导渠道引发的宏观经济过度波动幅度。可见，货币政策与宏观审慎政策均能通过商业银行信贷传导渠道对实体经济和金融稳定施加影响，这提出了以下三方面问题：（1）是否单独使用货币政策或宏观审慎政策能够以成本最低的方式实现实体经济与金融系统的"双稳定"？（2）如果不能单独使用货币政策或宏观审慎政策，那么又如何协调才能将两者之间的政策外溢效果降低到最低程度，为金融部门和实体经济的长期稳定发展创造有利的局面？（3）现阶段我国货币政策与宏观审慎政策协调搭配的效果如何，对于货币政策有何启示？综合来看，研究货币政策与宏观审慎政策协调搭配的问题具有重要的理论价值和现实意义。

目前，学术界对宏观审慎政策的产生背景、主要内容及其防范金融风险的内在逻辑进行了清晰的梳理，而关于货币政策与宏观审慎政策之间协调搭配的研究还未能取得一致见解，即对货币政策致力于实现物价稳定、逆周期宏观审慎政策通过降低信贷过度波动而努力维护金融系统稳定的两分法存在一定程度的争议。此外，国内对上述两者之间关系的研究主要侧重于对其在维护物价和金融系统"双稳定"的必要性、政策目标和政策信号源识别选取等问题，而对货币政策紧盯通胀、逆周期宏观审慎政策负责维护金融系统稳定，两者之间是否需要协调机制以及如何协调，从而导向最优经济均衡的研究却相对缺乏。从微观层面来讲，目前国内大部分相关研究中的理论模型仅包含单一的宏观审慎政策工具，而对单一监管政策工具通过金融系统决策所导致的政策外溢效重视不足，即不同的宏观审慎政策工具也需要相互配合，共同维护金融系统的整体稳定；事实上，宏观审慎政策工具搭配不足或配合失误可能引发金融机构策略性调整相关决策而实现监管套利，从而削弱了宏观审慎政策维护金融稳定的整体效果。此外，相对于国外发达国家将名义利率作为货币政策工具，我国金融市场发展并不成熟，利率传导渠道也并不通畅、中国人民银行综合采用价格型和数量型的货币政策调控方式实现其宏观经济目标[4]。那么，与此相关的一个核心问题是，当前阶段我国宏观审慎政策是否配合货币政策对金融稳定产生了实质性影响，利率市场化的改革方向是否有助于实现金融稳定目标？

针对前文所提出的问题，本书拟从两个方面开展研究：第一部分是理论研究，包括对货币政策与宏观审慎政策在降低系统性金融风险方面的传导机制和政策外溢效果方面的分析，以及对上述两类政策最优协调机制的分析；第二部分是实证分析，即对当前阶段我国货币政策与宏观审慎政策协调搭配的效果进行实证分析。基于对货币政策与宏观审慎政策协调搭配机理的分析。本书拟构建一个包含住房抵押贷款比和商业银行资本监管两种宏观审慎政策工具将商业银行决策内生化的新凯恩斯动态随机一般均衡模型（Dynamic Stochastic General Equilibrium，DSGE）分析框架，从以下两个方面发展并完善现有研究成果，为现阶段我国健全"货币政策＋宏观审慎政策"双支柱调控框架提供理论支撑和政策建议：

(1) 货币政策与宏观审慎政策维护金融稳定的效果分析。

首先，研究纳入金融因素的扩展型 Taylor 规则是否有助于实现金融稳定目标，据此识别相应的目标变量；其次，在模型中引入住房抵押贷款比和商业银行资本监管两种宏观审慎政策工具，探究其是否能够维护金融系统稳定并识别对应政策工具的目标变量；再次，对货币政策与宏观审慎政策在维护金融稳定的政策调控机制差异进行了定性分析；最后，对货币政策与宏观审慎政策在不同外生冲击下的政策外溢效果进行分析，指出两类政策协调搭配的必要性。

(2) 货币政策与宏观审慎政策协调搭配的机制分析。

首先，分别定义货币政策和宏观审慎政策的目标函数，在合作与非合作均衡的视角下求解不同外生冲击下上述两类政策盯住目标变量的最优政策参数，对两者合作或非合作的福利效果进行评价；其次，对货币政策与宏观审慎政策之间的最优协调机制进行分析，尤其当单一监管政策工具引起金融机构监管套利行为时，额外监管政策工具对前者溢出效应的修正作用，即宏观审慎政策工具之间也需要就其政策目标和政策力度相互配合，以避免金融机构监管套利行为削弱宏观审慎政策的整体有效性；最后，针对部分研究者提出的将其他变量作为两类政策协调搭配中介变量的研究，对前述研究结论进行检验。

从实证研究角度来讲，本书将利用中国银行业微观数据，分别选取恰当的货币政策和宏观审慎政策代理变量，构建被解释变量为银行贷款增速和风险承担水平的动态面板模型，利用系统 GMM 方法对货币政策与宏观审慎政策及其两者协调搭配的效果进行实证分析。

1.2 研究意义

现阶段，金融领域内生风险已经成为中国宏观经济不稳定的重要来源之一，作为全局变量的货币政策能够从整体上对金融失衡做出一定程度的矫正。然而，货币政策传导链条过长，传导过程中可能因各种金融摩擦的存在导致其无法对局部领域内金融风险产生足够的抑制作用，抑或能够发挥作用，但较大的反应强度可能导致宏观经济的不稳定。宏观审慎政策弥补了上述不足，能够直接针对具体金融领域内风险做出充足的反应，降低了货币政策的负担。然而，使用单一的宏观审慎政策工具可能因金融机构监管套利行为而产生显著的负面溢出效应，削弱了宏观审慎政策维护金融稳定的整体效果，如何利用多种宏观审慎政策工具，避免金融机构监管套利行为，实现货币政策与其协调搭配，对全面降低金融系统风险，实现宏观经济长期持续稳定发展具有重要的现实意义。此外，考虑到现阶段我国正处于货币政策调控模式转轨时期，中国人民银行综合运用数量型和价格型的货币政策调控金融市场流动性水平并借以实现其宏观经济政策目标，宏观审慎政策对于当前我国不同类型货币政策工具的调控效果产生了何种影响，该问题对于现阶段我国货币政策当局在货币政策调控方式转轨阶段维护金融稳定具有重要的借鉴价值。

本书首先基于相关文献的梳理和分析，对货币政策与宏观审慎政策在维护价格稳定和金融稳定方面的优势和不足进行归纳总结，从理论上明确两者协调搭配的协同作用和协调机理；其次，构建了一个纳入局部金融监管政策工具和全局金融系统监管政策工具，将商业银行决策内生化的新凯恩斯动态随机一般均衡模型，形成一个研究我国货币政策与宏观审慎政策调控金融系统和宏观经济的基本经济政策分析框架，对两类政策在维护金融稳定方面的效果和差异进行分析和评价；再次，基于该分析框架，从合作均衡与非合作均衡的视角对货币政策与宏观审慎政策协调搭配的最优协调机制进行分析，得到两类政策协调搭配的中介变量和具体的协调搭配模式；最后，利用商业银行微观数据，检验宏观审慎政策对货币政策的银行信贷传导渠道和风险承担行为的影响，为完善货币政策与宏观审慎政策协调搭配提供经验上的支撑。

从理论意义来讲，本书将从理论角度构建一个中国情境下货币政策与宏观审慎政策协调搭配的统一分析框架，揭示货币政策与宏观审慎政策在维护金融稳定方面的传导机制和政策外溢效果，探究了两者协调搭配的福利效果和可行方式，给出了两类政策协调搭配视角下货币政策调控转轨阶段的货币政策实践方向。

综合来看，本书从理论和实证两个维度丰富和发展了货币政策与宏观审慎政策协调搭配的已有研究，为现阶段货币政策和宏观审慎政策出台相关政策措施提供了科学的支撑，具有一定的理论价值和现实指导意义。

1.3 研究方法与拟解决的关键问题

1.3.1 研究方法

如前文所述，本书需要从理论和实证两个方面对货币政策与宏观审慎政策协调搭配的相关问题展开分析。从理论方面来看，将采用新凯恩斯动态随机一般均衡模型对上述两者及其协调搭配的问题进行研究；从实证方面来看，考虑到商业银行信贷增速和风险承担行为方面的惯性，为解决引入被解释变量一阶滞后项所带来的内生性问题，采用动态面板广义矩估计（System – GMM）方法予以解决。

（1）新凯恩斯动态随机一般均衡（NK – DSGE）模型。

NK – DSGE 模型的主要优点在于将宏观经济变量之间的关系建立于微观经济个体最优化行为决策基础之上，有效避免了"卢卡斯批判"，通过在模型中引入消费惯性、工资和价格黏性、流动性约束、"金融加速器"机制、资本利用率和投资调整成本等经济摩擦，在宏观经济变量波动特征与实际经济数据之间建立起有效联系；对于模型中大量结构性参数和不可识别的外生冲击，综合采用校准和贝叶斯估计的方法进行参数识别，贝叶斯估计能够有效利用相关参数的先验统计信息，尽可能避免因观测变量样本较少而导致参数估计过程中所产生的弱可识别问题；为了确保模型能够反映现实经济变量之间的动态调整路径，本书将对参数估计后模型中的可观测变量稳态值之间比例关系与对应的现实数据统计关系进行匹配、对随机模拟变量与现实经济变量之间的二阶矩进行对比分析，以证明模型的现实解释力和参数的合理性；最后，采用脉冲响应分析和数值模拟等定性与定量相结合的方式对货币政策与宏观审慎政策的传导路径、政策外溢效果及其两者的协调搭配进行分析，以稳健性检验的方式增强研究结论的可靠性。

（2）动态面板系统广义矩估计（System-GMM）方法。

在静态面板模型中引入被解释变量一阶滞后项使之成为动态面板模型不可避免引入了内生性问题，导致传统静态面板的估计方法将得到有偏、非一致的估计结果。为此，可以通过一阶差分消除动态面板的固定效应，同时选取恰当的被解释变量滞后值作为差分方程的工具变量，选取被解释变量和解释变量作为水平方程的工具变量，结合差分方程和水平方程，得到动态面板系统广义矩估计结果。

1.3.2 拟解决的关键问题

本书拟解决的核心问题包括两个方面：一是理论建模问题，二是政策实践问题。

（1）理论建模。

标准 NK-DSGE 模型并未刻画经济主体的异质性，后续研究对其进行了改进和扩展，以刻画现实经济的复杂度，提高模型的解释力。本书研究目标为货币政策与宏观审慎政策协调搭配，因此需要在模型中引入金融摩擦以反映宏观审慎政策作用于金融系统对金融稳定性的影响。目前，宏观经济模型主要引入金融摩擦——抵押贷款比和"金融加速器"两种机制，这两者因具有扎实的微观经济基础，对现实经济波动有较高程度解释力而成为 DSGE 模型的重要构成部分。

Iacoviello（2005）将家庭部门扩展为储蓄型与借贷型两类家庭，引入住房存量市场和相应的住房抵押贷款约束而扩展了传统 DSGE 模型，该模型因具有较高的现实经济拟合能力和较低的参数敏感度而成为当前异质性经济模型的基础[5]；考虑到住房信贷在商业银行信贷中的重要性和房地产市场对我国宏观经济波动的影响程度日益显著，在 Iacoviello（2005）模型基础上的扩展模型对现阶段我国房地产市场调控具有重要的现实意义。此外，Christiano et al（2014）将企业融资溢价纳入传统 NK – DSGE 中，发现企业融资溢价波动对美国和欧盟宏观经济波动具有显著的解释力；如何将"金融加速器"机制引入建模过程中，阐述企业经营风险冲击对宏观经济的解释力也是本研究需要解决的关键问题。

在金融危机蔓延和扩散过程中，金融系统因过度杠杆化，较低程度的资本损失导致了市场流动性迅速枯竭，对宏观经济造成了严重负面影响，因此有必要将金融部门扩展进来，对两类政策协调搭配降低金融部门杠杆的机制和福利进行分析。此前，关于商业银行部门建模方式以 Gerali et al（2010）模型中的处理方式为主，但该模型对金融系统决策行为的刻画本质上仍属于变量之间的统计性关系，尽管其对现实经济数据具有较好的拟合能力，但却因其并不属于结构化模型，利用此模型进行相关政策的理论分析依然未能摆脱"卢卡斯批判"。另一方面，根据本书内容，需要在模型中引入局部宏观审慎政策工具与全局宏观审慎政策工具，前者可以直接针对房地产市场波动做出一定程度反应，降低房地产市场风险，后者会针对金融系统整体信贷状态做出反应；在此基础上，为了研究单一监管政策工具下金融系统的监管套利行为，需要将商业银行系统决策内生化，即商业银行对家庭部门住房贷款与对企业贷款的决策都应该是在最优化条件下做出的。Gertler & Karadi（2011）构建了一个非传统货币政策模型，研究了在零名义利率约束下美国量化宽松政策对降低金融危机损害程度的效果；此外，该模型将银行间市场拆借利率与银行杠杆率联系起来，也属于结构化模型，对于本书将在模型中引入的内生化银行决策决策具有重要的借鉴价值。综上所述，本书将构建的模型需要将上述结构化模块纳入一个统一的分析框架下，对各模型之间相互衔接的地方需要进行细致的处理，构建一个具有统计性特征的结构化模型。该模型应具有现实经济的解释力和拟合力，能够进行政策分析并指导政策实践。

（2）政策实践。

从货币政策与宏观审慎政策协调搭配以指导政策实践的角度来讲，主要需要关注以下三个方面的问题：

第一，宏观审慎政策需要采用与货币政策类似的方式盯住恰当的目标变量，该变量要易于识别和监测，能够有效应对不同类型外生冲击，即该目标变量应该具有普适性；此外，在与宏观审慎政策协调搭配背景下，货币政策是否依然需要对相关金融指标做出恰当的反应，在与宏观审慎政策共同维护金融稳定过程中,考虑到不同宏观审慎政策工具可能存在目标冲突或重叠,故需要两种宏观审慎政策工具之间就信贷政策力度相互协调。

第二,货币政策和宏观审慎政策之间协调搭配的传导路径。从指导政策实践角度来讲,明确不同政策工具的调控模式和具体机制,对于确定政策工具的适用范围和政策特征具有较强的指导性。在识别政策工具的调控机理的基础上,进一步分析货币政策与宏观审慎政策搭配的协调模式是指导实践的重要内容。恰当的政策协调模式至关重要,可以发挥各自政策工具的优势,以较低成本实现较大的社会福利所得,而错误的政策搭配方式会造成显著的政策外溢效果,可能使宏观经济向难以预期的方向发展。

第三,在当前中国人民银行综合采用价格型和数量型货币政策调控宏观经济的背景下,宏观审慎政策与货币政策协调搭配的效果如何。发达国家采用利率这一价格型货币政策工具,中国人民银行采用流动性管理对商业银行的流动性状态进行管理,而存款基准利率直接影响家庭部门储蓄,进而通过利率传导渠道发挥金融稳定的作用,因此不同货币政策工具与宏观审慎政策协调搭配的效果如何,利率市场化的改革方向对于宏观审慎政策将产生何种影响,都是当前阶段亟须研究的问题。

1.4 研究思路与研究内容

1.4.1 研究思路

本书拟从以下四个方面着手,逐层推进:一是在对货币政策与宏观审慎政策协调搭配机理进行分析的基础上,构建一个包含住房抵押贷款比和商业银行资本监管两种宏观审慎政策工具、内生化商业银行决策行为的 DSGE 模型,作为对货币政策与宏观审慎政策协调搭配进行分析的理论框架;二是识别货币政策与宏观审慎政策在维护金融稳定时所应盯住的目标变量,对其传导机制和政策外溢效果进行对比分析,明确两者协调搭配的必要性;三是从合作均衡与非合作均衡的视角探究两类政策协调搭配的最优政策参数,对多种宏观审慎政策与货币政策共同维护实体经济与金融系统的协调机制进行分析;四是对宏观审慎政策与不同货币政策工具协调搭配的效果进行实证检验,指导当前阶段的货币政策实践。

具体研究思路如下：第一，对货币政策与宏观审慎政策及其两者之间关系的相关理论和文献进行归纳总结，梳理相关内容之间的逻辑关系，针对现有研究不足，指出本书研究的突出特点；第二，对货币政策与宏观审慎政策协调搭配的机理进行理论上的分析，借鉴经典DSGE宏观经济模型，构建一个包含住房贷款抵押比和商业银行资本监管两种宏观审慎政策工具、内生化商业银行决策的DSGE模型，构成理论分析的基本研究框架；第三，基于参数校准和贝叶斯估计后的模型，分别对货币政策与宏观审慎政策致力于实现金融稳定的效果进行评价，对两类政策盯住的目标变量、传导机制和政策外溢效应进行对比分析，指出货币政策与宏观审慎政策协调搭配的必要性；第四，从合作均衡与非合作均衡的视角，探究货币政策与宏观审慎政策协调搭配的中介变量和相应的政策反应力度，指出两者协调搭配的可行方案；第五，利用商业银行微观数据，检验宏观审慎政策对不同货币政策工具的信贷传导渠道和银行风险承担行为的影响，对两者协调搭配效果进行实证分析；第六，对全书进行总结，针对我国宏观经济面临的现实问题，从货币政策与宏观审慎政策协调搭配的视角提出有针对性的政策建议，对未来研究方向进行展望。

1.4.2 研究内容

根据前述研究思路，本书具体的研究章节安排如下：

第1章，绪论。阐述了本书的选题背景和研究意义，指出了全书的研究思路和拟解决的关键问题，介绍了主要研究内容和相应的创新点。

第2章，文献综述。从货币政策和资产价格波动之间关系着手，通过对国内外相关文献的梳理和总结，指明宏观审慎政策在降低金融系统顺周期性和风险承担行为、协助货币政策维护金融稳定的机制，揭示货币政策与宏观审慎政策在维护金融稳定方面的研究脉络和当前相关研究领域的前沿内容，在肯定既有研究成果基础之上指出当前研究有待完善之处，进而确定了本书的主要研究内容。

第3章，货币政策与宏观审慎政策协调搭配的机理分析与模型构建。首先，分别对货币政策与宏观审慎政策维护价格稳定和金融稳定的优势和不足进行分析，从理论上探明两者的协同作用和协调方式；其次，阐述动态随机一般均衡（Dynamic Stochastic General Equilibrium，DSGE）模型的发展历程和金融危机后模型的发展方向，借鉴相关文献，构建符合现阶段中国宏观经济特征，包含住房抵押贷款比和商业银行资本监管两种宏观审慎政策工具、内生化商业银行决策行为的动态随机一般均衡模型；再次，求解该模型内生变量稳态值，基于中国宏观经济数据和相关经典文献，对模型中的相关参数进行校准和贝叶斯估计；最后，采用一阶矩和二阶矩匹配的方式对模型的现实经济解释力进行检验，为后续理论研究奠定基础。

第 4 章，货币政策与宏观审慎政策维护金融稳定效果的差异分析。首先，扩展了传统 Taylor 规则，识别考虑金融因素货币政策的目标变量，对其降低实体经济与金融系统波动性方面的效果进行定量分析；其次，在所构建的 DSGE 模型基础上引入两种宏观审慎政策工具，即动态住房抵押贷款比和商业银行资本监管，对两者盯住的目标变量进行选取和识别，定量评价其降低金融系统波动的效果；再次，通过脉冲响应分析对货币政策与宏观审慎政策维护金融稳定的传导机制进行定性分析；最后，对不同外生冲击下上述两类政策维护金融稳定的政策溢出效应进行定量分析，指出了两者协调搭配的必要性。

第 5 章，货币政策与宏观审慎政策协调搭配的机制分析。首先，本章分别定义货币政策和宏观审慎政策的局部目标函数和社会（全局）目标函数，在不同冲击下求解了两类政策盯住目标变量的最优政策反应系数；其次，从合作与非合作均衡的视角对货币政策和宏观审慎政策协调搭配的机制进行分析，尤其考虑在金融系统存在监管套利背景下，对使用单一监管政策工具所引发金融机构监管套利行为削弱宏观审慎政策整体有效性进行分析；最后，对上述两类政策协调搭配中介变量的稳健性进行了检验，提出了货币政策和宏观审慎政策协调搭配理论上的可行机制。

第 6 章，货币政策与宏观审慎政策协调搭配的实证分析。基于商业银行微观数据，以商业银行资本缓冲作为宏观审慎政策的代理变量，选取银行间市场拆借利率和法定存款准备金率变动分别作为价格型与数量型的货币政策代理变量；其次，构建被解释变量为银行贷款增速和风险承担水平的动态面板模型，以宏观审慎政策和货币政策及其两者交互项的代理变量作为核心解释变量，采用系统 GMM 方法对货币政策与宏观审慎政策协调搭配的效果进行实证检验；最后，对研究结论的稳健性进行检验，提出相应的政策建议。

第 7 章，结论与政策建议。对本书内容进行了归纳总结，以现阶段我国宏观经济和金融稳定为背景，从货币政策与宏观审慎政策协调搭配的视角提出相应的政策建议，同时对未来进一步研究方向进行了展望。具体研究的逻辑结构如图 1-1 所示。

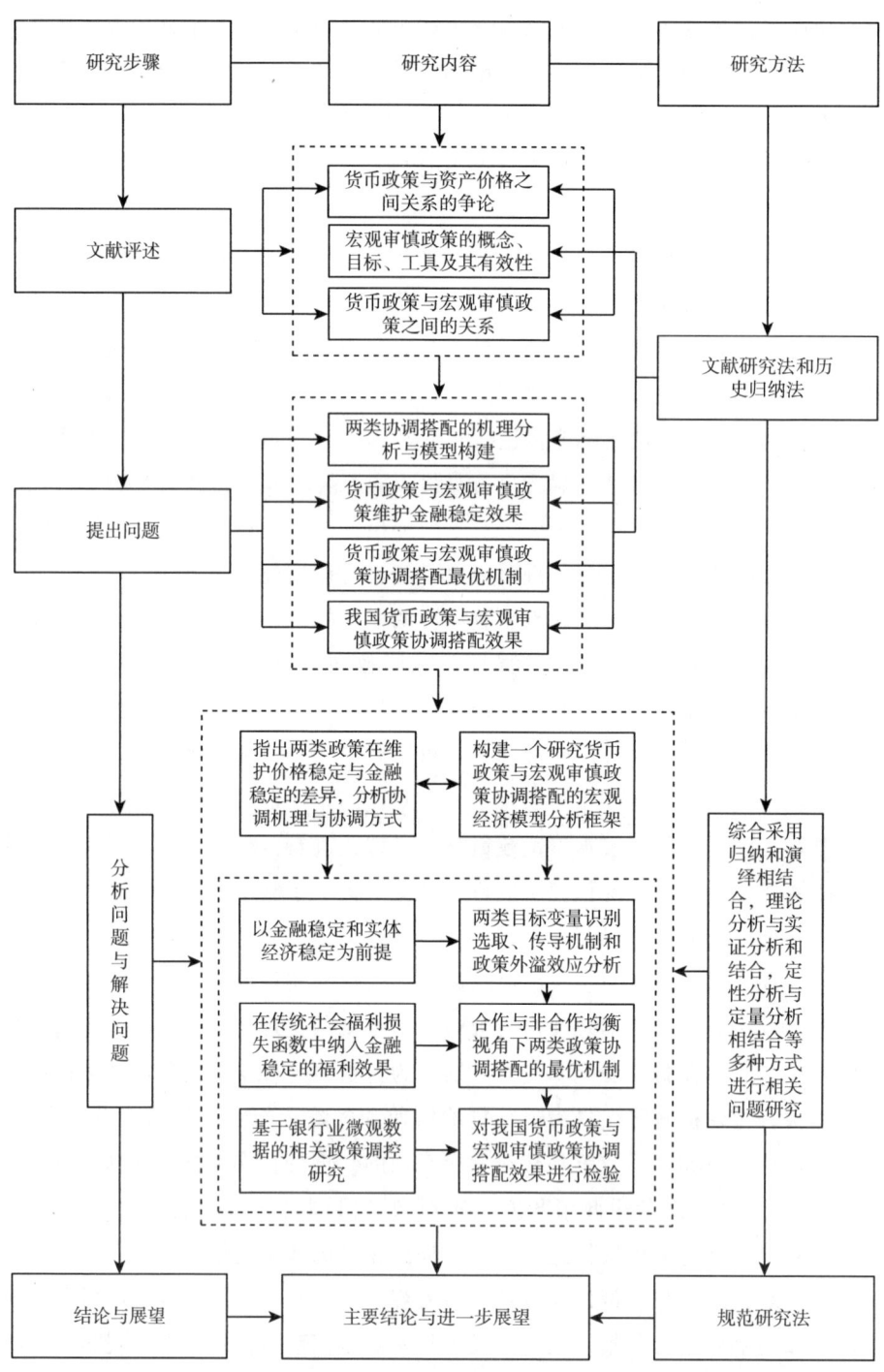

图1-1 本书的逻辑结构图

1.5 主要创新点

本书的边际贡献和创新点包括以下四个方面：

（1）构建了一个货币政策和宏观审慎政策协调搭配的理论分析框架。

考虑到房价波动和企业经营风险冲击对中国宏观经济波动的影响日益显著，对经典 DSGE 模型进行了改进和扩展，将两者与金融部门联系起来的抵押贷款约束和"金融加速器"机制两种金融摩擦同时引入模型以刻画现实宏观经济的复杂特征；同时，在模型中同时引入动态住房抵押贷款约束和商业银行资本监管两种宏观审慎政策工具、内生化商业银行决策以刻画其风险选择行为，形成了一个研究货币政策与宏观审慎政策协调搭配的基本分析框架。

（2）明晰了货币政策和宏观审慎政策在逆周期调控金融风险方面的差异，对两者的政策目标、传导机制和政策外溢效果从定性与定量两个维度进行了分析，指出了两者各自的政策定位。

本书全面识别了货币政策和宏观审慎政策在维护金融稳定方面的目标变量，表明货币政策当局可以将社会信贷总量、资本资产价格和住房价格等顺金融周期因素作为其决策变量；针对所引入的住房抵押贷款比和商业银行资本监管两种宏观审慎政策工具，前者的目标变量可以是住房信贷或房价，后者可以盯住社会信贷总量或银行杠杆。从传导路径来看，考虑金融因素的货币政策通过存款基准利率的金融市场传导渠道，对家庭部门储蓄、住房和企业贷款等信贷变量供给和需求施加影响，从而间接发挥金融稳定效果；宏观审慎政策直接作用于商业银行信贷供给决策，其降低信贷风险和维护金融稳定的传导路径更为直接。从政策外溢效果来看，货币政策无法同时实现实体经济与金融系统的双重稳定，其维护金融系统稳定必将对实体经济造成明显的政策溢出效应；从宏观审慎政策角度讲，不同外生冲击下两种政策工具的溢出效应并不相同，但商业银行资本监管能够内生化住房抵押贷款的政策溢出效应。

（3）货币政策与宏观审慎政策协调搭配的可行机制。

现有 DSGE 模型对两类政策关系的研究均侧重于对宏观审慎政策的必要性研究，对其协调机制的研究也均停留在理论探讨阶段，本书分别定义了两类政策各自的局部均衡目标函数,也定义了两者合作的社会(全局)目标函数,从合作与非合作均衡的视角对两者在不同外生冲击下的福利损失情况进行了对比分析,也对多种宏观审慎政策工具在削弱金融机构监管套利行为的机制进行了分析。研究发现:一是货币政策与宏观审慎政策相互合作能够实现更低的社会福利损失,该损失降低的程度与冲击类型相关,住房需求冲击和企业家资本收益风险冲击下两者合作的福利所得明显,考虑到两者的协调成本,建议在正常经济波动范围内两者各自实现自身目标,当冲击程度超过一定范围或非正常时期两者可以通力合作,而兼顾信贷平稳的严格通胀目标指标制货币政策具有独立性;二是货币政策应与宏观审慎政策就信贷目标水平相互沟通,后者应以金融稳定为其唯一目标,即使其目标函数中关注产出缺口,也不应将其作为决策变量;三是在货币政策和总需求冲击下,宏观审慎政策当局仅需使用银行资本监管工具,而在其余外生冲击下,单一的监管政策工具通过金融机构监管套利行为削弱了宏观审慎政策的整体有效性,宏观审慎政策需要多种工具相互配合,共同降低监管政策的整体外溢效应。

(4) 货币政策与宏观审慎政策协调搭配效果的实证分析。

货币政策调控必然对银行信贷增速和风险承担水平产生实质性影响,考虑到宏观审慎政策的唯一目标是金融稳定,实证分析了宏观审慎政策对货币政策信贷传导渠道和风险承担行为的影响。本书以商业银行资本缓冲作为宏观审慎政策的代理变量,以银行间市场拆借利率和法定存款准备金率变动分别作为价格型和数量型货币政策的代理变量,探究了银行资本缓冲对不同类型货币政策工具的银行信贷传导渠道和风险承担行为的影响;此外,对两类政策作用于系统重要性与非系统重要性银行调控效果的差异进行了检验。研究发现:货币政策与宏观审慎政策协调搭配的实证分析。以商业银行资本缓冲作为宏观审慎政策代理变量,以银行同业拆借利率和法定存款准备金率变动分别作为价格型和数量型货币政策代理变量,探究了宏观审慎政策对货币政策信贷传导渠道和风险承担行为影响。研究发现:一是上述两类政策均能有效降低银行信贷增速和风险承担水平,单一政策却无法同时实现信贷增长和金融稳定目的,指出两类政策协调搭配必要性,强调完善银行资本缓冲机制对实现金融稳定重要性。二是宏观审慎政策可能会对数量型货币政策的银行风险承担行为产生消极影响,表明在此情境下商业银行可能存在监管套利活动。三是宏观审慎政策降低了系统重要性银行更为明显的信贷顺周期性和风险承担水平,表明差别存款准备金率对降低其"大而不倒"的重要性,宏观审慎政策加强了价格型货币政策对系统重要性银行信贷增速和风险承担行为影响，从宏观审慎政策维护金融稳定视角指出货币政策向货币价格调控方式转型的迫切性。前述结论反映了我国银行信贷扩张和风险承担行为的同周期性，是由于货币政策当局以信贷供给扩张推动经济增长的模式，并未遵从兼顾信贷市场平稳的严格通胀目标指标制货币政策规则的必然结果。

2 文献综述

20世纪七八十年代西方发达国家在与通货膨胀的漫长较量中付出了较高社会成本后,确立了以通胀目标制为核心的货币政策调控框架。该框架的核心在于以货币政策锚定通货膨胀,实现预期通胀稳定,配合提高中央银行独立性等方式提升其维护价格稳定的信用,借以实现宏观经济的整体稳定。在此背景下,全球经济经历了20世纪90年代低通胀、高增长的"大缓和"(Great Moderation)时期,这更为以通胀目标制为核心的传统货币政策理论提供了经验上的支撑。

在"大缓和"时期,流动性扩张引起的金融失衡并未对宏观经济产生显著的影响,也未能引起各国央行应有的重视。直至2000年美国股票市场泡沫破裂,金融风险问题才成为货币政策理论的关注点。此后一段时期,货币政策理论的研究重点集中于货币政策与资本价格波动之间的关系。主流观点以Bernanke & Gertler(2001)的"盯住通胀"最具代表性,其核心观点是:除非资产价格能够反映自然利率、通货膨胀及其产出缺口的未来变动,货币政策才应对其波动做出反应,否则稳定资产价格的努力只会导致更大的产出波动[4]。主张货币政策干预资产价格的理由在于,认为资产价格是核心通货膨胀的先行指标,能够反映一定程度上的未来通胀信息,货币政策能够兼顾金融稳定(Boria&Lowe,2002;Issing,2003;Schioppa,2003)[5][6][7]。在此期间,一方面20世纪90年代逐渐兴起的金融创新和结构化金融产品被广泛认为能够分散单一领域内金融风险,强化金融系统整体的稳定,所以金融失衡并不在"通胀目标制"货币政策的考虑范围之内[8]。另一方面,鉴于货币政策降低通胀的成本越来越小,各国央行的政策目标逐渐转移到实现经济增长上(Gerlach & Svensson,2003)[9]。

然而,2007年底美国次贷危机所引发的金融危机却表明,价格稳定并不是金融稳定的充分条件。在价格稳定的同时,金融风险也可能在快速积累,最终以危机的形式对宏观经济造成显著的负面溢出效应。危机过后，学术界和相关政策当局开始反思以"通胀目标制"为导向的传统货币政策理论和以微观审慎监管政策为主的金融监管框架，对货币政策反思在于，一方面货币政策是否依然只需紧盯通货膨胀和产出缺口，而可以忽略金融失衡及其支撑下的资产价格泡沫，尤其在金融机构存在明显的风险承担机制的情况下；另一方面，在金融风险扩散和传导的过程中，金融机构相互持有对方资产，金融工具过度创新导致系统性金融风险急剧膨胀，而单一的金融机构只能强化自身风险管理水平，而无法衡量并内生化系统性金融风险，对金融机构的微观审慎监管政策框架亟须以降低系统性金融风险累积的宏观审慎政策弥补。随着货币政策理论和金融监管政策的研究逐渐取得进展，两者之间的政策外溢及其协作关系便成为宏观经济理论研究的重点，而这也是本书的主要研究内容。因此，本章以货币政策和宏观审慎政策及其两者之间关系的研究路径为依据，对相关文献进行归纳和梳理，在文献评述的基础上，提出本章的研究内容。

2.1 货币政策相关理论

2.1.1 货币政策与资产价格之间的争论

20世纪末，从信贷渠道研究货币政策与资产价格及其宏观经济波动传导机制是宏观经济理论研究的主流范式。货币政策的信贷传导渠道主要纳入两方面微观机制以刻画金融摩擦，包括借款者资产负债表渠道和金融机构贷款渠道，进而研究其对货币政策和宏观经济波动的影响。借款者资产负债表渠道主要是指由 Bernanke & Gertler（1999）提出的"金融加速器（Financial Accelerator）"理论，该理论认为市场信息不对称使企业外部融资贴水与其财富净值成反向关系[10]；金融机构贷款渠道是由 Kiyotaki & Moore（1997）和 Kiyotaki et al.（2001）引入的分析抵押贷款比（Loan to Value Ratio）的方法，强调金融市场信息不对称需要借款者以资产作为抵押品以保障贷款人的贷款安全，从而使贷款额度受到抵押品现值的限制[11][12]。上述两类金融摩擦通过信贷传导渠道对宏观经济波动的放大作用，从理论与实证方面已经取得学术界一致认可。例如，Aoki et al.（2004）将住房作为抵押资产引入具有"金融加速器"机制的 DSGE 模型，脉冲响应分析表明外部冲击通过房价波动对宏观经济产生了显著影响[13]；Goodhart & Hofmann（2008）强调房价上涨在催生信贷繁荣的同时，货币政策冲击会对宏观经济产生更强的影响[14]；Iacoviello & Neri（2010）将房地产生产部门引入具有抵押贷款约束的 DSGE 模型，脉冲响应分析表明房地产市场波动对宏观经济产生了显著的溢出效应[15]。在此基础之上，国内相关研究也取得了明显进展，梁斌和李庆云（2011）研究表明对房价的首付约束放大了货币政策冲击对宏观经济的影响[16]；陈诗一和王祥（2016）将"金融加速器"机制纳入房地产生产部门的融资约束背景下，构建多部门 DSGE 模型分析了货币政策对房地产价格的传导机制，研究表明对房地产生产部门的融资约束显著影响了房价，最终也放大了宏观经济波动程度[17]。

经典货币政策理论认为其目标函数中应该关注通货膨胀，其主要原因在于现实经济中存在价格调整成本和高通胀的社会成本，在提出上述两方面金融摩擦机制后，资产价格与货币政策及其宏观经济波动成为货币政策理论研究的核心议题。基于金融摩擦的主流理论认为，信贷市场不完全信息的存在显著放大了宏观经济波动，但只要资产价格波动不影响（预期）通胀，货币政策还是应该紧盯通胀。Bernanke & Gertler（2001）在具有"金融加速器"机制的新凯恩斯货币政策分析框架中引入了包含泡沫项的股价波动，研究认为除非资产价格波动能够反映自然利率、通货膨胀和产出缺口的未来变动，否则货币政策还是应该紧盯通胀，直接针对资产价格做出反应的货币政策只会导致更大的产出波动[4]；Gilchrist & Leahy（2002）研究了预期和资产净值的外生冲击通过资产价格传导渠道对宏观经济的影响，结果表明在上述两类冲击下宏观经济与资产价格将呈现出更大的波动性，但并没有明显的证据表明货币政策应该将资产价格作为其决策变量[18]；Iacoviello（2005）将名义抵押贷款约束引入商业周期模型，研究表明名义贷款合约显著放大了货币政策对宏观经济的影响，但盯住房价的货币政策并不具有福利所得效果[19]。从宏观经济视角来看，上述结论背后的逻辑在于资产价格并不具有黏性，资产价格不同于产品价格波动的原因在于这并不会导致相对价格出现误导性波动而产生相应的价格调整成本。

一方面，从微观经济层面来看，反对货币政策干预资本价格的主要理由在于，其认为决定资产价格的因素极为复杂，既有经济基本面因素，也包含非经济基本面因素，而金融监管和投资者情绪也会对资产价格产生重要影响（Bean，2003，2004）[20][21]。Mishkin（2001）对资产价格的货币政策传导渠道进行了梳理，认为盯住资产价格的货币政策需要准确识别冲击的类型和持续性，这超出了央行的控制范围，可能还会侵蚀央行的独立性[22]。另一方面，中央银行干预资产价格波动的前提条件是其相对于金融市场而言更具有信息优势。从实际效果来看，央行并不比资本市场更具信息优势；同时，资产价格中的泡沫项与投资者情绪显著相关，央行很难区分资产价格中的哪部分是由经济基本面因素引起的，而哪些是泡沫项（Kohn D，2005）[23]。Gilchrist&Leahy（2002）研究表明，尽管资产价格与宏观经济波动存在系统性相关关系，但经验证据却难以识别资产价格的预期通胀效应和净现值效应，这两方面原因的考虑都不支持将资产价格作为货币政策的决策变量[24]。Bordo & Jeanne（2002）以理论分析与实证方法相结合的方式，探讨了"先发制人"（Pre-emptive Monetary Policy）的货币政策通过资产价格传导渠道对通胀和产出波动的影响，结论表明现实经济的复杂性导致考虑资产价格的通胀目标制这一线性货币政策规则很难奏效[25]。

主张货币政策干预资产价格的理由在于其认为资产价格是核心通胀的先行指标，能够反映一定的预期通胀信息。Borio & Lowe（2002）认为，在低通胀环境下，金融风险也可能在快速积累，尽管很难鉴别金融失衡的程度，但经验证据表明信贷规模过度扩张与资产价格过快上涨能够在一定程度上反映金融失衡，较低的通胀能为货币政策应对资产价格泡沫提供必要的操作空间，在某些必要的条件下，对信贷规模和资产价格做出反应的货币政策能够维护金融与实体经济的稳定[26]。Detken & Smets（2004）对历史上由资产价格泡沫所引发金融危机的损害程度进行了分类，结果发现在资产价格泡沫破裂前，货币政策普遍表现出宽松的迹象[27]。针对上述观点，Bernanke（2010）认为两方面原因使上述观点失效：一是中央银行并不具有区别资产价格中基本面价格和泡沫项的更多信息，二是通过使预期通货膨胀进入中央银行货币政策反应函数有效抑制房地产价格泡沫形成[28]。然而，汪恒（2007）认为，当前所用的 CPI 和 GDP 平减指数并未如实反映核心通货膨胀的水平，在将资产价格纳入其中对 CPI 指数进行修正后，盯住通货膨胀的货币政策有效性显著提高[29]；这表明那些认为货币政策应该对资产价格波动做出反应的相关研究可能并未准确度量核心通胀率，而削弱了货币政策应紧盯通胀结论的可靠性。此外，Savioz & Bengui（2007）认为，货币政策的滞后性使之难以及时对资产价格泡沫所引发的金融风险做出反应，可能还会在泡沫破裂后加剧经济的衰退程度[30]；Faia et al（2007）研究表明，即使在某些情况下针对资产价格波动做出反应的货币政策可以改善社会福利水平，但只要货币当局采取积极的通胀目标制规则，针对资产价格反应的货币政策所带来的福利效果便会消失[31]。

在国外相关理论研究的基础之上,结合我国具体国情,我国学者也对资产价格与货币政策之间的关系进行了大量研究。从宏观经济视角来看,针对资产价格与货币政策的主要结论以资产价格对(预期)通胀和产出波动的影响为开端。例如,伍戈(2007)利用 Bordo - Jeanne 模型分析了货币政策在应对资产价格上涨时所面临的挑战,认为 2007 年前我国资产价格的财富效应与资产负债表效应并不明显,资产价格在货币政策传导渠道中的影响并不明显,因此货币政策是否需要应对资产价格波动的主要考虑因素应该在于金融系统行为与资产价格之间的内生关系[32];周晖和王擎(2009)认为地方政府与中央政府之间的博弈关系在房价波动与宏观经济波动的影响方面扮演了重要角色,研究表明尽管房价上涨对长期经济增长产生了向下的压力,但央行并没有必要直接动用货币政策干预房价波动[33];王擎和韩鑫韬(2009)基于 BEKK 和 GARCH 模型分析了房价波动、货币供应量与经济增长之间的关系,研究发现房价波动和货币供应量之间的联动机制对 GDP 产生了显著影响,但房价波动并未加剧经济增长的长期波动性,认为当前阶段央行没有必要直接针对房价波动做出反应[34];戴国强和张建华(2009)利用 VECM 模型构建了中国金融周期指数,指出包含资产价格的货币政策能够及时、有效地对通货膨胀进行预测和检验,从而认为应该关注资产价格的货币政策传导渠道,而当前该机制并不显著,建议央行在实施货币政策时,可以适度关注资产价格对通胀的影响,但现阶段还不能将资产价格作为货币政策的目标变量[35];李成等(2010)基于开放经济条件下包含多个非有效市场的动态宏观经济模型,对货币政策与资产价格之间关系进行了数值分析,最优化结果显示中国人民银行的利率调控需要针对资产价格波动做出相应调整[36]。从文献梳理的角度看,2010 年之前的理论研究主要还是以货币政策和资产价格之间的主流研究结论为主,认为当时房价与货币政策之间的联动机制并不明显,央行贸然对房价波动做出反应可能会引发宏观经济过度波动,也不一定能实现政策制定者的目标。此后,宏观经济理论方面的实证研究表明资产价格在我国货币政策传导渠道中日益重要,建议将其作为货币政策的决策变量之一。例如,唐齐鸣和熊洁敏(2009)将房价和股价指数纳入 IS - Philips 曲线中对总供给曲线进行了修正,模拟结果显示股价和房价显著影响产出缺口,建议在制定存款基准利率时应考虑房价波动,但并未发现房价和股价指数对通胀产生显著影响的证据[37];赵进文和高辉(2009)实证分析表明资产价格是我国央行货币政策的利率反应函数中重要的内生变量,认为将资产价格作为内生变量能够使央行在实现其目标时更具可控性,因此建议将资产价格纳入前瞻性利率政策规则中以维护宏观经济的稳定[38];邢天才和田蕊(2010)利用 VAR 模型将资产价格(股价和房价)、汇率、利率、通货膨胀和经济增长等变量联系起来,利用协整、Granger 因果分析、脉冲响应分析和方差分解等方法分析了资产价格与货币政策之间的实证关系,结果发现上述变量之间存在着稳定的长期关系,建议中央银行应密切关注资产价格波动[39];李健和邓瑛(2011)从不同渠道探究了货币供应量和房价之间的动态"加速器"机制,采用 VAR 协整方法建立了货币供应量、资产价格和主要宏观经济变量之间的统计模型,通过与美国、日本相关数据的对比分析,发现我国货币供应量和房价之间存在着稳定的长期正相关关系,在资产价格泡沫集聚时期,实体经济基本面因素推动房价上涨的动力不足,货币扩张是房价上涨的主要推动力,建议我国央行应根据资产价格控制货币供应量[40];陈继勇等(2013)实证分析了 1998~2011 年我国资产价格波动、金融市场流动性和货币政策调控效果之间的关系,结果表明股价和房价波动中隐含了一定程度的未来产出和通胀信息,样本期间货币政策对资产价格做出了一定程度的反应,从政策实践角度讲,货币总量和信贷总量分别对股票价格和房地产价格的调控效果显著[41];谭政勋和王聪(2015)利用具有后顾型结构的最优利率规则和货币供应量规则模型检验了房价和货币政策工具之间的内生关系,认为对房价波动做出反应的货币政策有助于维护政策的连续性和经济的稳定性[42];徐妍等(2015)在 Iacoviello(2005)模型基础上,利用贝叶斯估计技术发现了我国房地产价格波动显著影响了央行制定的存款基准利率和货币供应量[43]。

在美国房地产市场泡沫破裂后,国内学者逐渐关注起我国房地产市场与货币政策传导中的一些非市场化因素对房价与货币政策主流观点的影响。徐忠等(2012)认为转型时期中国房价、通货膨胀和货币政策之间的关系具有不同于发达国家的特点,我国房价除了取决于供求力量之外,还受人口结构、财税制度和土地供应制度等因素的影响,实证结果表明我国流动性快速扩张推升了房价过快上涨,价格型货币政策工具对房价的抑制效果超过了数量型货币政策工具[44];侯成琪和龚六堂(2014)将房地产生产部门纳入包含抵押贷款约束的 DSGE 模型,福利分析表明我国货币政策应该对房价波动做出反应,但该模型中包含住房调整成本却降低了结论的可靠性[45];陈诗一和王祥(2016)构建了一个包含房地产金融摩擦的 DSGE 模型,研究了货币政策通过银行部门融资约束对房价影响的传导机制,结果表明融资约束的存在显著放大了货币政策对房价的影响,但随着融资约束的降低,货币政策针对房价波动反应的福利所得便会消失[17]；郑忠华和邸俊鹏（2015）从银行信贷角度构建了一个包含银行部门的DSGE模型，方差分解表明过多货币通过信贷渠道流入房地产业是房价过快上涨的根本原因[46]；吴智华和杨秀云（2017）认为银行部门对住房信贷的结构性摩擦显著放大了货币政策对宏观经济的影响，房地产市场调控导致房价无法快速出清，基于上述原因的考虑，指出我国货币政策当局应该对房价波动做出反应[47]。可以看出，经济转轨时期我国货币政策与资产价格之间关系具有不同于发达国家的显著特征，针对当前阶段我国具体国情下的相关研究指出了资产价格对（预期）通胀和产出波动的影响丰富了货币政策的理论实践，但基本的分析框架和理论结构并未摆脱国外传统理论认识，资产价格与货币政策之间的关系在我国涉及多样化的传导渠道，需要针对具体的经济环境和政策时机做出策略性的货币政策调整，而不是固守单一的政策规则[48]。

在主流研究侧重于资产价格和货币政策之间内生关系研究的同时，有研究认为尽管无法直接区别资产价格中的经济基本面部分和泡沫项，但部分金融指标能够反映出金融风险的快速扩张。事实上，在2007年美国次贷危机爆发前，房地产价格缺口数据预测的金融危机爆发概率超过了50%，这表明从资产价格角度衡量金融风险可能并不具有实践意义上的指导性，而应该从系统性风险的角度考虑货币政策与金融稳定的关系。Trichet（2005）认为，中央银行致力于物价稳定使经济中物价上涨的压力从实体部门转移到虚拟经济，对资产价格形成了向上的压力[49]；Borio & Drehmann（2009）研究发现，银行业危机之前普遍伴随着信贷规模过度扩张和资产价格过快上涨，将资产价格纳入其所构建的早期预警模型，发现其能够作为预测银行压力的先行指标[50]；Cúrdia & Woodford（2010）在一个包含金融摩擦的DSGE模型的基础上，考察了将信贷升水（Credit Spreads）纳入传统Taylor规则中是否有助于维护金融稳定，研究表明相对于信贷量指标，信贷升水能够有效反映金融市场压力，包含信贷升水的Taylor规则有助于改善金融条件[51]；Woodfood（2012）认为，从实际效果来看，货币政策确实会对金融系统稳定性产生影响，在货币政策保持长期物价稳定的过程中，可以将以通胀目标制为导向的货币政策调整为考虑金融风险的"灵活"通胀目标指标制（Flexible Inflation Targeting），货币政策当局不需要通过资产价格波动判断是否资产价格承压，而应该从整体上关注金融风险是否上升，寻求能够反映金融体系内部及其金融系统与宏观经济之间形成反馈效应的相关金融指标，据此制定货币政策[52]；Borio（2014）认为金融失衡引发经济危机的风险增大，为避免在金融危机所引发的经济衰退期间货币政策负担过重,货币政策应提前对金融市场风险做出一定程度反应,为其在危机期间预留充裕的政策操作空间[53];黄佳和朱建武(2007)利用一个四期二叉树模型对金融稳定与货币稳定的关系进行了分析,发现以维护价格稳定为目标的货币政策无法同时实现金融稳定,将价格稳定与金融稳定纳入一个统一货币政策分析框架,实证发现我国货币政策当局应该将银行信贷增速和房价指数视为金融稳定的关键指标,货币政策的调控重点应该是金融预期指标的稳定[54];何德旭和张婕(2009)从金融摩擦的视角,研究了资产价格泡沫与产出波动、信贷增速与金融不稳定的关系,发现宏观经济中的金融周期越来越明显,政策当局须关注金融周期对宏观经济的影响[55];马勇等(2016)构建了一个能够反映我国金融周期的综合性指数,对金融周期与经济周期之间的关系进行了实证分析,结果表明金融周期不仅与经济周期密切相关,对经济周期也有较好的预测力,为同时关注金融和实体经济稳定的货币政策实践提供了经验上的依据[56]。货币政策能够对金融稳定产生显著影响已经成为基本共识,但这并不意味着货币政策应该对金融市场波动做出必要的反应,而货币政策的风险承担渠道在理论上为货币政策考虑金融因素提供了理论基础。

2.1.2 货币政策的银行风险承担渠道理论

金融危机过后,Boria & Zhu(2008)提出了货币政策的风险承担渠道(Risk – Taking Channel of Monetary Policy),该理论认为货币政策通过资产价值、融资成本和风险定价等方式改变了金融机构对风险的感知,进而影响了金融机构和投资者决策,最终降低了金融稳定性,若美联储能够较早提高联邦基金利率,则金融危机的破坏性将大为降低[57]。从银行资本渠道角度来讲,传统上对银行风险的衡量仅关注时间轴上资本流量的门限效应,而忽视了资本流量的截面效应,该效应主要关注资本流如何影响风险感知和金融资产定价,进而改变银行行为和货币政策的有效性,即货币政策的风险承担渠道理论。

Gambacorta(2009)研究了低利率和银行风险承担之间的关系,认为货币政策通过两种方式影响了银行对金融风险的感知和容忍度:(1)名义回报率下寻求收益率的过程;(2)通过利率对估值、收入和现金流的影响,反过来改变银行衡量风险的方式[58];Adrian & Shin(2010)认为较长周期的流动性充裕使金融机构经营者产生了市场会持续繁荣下去的乐观情绪,提高了金融机构的风险容忍度,宽松的货币政策也改变了金融机构的流动性和杠杆率[59];

Dell'Ariccia & Marquez（2010）利用一个包含银行部门的两期模型分析了货币政策对银行风险承担的影响，结果表明银行是否在更大程度上承担风险取决于银行能否自由调整资本结构，若如此，则宽松的货币政策将导致银行增加杠杆水平以承担更多风险，若银行资本结构固定，则货币政策对银行风险承担的影响取决于银行杠杆率或资本充足率，较高资本充足率的银行在利率下降时会增加风险行为，而高杠杆银行则会降低风险行为[60]；Altunbas et al（2010）认为金融创新和信用风险转移新方法的广泛应用降低了银行资产负债表中标准指标的信息含量，研究表明金融市场投资者所感知的银行风险需要与其他指标（即规模、流动性和资本化）综合考虑，这些传统指标在银行贷款渠道中主要用于评价银行提供贷款的能力和意愿，基于欧洲数据发现以较低预期违约频率为特征的银行提供了更多信贷，并将货币政策与贷款供给隔离开来[61]；Angeloni et al（2015）利用 VAR 模型证实了货币扩张促使商业银行承担了更多风险，随后建立了一个银行内生性地选择其融资结构和风险水平的宏观经济模型，该模型表明货币扩张显著提升了商业银行的杠杆和风险水平[62]。

  大量关于货币政策风险承担渠道的研究主要是基于金融市场微观数据的分析。Adrian & Shin（2010）考察了金融中介在货币政策传导中的作用，认为货币政策通过资本市场条件对金融中介资产负债表结构产生了显著影响，短期利率在此过程中扮演了重要角色[59]；Delis & Kouretas（2011）对 2001～2008 年的银行微观数据进行了分析，指出存在货币政策风险承担渠道的明显证据[63]；Maddloni & Peydró（2011）利用欧元区银行贷款调查数据研究了货币政策对银行风险容忍度的影响，发现随着隔夜拆借利率的降低，银行对不同风险程度的信贷标准都显著降低，低利率时间越长，信贷标准越宽松[64]；Delis et al（2012，2017）从企业贷款层面对美国银行业风险承担渠道进行了检验，结果表明联邦基金利率与银行风险承担之间存在显著的负相关关系[65][66]；Dell'Ariccia et al（2013）对较长周期（1997～2011 年）美国银行贷款数据和联邦基金利率之间的关系进行了检验，结果表明银行间市场也存在显著的风险承担机制[67]；Jiménez et al（2014）详细分析了贷款申请和信用合同登记，确认了货币政策对信贷风险承担的影响，同时采用了两阶段模型控制了观察到的、未观察到的、时变的公司和银行异质性，结果表明，较低的隔夜拆借利率导致低资本银行同意了事前风险较低企业（事后高风险企业）更多的贷款申请，并以较低的抵押品要求向其投放了更多信贷，然而较低的长期利率和其他宏观经济变量却没有这种影响[68]；Bruno & Shin（2015）强调了银行体系在货币政策风险承担渠道中的核心地位，实证结果表明美国的货币政策通过银行的风险承担机制对国际资本流动性也产生了显著影响[69]；Paligorova & Santos (2017) 对美国过去 20 年企业贷款定价政策的研究表明，在货币政策宽松时期，风险较高的企业贷款利差相对于紧缩时期较低，结合对银行风险偏好的调查测量数据，有较强的证据表明美国货币政策存在银行风险承担渠道[70]。

针对我国货币政策的商业银行风险承担行为，国内学者主要从银行风险承担行为、传导机制、影响因素和货币政策类型等方面进行了研究。例如，张雪兰和何德旭（2012）利用动态广义矩法对 2000～2010 年我国经济金融数据进行了分析，考察了货币政策立场对银行风险承担的影响，结果显示货币政策在银行决策中并不是中性的，市场结构和商业银行资产负债表特征也影响了银行风险承担行为[71]；徐明东和陈学彬（2012）基于 1998～2010 年 59 家商业银行的微观数据，采用系统 GMM 动态面板估计方法实证检验了中国货币政策对银行风险承担的影响，验证了货币政策传导的银行风险承担渠道假说[72]；方意等（2012）利用我国 72 家商业银行面板数据研究了货币政策的风险承担问题，实证结果表明资本充足率影响了我国银行业的风险转移效应，这种效应呈现出非对称性[73]；张强等（2013）对 2000～2012 年我国 14 家商业银行面板数据进行了分析，结果显示扩张性货币政策引起了银行风险承担行为的上升，而该行为又促使银行信贷投放增加[74]；刘生福和李成（2014）采用动态非平衡面板 GMM 分析了 2000～2012 年我国 62 家银行财务数据，研究发现数量型货币政策对银行风险承担的影响更为显著，货币政策对银行风险承担的影响存在异质性，自有资本比率较高的商业银行对宽松货币政策的反应较为谨慎，而表外业务规模较大的商业银行在宽松货币政策下会采取更加激进的投资策略[75]；金鹏辉等（2014）对银行业整体层面资产负债表进行了分析，研究表明宽松货币政策对银行风险承担行为的影响主要在其资产选择行为上，银行贷款标准随货币宽松而降低，银行风险对实体经济产生了显著影响[76]；汪莉和王先爽（2015）研究了央行预期管理通过通胀波动性对银行风险承担的影响，结果表明自 2007 年以来我国央行预期管理所降低的通胀波动幅度与银行风险承担总体上呈现出倒"U"形关系，预期通胀波动不确定性降低和货币政策预测能力提高更有可能在正常商业周期内引入银行风险低估、增加风险承担，结论建议央行预期管理政策需要在熨平经济波动和维持金融稳定间进行权衡，也要考虑监管银行风险承担行为[77]；谭政勋和李丽芳（2016）研究表明我国商业银行的风险承担渠道不仅具有连续性和顺周期性，而且通过风险承担渠道间接影响了银行效率[78]；项后军和闫玉（2017）研究表明，利率市场化的推进通过促进银行业竞争，赋予其更多风险承担机会等方式对其风险承担产生了正向影响[79]；王晋斌和李博（2017）从金融稳定的视角研究了货币政策对银行风险承担行为的影响，结论表明不同货币政策工具对商业银行风险承担行为具有非对称性，随着金融监管措施的加强，较高资本充足率的银行倾向于承担更多风险[80]；邓向荣和张嘉明（2018）采用中介效应方法检验了货币政策对银行流动性创造的传导途径，结果发现货币政策通过银行风险承担的中介作用影响了银行流动性创造，价格型与数量型货币政策工具对银行风险承担和流动性创造具有交互影响[81]。

货币政策的风险承担渠道理论为货币政策将金融市场条件内生化于其决策规则中提供了一定的理论基础。结合前文对货币政策和系统性金融风险的研究进展，Woodfood（2011）认为，关于利用货币政策抑制资产价格泡沫积累的讨论，忽视了货币政策与金融稳定的潜在关系，问题的本质并不是通过提高利率纠正金融市场中可能存在的资产价格错误定价，而在于如何防范货币政策通过金融机构风险承担机制影响其杠杆、资产价格期限错配程度而可能引发的金融危机对宏观经济的负面影响[82]。

2.1.3 "事后清理"的货币政策

对于资产价格泡沫，部分学者认为中央银行的占优策略是不要去试图刺破泡沫，而是应该采取事后清理的方式，及时向金融系统注入流动性，缓解因资产价格泡沫破裂所造成的金融系统流动性短缺，从而达到事后救助的作用（Bernanke & Gertler，2001；Boria&Lowe，2002）[4][5]。综合来看，支持对资产价格泡沫采取"事后清理"的主要论据包括：①难以识别资产价格泡沫的程度，即很难区分资产价格中的基本经济面部分和泡沫项；②即使中央银行能够识别资产价格泡沫，由于货币政策的滞后性，央行很难把握采取措施的时机；③货币政策的目标对象是整个资本市场，并不仅针对资产价格泡沫，针对资产价格的货币政策可能导致宏观经济不稳定；④利率与资产价格的关系难以确定提高利率尽管能够增加投资者融资成本，却可能很难抑制市场参与者过度乐观和激进的风险投资行为；⑤只要央行事后反应及时，就能将资产价格泡沫破裂的损害降低到最低程度。

然而，"事后清理"措施能够成立的条件却极为严苛：第一，这一措施要求资产价格泡沫破裂后对经济造成的衰退程度较小,宏观经济能够在短期内实现复苏,但现实却并非如此:2000年美国股市泡沫破裂后为实现经济复苏,美联储多次下调联邦基金利率至低位并保持了较长周期,引发了房地产市场泡沫的不断膨胀,最终导致房地产泡沫破裂,引发了金融危机;此次危机导致金融机构资产负债表结构全面恶化,为挽救经济,美联储将其资产负债表规模扩张了3倍有余,金融机构修复其资产负债表结构也花费了6年多时间,在金融危机最严重的时期,失业率达到了14%水平,真实GDP下降了将近7%;从现实经济情况来看,金融工具过度创新导致金融机构资产负债表结构极为复杂,金融危机对经济造成的损害程度使宏观经济难以在短期内实现复苏。第二,金融危机导致未来货币政策难度加大;为挽救经济,美联储在危机期间向金融系统注入了大量流动性,当经济逐渐实现复苏后,大量货币导致未来通胀压力加大,为使下一次危机期间能够有足够政策操作空间,美联储必须回收市场上的过量流动性,导致流动性紧缩对宏观经济产生了持续向下的压力,增加了其在维持长期经济增长与短期通胀之间权衡的难度。第三,"事后清理"属于非对称策略,可能会引发金融机构的道德风险问题,若金融机构意识到自身的风险行为能够获得中央银行为其兜底,将可能采取更加激进的风险投资策略,这一行为将对金融系统稳定产生明显的负面效应,导致金融危机发生的可能性增大。

Minskin(2010,2011)对上述两种观点进行了折中,认为资产价格泡沫应该分为两种:一种是由信贷驱动的资产价格泡沫,另一种是非理性繁荣支撑下的资产价格泡沫。信贷驱动的资产价格泡沫是指出于对经济前景的乐观预期,推动了投资者对信贷的需求,信贷扩张引起资产价格上涨,资产价格上涨增加了投资者的抵押品价值,放松了银行信贷约束,信贷供给增加,从而引起资产价格泡沫与商业银行信贷供给形成螺旋式上升局面,资产价格泡沫持续膨胀;非理性繁荣支撑下的资产价格泡沫是指投机性心理刺激了投资者投资热情,这种热情不断扩散导致越来越多投资者展开投资品投机,加速了资产选择行为,使资产价格脱离了实际价值[83][84]。Minskin(2011)认为相对于信贷驱动的资产价格泡沫,非理性繁荣支撑下的资产价格泡沫仅由市场上过度的乐观情绪所推动,并未与金融机构资产负债表形成反馈回路,故而其对金融稳定的危害程度较小;此外,市场上的非理性因素也难以测度,因此央行银行可以采取"事后清理"的策略[84]。然而,由信贷繁荣所推动的资产价格泡沫却与抵押品价值形成螺旋结构,不仅在上升期间降低金融系统稳定,而且在资产价格泡沫破裂后又会与商业银行抵押品价值形成负向螺旋下降局面，最终可能触发明斯基时刻，也就是说，由信贷驱动的资产价格泡沫破裂后造成的损害程度较大，清理成本较高，普遍伴随着长期且较大幅度的经济衰退，因此货币政策需要预防此类资产价格泡沫对宏观经济的交互放大作用。从政策实践角度来看，Minskin（2010）认为中央银行只要与银行监管部门就信贷数量和质量定期沟通，便可以大致判断商业银行信贷供给水平是否超过了正常的合理水平，货币政策紧缩便有助于抑制由信贷驱动的资产价格泡沫不断膨胀[83]。出于上述原因的考虑，对由信贷驱动的资产价格泡沫进行"事后清理"的策略并非现实中可以采取的最优策略，货币政策当局还是应该采事前逆风向调节的政策降低由信贷过度扩张所导致的金融风险不断累积。

2.1.4 "逆风而动"的货币政策

众多学者认为美联储较长周期的适应性策略刺激了金融机构风险承担行为，在2008年金融危机中扮演了关键角色，从而建议货币政策当局在制定决策时应该考虑商业银行的风险承担和金融稳定性问题。文献中通常将此类对金融变量做出反应的货币政策命名为"逆风而动（Leaning Against the Wind）"的货币政策，其政策目标主要是通过盯住具有顺经济周期特征的金融因素，降低金融系统的顺周期性和风险承担行为。

Agur & Demertzis（2009）构建了一个存在银行风险水平与信贷供给存在权衡取舍的网络模型，研究表明，监管措施本身不能使银行对信贷风险的考虑中性化，而利率政策对银行信贷风险具有较强的影响[85]。Kannan et al（2009）认为，加强对宏观金融风险的关注能够获得稳定的福利所得，仿真结果表明对推升信贷增长和资产价格泡沫的"金融加速器"机制做出强烈反应的货币政策有助于宏观经济稳定，货币政策应具有一定的灵活性，而不是固守僵化的规则[86]。Platen & Semmler（2009）研究发现，货币政策不仅应该对通胀和产出缺口做出反应，也应关注投资者的动态投资策略行为[87]。李成等（2010）在分析中国金融市场（股票市场、债券市场、外汇市场和货币市场）相互之间的溢出关系时，发现单一金融市场内存在较强的波动聚集性和持续性，金融市场之间存在显著的双向溢出效应，这表明在执行货币政策时需要兼顾金融市场价格变化对货币政策执行效力的影响[88]。吴培新（2011）对美国金融危机后的资产价格与货币政策、宏观审慎管理之间的关系进行了梳理，认为现有的通胀指标不能完全反映货币购买力的变化,必然导致资产价格泡沫,进而认为货币当局应从资产价格泡沫中提取金融风险的早期预警信息,为采取"逆风而动"的货币政策创造条件[89]。巴曙松和韩明睿(2011)利用真实短期贷款利率、房地产价格指数、真实有效汇率指数、真实股权价格指数构造了中国金融条件指数(Financial Condition Indices, FCI),研究表明我国 FCI 对通货膨胀具有良好的预测作用,其可以作为货币政策决策的依据[90]。De Fiore et al (2011) 构建了一个企业可能受到迫使其债务违约的数理模型,模型中企业的资本与债务是以名义利率预先确定的,因此货币政策影响了企业用于生产的资本实际价值,该模型表明对于不利的金融冲击,最优的货币政策应该是更大程度地降低名义利率、提高通胀水平,相应的 Taylor 规则可以实施与顺金融周期相反的操作[91]。Schularick & Taylor (2012) 基于 1870~2008 年 14 个国家数据,研究了货币、信贷和宏观经济的长期行为,结果显示在 20 世纪后半叶,信贷总量相对于产出和货币增长强劲,信贷增长是金融危机有力的预测器,表明政策制定者忽视信贷增长是危险的[92]。Gilchrist & Zakrajšek (2012) 利用微观层面数据,构造了一个对未来经济活动具有预测能力的信用利差指数,将其用来捕捉企业的特定信息和超额债券溢价。该指数的增加反映了金融部门风险承受能力的降低,导致信贷供给收缩和宏观经济条件恶化,货币政策当局可以参考这一指标指导其政策实践[93]。马勇(2013)在传统货币政策分析框架下纳入金融稳定因素,从理论和实证方面进行了系统性分析,研究表明纳入金融稳定因素的货币政策需要一个更高的利率以抑制金融系统的风险承担行为,实证结果表明金融危机前的利率水平普遍存在被低估的现象,这种低估主要源于紧盯通货膨胀的货币政策忽略了低利率对系统性金融风险的诱导作用,即商业银行的风险承担机制[94]。Huang & Davis (2013) 认为,金融摩擦和金融冲击会显著改变货币当局对通胀稳定性和产出稳定性的取舍,导致产出较大幅度偏离其目标水平,货币政策规则应该允许以较大的产出波动性换取通胀稳定性,这可以通过在传统 Taylor 规则中加入贷款利差这样的金融变量来实现[95]。Stein (2014) 实证指出,金融市场相关信贷指标在一定程度上能够反映金融市场风险水平,货币政策应该对其波动做出应有的反应[96]。马勇和李镭洋(2015)对 1998~2013 年的中国金融数据和实体数据进行了分析,发现金融变量通常领先于实体经济变量的波动,并对实体经济产生了显著影响,这表明一个健全的宏观经济调控框架中需要同时考虑金融和实体经济,政策当局决策的信息集合应该广泛地纳入各种关键的金融指标[97]。Curdia & Woodfood

(2016) 将金融市场信贷利差作为面临金融冲击时货币政策的考虑因素，仿真分析表明考虑（预期）信贷利差的"灵活通胀"目标指标制的货币政策能够在一定程度上降低经济波动[98]。Filardo & Rungcharoenkitkul (2016) 将金融周期模型化为一个非线性马尔科夫转换过程，根据美国数据校准了模型并刻画了最优货币政策，研究表明系统性的倾斜优于"良性忽视"和"周期后期"的自由裁量干预政策，结论支持美国当前的货币政策框架从狭义的价格稳定向价格和金融稳定的联合考虑转型[99]。Verona et al (2017) 构建了一个包含债券市场和贷款市场的存在金融摩擦的 DSGE 模型，评估了考虑不同金融变量的扩展型 Taylor 规则在金融冲击时稳定宏观经济的表现，研究表明对信贷增速做出反应的货币政策提高了中央银行在金融冲击后完成其任务的能力，具体的政策含义取决于金融冲击的来源及其持续性，但总体上不取决于中央银行目标中关于金融稳定任务的分配[100]。Adrian & Liang (2018) 回顾了纳入内生风险溢价和风险承担考虑的货币政策文献，认为宽松的货币政策在改善当前金融状况和增加未来金融脆弱性之间造成了一种看跌期权，货币政策考虑金融因素能够降低金融系统脆弱性，其政策效果取决于政策的紧缩成本[101]。

然而，相关研究对"逆风而动"货币政策有助于稳定宏观经济或实现社会福利最大化却存在争议，此类研究认为包含金融变量的货币政策并没有任何福利效果：Gelain et. al (2013) 认为建立在完全理性预期基础上的 DSGE 模型难以捕捉过去工业化国家中实际观察到的资产价格、信贷扩张和实际经济活动之间的联系，对各种用来抑制信贷过度波动政策措施的评估表明债务收入比是抑制信贷过度波动的有效工具，尽管利率对房价波动或信贷增长的反应可以稳定一些金融变量，却会显著放大通胀波动性[102]；Svensson (2014) 对瑞典央行采取的"逆风而动"货币政策效果进行了评估，结果表明此类政策代价高昂，通货膨胀一直低于预期水平 1.2 个百分点，失业率也更高，较高的利率水平与未来危机发生的低概率和低严重性相比显得微不足道[103]；张亦春和胡晓（2010）利用 Bordo - Jeanne 模型分析了当资产价格膨胀所蕴含未来价格下跌将导致资产价格缩水而引发信用紧缩时，中央银行的最优货币政策，结论表明，以适当程度应对金融失衡的"灵活通胀目标制"货币政策规则有助于实现物价和金融稳定[104]；朱琳（2016）构建了一个包含三部门的代际交叠模型，检验"逆风而动"的货币政策抑制资产价格泡沫的效果，结果表明货币政策对资产价格泡沫的基本面部分和泡沫项部分的影响机制不同，央行试图加息以抑制资产价格泡沫过度膨胀时，可能导致资产价格更为剧烈的波动，实证结果也证明了这点，因此"逆风而动"的货币政策效果是不确定的，最优的货币政策需要在总需求和泡沫项之间保持一定的平衡[105]；马勇（2017）构建了中国金融周期综合指数，实证校准了金融周期、经济周期和货币政策之间内生关系的统计模型，政策模拟表明包含金融因素的货币政策有助于在正常时期维护实体经济与金融系统的"双稳定"[106]；Melina & Villa（2018）给出了美国货币政策在大缓和时期对银行贷款增长做出反应的证据，但最优化决策规则却表明当时不应对银行信贷增长做出反应，进而认为商业周期波动来源是决定"逆风而动"政策能否成功的关键[107]。

从实证方面来看，相关研究表明各国中央银行时常对金融变量波动做出一定程度的反应。例如，Rigobon & Sack（2003）研究发现，当标准普尔500指数每提高5%时，美联储提高利率2.5个基点的概率提高1.5倍[108]；Castelnuovo & Nistico（2010）利用DSGE模型研究了美国股票市场波动与货币政策之间的关系，结果表明美联储对股票价格有重要反作用[109]；Finocchiaro & Von Heideken（2013）估计了美联储、英格兰银行和日本央行对房价波动的反应，结果表明上述央行的利率政策在不同程度上对房价做出了反应[110]；Baxa et. al（2013）利用时变参数VAR测试了发达国家对金融压力的反应，结果表明中央银行经常改变其政策利率，尤其是在面临较高金融压力的情况下降低利率以应对股票市场和银行压力[111]。

另一些研究认为"逆风而动"货币政策是否有效依赖于货币政策中的金融变量（Quint，2014）[112]、金融危机的可能性与严重程度（Ajello et. al，2016）[113]和金融稳定在中央银行目标函数中的重要性（Hirakata et. al，2013）[114]。Smets（2014）对此做出了总结，认为"逆风而动"货币政策是否能够维护金融稳定取决于以下三个方面：（1）宏观审慎政策应对金融失衡的效果如何？（2）货币政策对银行风险承担和金融稳定性的影响如何？（3）金融主导的风险和金融稳定的考虑是否有损于中央银行维护价格承诺的可信度？尽管宏观审慎政策的主要目标在于维护金融稳定，但货币政策在维护长期价格稳定的同时，也应密切关注金融市场波动，通过"逆风而动"货币政策降低金融市场风险[115]。Svensson（2016）提出了一个简化的"逆风而动"成本收益分析框架，发现"逆风而动"的收益在于降低危机发生的概率和规模，成本对应于正常时期较低的通货膨胀率，认为现有文献对"逆风而动"货币政策的收益超过成本的原因在于其认为金融危机发生的概率较低[116]。

综上所述，理论与实证研究均表明货币政策能够影响金融系统稳定性，但由货币政策当局负责金融稳定会导致政策负担过重，因此金融稳定的任务主要还是应该由宏观审慎政策当局负责。尽管关于宏观审慎的相关理论问题还未能取得学术界和政策当局的一致共识，但针对宏观审慎政策目标和政策工具的讨论已经取得了显著进展，相关政策实践也已在众多国家得以展开，在实践层面积累了丰富的经验。对于我国而言，近年来银行信贷与 GDP 的比例在快速上升，信贷波动与宏观经济波动之间的联系也愈加密切，这两方面共同表明我国商业银行信贷风险通过金融系统稳定性对宏观经济产生了显著影响，宏观审慎政策对于维护当前阶段我国金融稳定显得至为重要。接下来，我们对宏观审慎政策的相关研究进展进行综述。

2.2 宏观审慎政策

2.2.1 宏观审慎的概念

有关"宏观审慎"的概念最早可以追溯到 1979 年库克委员会（Cooke Committee）的会议记录（Clement，2010）。由于认识到国际银行业对发展中国家贷款快速增长所带来的金融风险问题，委员会主席 W. P. Cooke 认为，"当微观经济问题成为宏观经济问题时，微观审慎性问题也便成了宏观审慎性问题"[117]。同年 10 月，英格兰银行在为国际清算银行（Bank for International Settlements，BIS）准备的材料中指出"宏观审慎性方法考虑的是关于整个金融市场的问题，而不是影响单一银行的问题"。1986 年，欧洲货币常务委员会将宏观审慎政策定义为旨在促进"广泛的金融体系和支付机制的安全和稳健"的一种政策。此后多年，"宏观审慎"再未出现在相关当局的政策文件中，直至 1998 年，针对亚洲金融危机，国际货币基金组织（IMF）认为："必须对银行业进行持续有效的监督，这主要通过微观审慎与宏观审慎的非现场监管来实现……对银行业的宏观审慎性分析需要建立在市场信息与宏观数据的基础上，同时还要关注资产市场、其他金融中介机构、宏观经济发展趋势以及潜在的金融失衡问题。"以此为基础，IMF 提出并发展了一套旨在评估系统性金融风险的宏观审慎性指标（Macroprudential Indicators，MPIs），希望借此衡量金融系统整体风险水平。此后，"宏观审慎"主要表示与宏观经济相联系的一种调控和监管机制，其关注的焦点也从发展中国家的超额借贷不断演进到金融创新和金融市场风险等方面。

在2000年，时任BIS总裁Andrew Crokett发展并完善了"宏观审慎"的概念，认为宏观审慎区别于微观审慎的地方在于影响经济的方式和实现的目标不同，微观审慎主要关注点在于解决系统重要性、单一金融机构监管问题，保护投资者和储蓄者的利益，宏观审慎主要从宏观经济层面考虑如何降低系统性金融风险。Boria（2002）在Crokett研究的基础上进一步指出宏观审慎区别于微观审慎的地方，认为宏观审慎政策应侧重于关注"给定时点上的金融风险跨机构分布和整个系统的跨时间分布"，前者指因金融机构互相关联、同质性和风险共担而产生的共同风险敞口问题，后者指需要建立逆周期的资本缓冲机制以抑制金融系统的顺经济周期特征[118]。周小川（2011）认为金融部门中的羊群效应、动物精神、信息计算的复杂性和市场激励机制等方面共同导致金融系统从宏观层面表现出一种集体行为失误，宏观层面上的偏差不断积累并最终可能引发金融危机[119]。因此，宏观审慎监管具有与微观审慎监管不同的目标、作用方式和政策思路：

第一，从监管目标来看，宏观审慎政策主要针对系统性金融风险在金融机构之间的积累和传导，最终目标是降低因金融风险引发的金融危机对宏观经济的重大打击及其产生的成本。微观审慎监管主要是降低具有系统重要性、单一金融机构的挤兑风险，最终是为了保护股东和储蓄者利益。

第二，从风险特征来看，宏观审慎政策认为金融风险内生于金融机构的共同行为和决策之中，而单一金融机构缺乏足够信息判断和识别此类风险，宏观审慎政策在于防范"合成谬误"所导致的金融机构集体行为通过资产定价、风险承担等经济行为对系统性金融风险的放大作用，这一风险反过来又影响金融机构的集体行为，最终形成反馈回路所导致的系统性金融风险。微观审慎政策认为金融机构的风险特征产生于金融机构个体决策之中，主要防范金融机构内部考虑不周导致决策失误引发的风险。

第三，从政策执行思路上看，宏观审慎政策采取自上而下的思路，首先估算金融体系能够承受的极端损失水平，随后根据个体金融机构自身杠杆率、违约率以及与其他金融机构的关联程度等特征确定其对系统性风险的边际贡献，从而确定相应的监管要求。微观审慎监管采取自下而上的监管思路，通过降低个体金融机构破产概率，从而维护整体金融系统的稳定。

对宏观审慎的基本概念达成共识后，BIS（2001）将宏观审慎定义为：运用潜在工具为达到促进金融系统稳定而制定的所有政策。20国集团（G20, 2011）

明确指出，宏观审慎政策是指运用审慎工具控制系统性风险，防范金融服务突然中断对实体经济的影响，具体包括两方面特征：一是限制金融失衡对宏观经济的负面影响，降低系统性金融风险对实体经济的溢出效应；二是将金融系统视为统一的整体，识别和应对那些危机金融系统功能的风险传导或溢出效应的因素[120]。显而易见，对于防范系统性金融风险所引发的金融危机，对单一金融机构的微观审慎监管并不足以消除潜在的宏观经济风险，系统性金融风险需要与之匹配的宏观审慎政策，这也是推动金融监管由微观审慎监管向宏观审慎监管转型的主要原因。微观审慎监管与宏观审慎监管之间的差异参见表2-1。

表2-1　　　　　微观审慎监管与宏观审慎监管之间的差异

	微观审慎监管	宏观审慎监管
视角	局部均衡	一般均衡
监管对象	单一金融机构	金融体系
风险	个体风险	系统性风险
对风险特征的认识	外生性无关	内生性
机构之间共同风险暴露及相关性	不相关	相关
直接目标	降低金融机构风险	降低系统性金融风险
最终目标	保护消费者	金融稳定

资料来源：Boria, 2003；Brunnermemier, 2013。

2.2.2　宏观审慎的政策目标

关于"宏观审慎"政策的系统性研究已经持续了十多年，但学术界仍未对其政策目标达成一致共识。目前，学术界普遍认为，"宏观审慎"的最终目标是防范系统性金融风险，维护金融稳定，包括三方面核心内容：金融稳定、系统性风险和金融顺周期性。Boria（2003）认为宏观审慎政策的短期目标是抑制系统性金融风险的发生，长期目标是将危机爆发所造成的产出损失降低到最低程度[121]。

事实上，自20世纪90年代以来，金融冲击已经成为驱动宏观经济波动最为重要的影响因素，金融创新的快速发展和结构化金融产品之间的风险共担机制，使得基于微观审慎监管原则的资本充足率难以保证金融系统整体的安全和稳定，故宏观审慎政策的目标对象不是特定金融机构的异质性风险，而是整个金融系统的共同风险暴露问题。在一个风险共担的金融市场网络中，单个金融产品的外部性因众多金融机构的参与而分散、膨胀、扩张,这一模式所形成的错综复杂的交易网络在任何一个交易节点受到微小扰动时,都可能导致整个金融网络出现系统性坍塌。与微观审慎监管政策关注金融机构的资产负债表结果不同,宏观审慎政策更加关注金融系统的整体稳健性,包括市场结构、融资结构、投资者结构、金融工具结构和市场参与者资产负债表结构等多个方面的脆弱性[122][123]。英格兰银行(2009)认为,宏观审慎的政策目标是稳定地提供金融中介服务,以避免金融危机所呈现出信贷和市场流动性的繁荣—萧条周期。

此外,考虑到金融机构风险承担机制等其他因素引发的金融顺周期性,宏观审慎政策的另一个目标是如何抑制金融系统的顺周期性。在过去的几十年间,金融市场中资产价格与信贷扩张导致的繁荣—萧条周期在世界各重要经济体不断上演,尤其是金融体系的顺周期性导致宏观经济持续、显著地偏离其长期均衡所造成的损失,与之相伴的金融动荡最终可能引发金融危机。在此期间,金融机构集体行为导致的共同风险敞口问题因金融机构之间日益复杂的关联,在金融失衡的过程中以一种非线性的方式急剧扩大,最终对实体经济造成了更为严重的打击。马勇(2010)基于跨国数据考察了信贷扩张、资产价格波动和金融监管在金融危机中的作用和实现方式,实证分析发现,经济繁荣时期普遍存在信贷扩张、资产价格膨胀和金融监管三者的顺周期性是大部分金融危机的共同特征,建议金融监管应从当前的一般资本监管转向对整个金融体系信用总水平的监管并进行反周期操作[124];Caruana(2010)认为,宏观审慎政策应解决金融机构之间的共同风险暴露和相互关联,以降低横截面维度上的系统性风险和时间维度上的金融顺周期性为核心目标[125]。金融系统的顺周期性内生于金融部门最优决策过程中,但随着金融自由化在全球范围内的推进,不仅加强了金融部门的影响力,更导致其脱离实体经济而自我膨胀,加重了金融体系顺周期性与宏观经济之间联系。因此,宏观审慎政策必须将金融系统的顺周期性纳入其政策框架,采取积极、有效的措施防范并降低金融系统的顺周期性。

2.2.3 宏观审慎的政策工具及其有效性

根据宏观审慎的定义和政策目标,各国金融监管当局综合运用多种工具来解决金融部门的系统性风险问题,一切有助于维护金融稳定、降低系统性金融风险的政策工具均可以纳入宏观审慎政策工具集合之中[126]。宏观审慎政策包括广泛的监管政策工具,既包括已经存在的公共政策类工具(针对银行部门的特征税),也包括新创造的一些针对具体领域风险冲击来源的工具,如贷款收入比和动态资本拨备等。

IMF(2011)将宏观审慎政策工具分为三类,即信贷类、资本类和流动类。其中,信贷类政策工具主要限制金融机构对借款的信贷供给,包括抵押贷款约束、债务收入比等工具;资本类政策工具主要是为了降低金融部门杠杆率,包括动态杠杆率、逆周期资本监管和资产负债表约束等工具;流动类政策工具主要强化对金融机构的流动性监管,包括流动性覆盖和贷存比等工具。此外,相关文献也从金融风险冲击来源的时间维度和截面维度、固定规则与相机规则等角度对宏观审慎政策工具进行了分析,为了准确识别宏观审慎政策工具的目标对象,表2-2对其进行了分类。

表2-2　　　　　　　不同风险类型下的宏观审慎政策工具

监管方式	结构性、周期性风险	系统重要机构风险	融资风险	结构性顺周期风险暴露
增加银行弹性	部门资本要求;反周期资本缓冲;抵押贷款比;债务收入比或贷存比	系统重要机构资本缓冲;资本税;系统性风险缓冲	流动性覆盖率;净稳定融资比率;贷款与存款比率;保证金要求	部门资本要求;系统重要机构资本缓冲;最大风险暴露水平
降低信贷过度增长	部门资本要求;反周期资本缓冲;抵押贷款比;债务收入比或贷存比	系统重要机构资本缓冲;资本税;系统性风险缓冲;自有资本;额外流动性约束	贷款存款比;保证金要求	系统性风险缓冲;最大风险暴露水平
限制杠杆率、增加融资成本	杠杆比率;自有资本;资本缓冲	系统重要机构资本缓冲;对系统重要性机构流动性要求	流动性覆盖比率;流动性费用;其他流动性缓冲	系统性风险缓冲;最大风险暴露水平;保证金要求
增加市场纪律、减少信息不对称	压力测试;额外披露要求	压力测试;额外披露要求	压力测试;额外披露要求	压力测试;额外披露要求

资料来源:Dirk Schoenmaker. Macroprudentialism——A new Vox eBook [M]. Centre for Economic Policy Research,2014. 经作者修改后形成。

表2-2从金融风险冲击来源和降低金融风险方式两个维度对宏观审慎政策工具进行了分类,相关工具如加强资本与流动性缓冲是由微观审慎监管政策思路发展而来的,反周期资本缓冲和流动性限制两种工具的政策思路源于宏观

审慎政策，主要目标在于降低金融系统顺周期性。从系统性金融风险来源来讲，Moreno（2011）认为主要包括三类：一是外生金融风险冲击；二是共同风险敞口问题；三是金融机构之间相互关联导致的网络外部性问题。针对金融风险冲击来源的不同，宏观审慎政策当局需要根据冲击的类型和强度，单独或联合使用相关政策工具，对此的政策实践表明大部分国家倾向于多个工具联合使用，与此同时采取时变的相机抉择方式执行[127]。

伴随着宏观审慎政策的实践，关于其政策工具有效性问题主要从理论和实证两个方面进行研究。从理论研究角度来看，目前普遍使用宏观经济模型对宏观审慎政策工具有效性进行研究，而具体政策调控方式有效性依赖于其政策工具的作用机制。

第一，信贷类政策工具主要用来降低房价等资产价格过快上涨。例如，Funke & Paetz（2012）利用新凯恩斯 DSGE 模型分析了中国香港采取住房抵押贷款比管理和降低房价上涨的影响，结果表明非线性规则 LTV 的执行在高通胀时期有效限制了房价周期性波动向实体经济的传导[128]；Suh（2012）在包含两个"金融加速器"机制的 DSGE 模型基础之上，分析了逆周期资本缓冲和住房抵押贷款比两种监管政策工具的金融稳定效果，结果表明前者能够显著降低信贷周期性波动，后者对房地产市场冲击效果显著[129]；Yu（2013）在将商业银行杠杆内生化的存在金融摩擦的 DSGE 模型基础上，研究了贷款价值比和商业银行资本税两种宏观审慎政策工具的有效性，结论表明逆周期贷款价值比有效限制了缺乏耐心家庭住房信贷需求，银行资本税能够显著稳定信贷市场波动[130]；Gelain（2013）评估了对信贷增长做出反应的银行存款基准利率和贷款价值比在稳定信贷波动中的效果，结果表明贷款价值比对抑制房价上涨效果显著，尽管存款基准利率也有此效果，但却导致通胀波动性加剧[131]；Funke（2018）基于开放经济模型分析了新西兰利用贷款价值比的政策效果，研究发现贷款价值比显著降低了房价涨幅，对消费者价格指数的影响微乎其微[132]。从国内研究来看，梁璐璐（2014）在传统货币政策分析框架中引入抵押贷款价值比以探究其与货币政策的调控效果，研究表明在传统货币政策冲击下，宏观审慎政策不会干扰货币政策维护价格稳定的目标，监管该工具会改变部门间的资产配置，却不会对宏观经济的整体运行产生结构性影响[133]；陈明玮等（2016）选取了 DLTV 作为信贷类政策工具，对宽松货币政策脉冲响应的分析表明其能够在一定程度上平抑信贷激增引发的金融失衡[134]；孟宪春等（2017）在植入金融摩擦的 DSGE 模型基础上，考察了信贷和房地产税调控政策的传导机制和协调效应,结果表明在面临货币政策冲击时,信贷政策对房价的调控效果最好[135];罗娜和程方楠(2017)利用数值模拟方法,考察了针对房价波动反应的宏观审慎政策,研究表明应以房价稳定为主要目标,采用标准泰勒制规则,针对不同房地产市场状况采取差别化政策,这种方式能够实现社会福利损失最小化[136]。

第二,最低资本金要求等资本类工具能够有效限制金融机构杠杆率增加。例如,Clerc et al(2014)构建了一个包含银行违约的三层违约机制模型,对资本监管工具进行了实证和规范分析,研究发现当异质性银行风险冲击较高、银行资本较低时,风险冲击的效应较大,而当提高银行资本要求后,模型能够实现适度稳定[137];Benes & Kumhof(2015)认为银行贷款比例并不依赖总供给冲击和面临的资本充足率管制水平,因此需要资本缓冲来抵御贷款损失,研究发现逆周期资本缓冲能够实现福利显著增加,并减少了对政策利率进行反复调整的必要[138];Mendicino et al(2015)利用欧元区数据校准了宏观经济模型,研究发现资本监管的重要性在于确保银行资本充足率,使银行倒闭风险保持在较低水平,尽管反周期的资本要求是有益的,但其福利所得较小[139];Rubio & Carrasco–Gallego(2016)分析了《巴塞尔协议Ⅲ》所规定的逆周期资本缓冲最优实现方式,提出了资本需求比率应该遵循对信用偏离其稳态的响应规则,研究发现这一宏观审慎规则与货币政策的最佳搭配为巴塞尔协议Ⅲ带来了额外的金融稳定效果[140]。从国内相关文献来看,王爱俭和王景怡(2014)分析了逆周期资本监管对金融稳定的效果,认为其能够辅助货币政策以降低金融杠杆波动,对维护金融稳定效果显著[141];李天宇等(2017)在一个商业银行内生破产的BGG–DSGE模型基础上,研究了宏观审慎政策规则的金融稳定效果,结果表明尽管货币政策和宏观审慎政策均具有金融稳定的效果,但后者的效果要优于前者[142];范从来和高洁超(2018)研究了异质性金融冲击下的资本监管和货币政策的最优搭配问题,研究发现逆周期资本监管优于顺周期资本监管效果,货币政策力度与资本监管水平高低搭配可以显著降低福利损失[143]。

第三,对流动性指标的有效监管可以抑制金融系统流动性风险的积累。例如,Roger & Vlček(2011)研究了存在信贷市场摩擦背景下,对增加资本和流动性需求的宏观经济成本进行了估算,分析表明上述政策对宏观经济的成本取决于银行采取的调整策略和应对监管变化的反应[144];Chadha & Corrado(2012)建立了允许商业银行选择资产组合的宏观经济模型,研究了标准宏观经济冲击、银行预期流动性和银行业效率冲击对银行资产选择的影响,结果发现《巴塞尔协议Ⅲ》在为商业银行提供激励以持有更多流动性资产的同时,也限制了其对私营部门的过度顺周期性贷款[145];Ratnovski(2018)利用英国金融服务管理局2010年实施的流动性监管后的银行数据,评估了流动性监管对银行资产负债表的影响,结果发现银行调整了资产和负债的构成,增加了优质流动性资产和非金融存款份额,同时减少了内部金融贷款和短期批发融资,但并未发现流动性紧缩导致银行缩减资产负债表的证据[146]。

然而,实证研究中关于宏观审慎政策工具效果的研究还相对缺乏,在不同国家也表现出一定程度差异。例如:Saurina(2009)发现,在2008年美国金融危机传导至西班牙时,尽管西班牙的动态拨备未能应付经济萧条期间所有信贷损失,但确实提高了银行业应对风险的弹性[147];Foglia(2009)认为,从长期来看,在现有监管水平上增加银行最低资本金要求与流动性监管能够降低金融危机发生的概率,而金融危机发生后造成的损失远远超过金融部门扩张所带来的产出增加,从产出损失方面来看执行宏观审慎政策是有效的[148];Nadauld &Sherlund(2009)对美国次级抵押贷款证券交易进行分析后认为,提高资本金要求能够在一定程度上抑制资产价格泡沫膨胀[149];Lim et al(2011)利用动态面板检验了宏观审慎政策工具的有效性,结论表明,LTV、DTI、信贷增长上限和动态准备金要求显著降低了信贷过快增长所引发的金融风险积累,DTI、信贷增长上限、动态准备金要求、外币借贷上限、逆周期资本金要求有效降低了金融杠杆率的顺周期性[150];Gauthier(2010)研究发现宏观审慎的资本分配机制可以将银行的违约率和系统性风险降低25%,表明宏观审慎的资本缓冲可以大幅提高金融稳定性[151];Moreno(2011)指出在香港金融危机前夕,香港金管局多次下调住房抵押贷款比(LTV),尽管该举措未能阻止房地产市场泡沫破裂,却降低了危机造成损害的程度[127];IMF(2012)在Lim et al(2011)研究的基础上对36个经济体利用时变资本金要求、LTV、DTI和准备金率等宏观审慎政策工具的有效性进行了研究,发现时变资本金要求和准备金率能够显著降低信贷规模过快增长,LTV和时变资本金要求显著降低了房价的上涨幅度;Alichiet al(2012)研究发现,逆周期资本监管的有效性依赖于金融机构对监管的反应,最优监管政策组合依赖于金融机构资产负债表结构和市场条件,为提高宏观审慎政策工具有效性,需要根据市场条件联合使用多种宏观审慎政策工具[152];Meeks(2017)利用英国监管数据评价了银行资本要求对宏观经济的影响,结果发现资本要求增加降低了银行对企业和家庭的贷款，减少了总支出并提高了利贷差[153]。

与此同时，国内学者针对我国金融系统状况，也对宏观审慎政策工具的效果进行了研究。例如，王作文（2013）从时间维度和截面维度综合评价了我国系统内重要银行，分析了逆周期宏观审慎政策工具的优缺点和实用性，结果发现我国银行业的资本缓冲存在明显惯性，资本回报率不能显著影响银行资本缓冲水平，资本充足率的变动对宏观经济波动具有显著影响[154]；梁琪（2015）将差别存款准备金率和DLTV作为宏观审慎政策工具，利用系统GMM方法对2003~2012年间商业银行微观数据进行了分析，研究表明这两种工具显著降低了银行信贷增长和杠杆率变动的顺周期性[126]；方意（2016）对宏观审慎政策及其工具组合的有效性进行了研究，结果表明我国宏观审慎政策工具中的贷款价值比和银行贷存比监管政策工具均是有效的，认为宏观审慎监管政策有效的前提是盯住的目标与监管对象保持一致[155]；杨昊龙等（2017，2017）采用Qual VAR对金砖国家宏观审慎政策有效性进行了分析，结果表明在政策有效性方面，信贷类和税收类工具更为有效，而流动类和资本类的有效性较低，在盯住的政策目标方面，流动类和税收类工具盯住信贷增长目标更为有效，信贷类工具盯住房价增长的有效性最强[156][157]；许玲（2018）根据我国金融市场状况将宏观审慎政策工具分为三类，即资本工具、杠杆工具和流动性工具，分别研究了其在不同冲击下的金融稳定效果，结果表明住房抵押贷款比和资本充足率能够有效应对住房需求冲击，但当经济面临高通胀时，宏观审慎政策工具对通胀和产出波动性的影响几乎为零[158]；王勇（2018）在NK-DSGE模型的基础之上，以抵押贷款比作为宏观审慎政策工具，证实了其对住房市场的调控效果，结果表明该工具有效防范了住房偏好冲击和技术冲击所引发的经济硬着陆风险[159]；荆中博和方意（2018）利用Qual VAR和方差分解研究了2005~2017年中国贷款价值比、法定存款准备金率对贷款、房价增速等金融稳定目标的有效性和靶向性，结果表明贷款价值比应以房价为政策靶向目标，法定存款准备金率对房价和贷款增速的有效性均较强[160]；叶欢（2018）基于中国、中国香港和韩国的数据，利用系统GMM方法对相关宏观审慎政策工具关于房价和信贷增速的抑制作用进行了研究，结果表明存款准备金率、贷款价值比和债务收入比对抑制信贷过快增长效果显著，贷款价值比和债务收入比对降低房价增速效果显著[161]；何玉洁和赵胜民（2018）基于其所建立的宏观审慎政策指数，采用基于有向无环图（DAG）SVAR模型探讨了房地产市场调控政策的有效性，研究表明房地产宏观审慎政策对信贷调控的有效性要强于对房价的调控,从紧的房地产宏观审慎政策造成了通胀的上升,建议房地产调控以控制信贷增速来维护房地产市场和金融稳定[162]。

综上所述,从理论层面来看,关于信贷类、资本类和流动类等三类宏观审慎政策工具对维护金融稳定的效果已取得显著进展,实证研究也表明尽管存在政策工具调控效果的差异性,但相关的具体政策工具确实降低了金融系统顺周期性和风险承担行为。然而,宏观审慎政策也存在显著的政策外溢效应,该效应对货币政策调控通胀稳定也产生了一定程度影响[163][164]。因此,紧接着的一个重要问题便是宏观审慎政策与货币政策之间的关系。

2.3 货币政策与宏观审慎政策

如前文所述,货币政策的风险承担渠道理论为货币政策考虑金融因素提供了理论基础,而宏观审慎政策作用于金融系统条件进而对宏观经济产生了显著的政策外溢效应,这两方面共同引申出关于货币政策与宏观审慎政策在维护金融系统稳定方面的关系问题,这些问题包括以下三个方面:第一,货币政策是否有助于降低其维护金融稳定的负担,而对货币政策致力于实现物价稳定不产生显著的外溢效应,即两者之间维护金融稳定的互补关系;第二,货币政策与宏观审慎政策协调搭配的必要性;第三,两类政策以何种方式协调搭配。

2.3.1 货币政策与宏观审慎政策的互补关系

目前,大部分研究认为货币政策与宏观审慎政策是互补的,适宜的宏观审慎政策能够减轻货币政策维护金融稳定的负担,有利于货币政策的传导,而货币政策所营造的良好宏观经济环境也能够降低宏观审慎政策工具的使用频率。IMF(2009)认为,在不使用宏观审慎政策工具的环境下,抑制信贷市场过热需要进行较大幅度的利率调整。如果利用宏观审慎政策工具提高借款者成本、降低信贷增速,不仅能够维护信贷市场平稳,也能够为货币政策创造充足的空间使其实现致力于维护物价稳定的目标,因此政策当局追求物价稳定与金融稳定的目标在长期内具有一致性,货币政策与宏观审慎政策有效协调能够彼此促进和相互增强,有助于宏观经济整体稳定[165]。N'Diaye(2009)在一个简化的货币政策分析框架下,考察了逆周期宏观审慎政策对货币政策的支持作用,研究表明,逆周期宏观审慎政策不仅有助于维护金融稳定,更有利于减缓实体经济波动[166]。此外,宏观审慎政策也能为货币政策创造出足够的缓冲空间,避免其陷入低利率的困境,增强货币政策对维持价格稳定承诺的可信度[167][168]。

从微观经济角度来看,第一,宏观审慎政策的主要作用在于修正金融失衡并提升其整体稳定性,宏观审慎政策在处理截面维度金融风险时存在较大优势,依靠其解决时间维度上的金融顺周期性可能会与"逆风而动"的货币政策(宏观审慎的货币政策)产生目标冲突(或叠加)问题,但如果这两类政策能够完美地搭配使用,降低单一政策工具的外溢效应,便能以社会成本最低的方式实现金融与宏观经济的整体稳定。第二,单独使用宏观审慎政策工具应对金融顺周期性可能导致其实施成本过高,在金融风险过度累积的条件下,货币政策也不应将资产价格和金融周期视为外生变量,还应主动提高利率进而抑制金融系统顺周期性所引发的金融风险[169]。第三,货币政策与宏观审慎政策协调搭配有效协调取决于两者之间的微观传导机制是否有效,即货币政策改变短期基准利率进而影响信贷需求水平和宏观审慎政策通过调节信贷供给水平是否影响了银行间拆借利率这两个维度的有效性[170][171]。第四,使用针对单一领域金融风险的宏观审慎政策工具可能导致风险向其他领域(或部门)转移,因此需要使用多种宏观审慎政策工具降低金融部门的监管套利行为,而货币政策可以针对所有部门发挥作用,两者在必要的条件下共同配合才能维护金融稳定。第五,货币政策与宏观审慎政策的协调效果与冲击来源和冲击强度存在密切关系,Angelini et al(2011)对两者的协调效果进行了评估,结果发现当经济遭受冲击较小时,两者协调搭配的效果不太明显,而当两者协调发生冲突时会导致宏观经济波动程度加剧[172]。

综合来看,尽管考虑金融因素的货币政策能够从整体上抑制金融风险的积累,却可能因政策传导渠道不畅、无法针对单一金融领域风险做出足够反应以及无法维护货币当局对价格承诺的可信度等多方面原因而无法维护金融系统稳定,宏观审慎政策弥补了货币政策维护金融稳定的不足,然而其与货币政策之间协调搭配却需要考虑政策目标叠加、效果外溢和协调频率等多方面问题。因此,在对宏观审慎政策必要性达成共识后,宏观经济理论的研究重点转移到对金融稳定、货币政策与宏观审慎政策之间协调搭配的研究上。

2.3.2 货币政策与宏观审慎政策的协调效应

宏观审慎政策的目标在于维护金融稳定,但现有研究表明宏观审慎政策并不足以保证金融稳定,只有货币政策与宏观审慎政策的有效配合才能实现金融稳定[173]。例如,Kannan et al(2012)对逆周期宏观审慎政策的经济效果进行了分析,结论表明,若货币政策能够有效配合宏观审慎政策,对信贷扩张和资产价格波动做出更为强烈的反应,将有助于宏观经济整体的稳定[174];Angeloni & Faia(2013)在一个宏观模型中引入了存在经营风险的商业银行,研究了银行处于风险状态时的货币政策传导及其与银行资本监管的相互作用,结论表明货币扩张增加了银行的杠杆率和经营风险,适度的逆周期资本监管和货币政策对资产价格和银行杠杆率波动做出反应能够提升宏观经济稳定性[175]。

从两类政策实现的目标来看,货币政策的主要目标在于熨平经济周期,宏观审慎政策主要是为了降低金融风险,尤其是信贷与资产价格之间的信贷周期,因此货币政策与宏观审慎政策协调搭配的效果应取决于经济周期与金融周期的一致性程度[176]。若经济周期与信贷周期的波动方向一致,那么货币政策配合宏观审慎政策对信贷周期做出一定程度的反应,能够从质的层面调整金融机构资产负债表结构,使金融系统杠杆率与经济周期方向一致,从而更大程度上降低了金融与实体经济的波动性;Scott et al(2009)认为抑制信贷周期的宏观审慎监管政策可以带来一定程度的福利所得,如果货币政策能够对推动信贷增长与资产价格之间关系的金融加速器机制做出更为强烈的反应,将有助于宏观经济整体的稳定[177]。若经济周期与信贷周期的波动方向相反,两类政策目标方向将产生分化,一种政策的实施可能会削弱另一种政策的效果,故两类政策的实施需要平衡协调[178]。例如,Taylor & Zilberman(2016)在一个包含内生商业银行风险承担机制的 DSGE 模型的基础上,研究了商业银行资本监管对降低由信贷驱动的金融风险的作用,结论表明,相对于货币政策,反周期的商业银行资本监管更有利于抑制信贷过度波动,从而维护物价、金融和宏观经济的整体稳定[179]。因此,宏观审慎政策和货币政策的有效协调需要对特定时间、特定领域的金融风险进行针对性的分析,就其失衡对象、程度和原因进行综合判断,据此做出针对性的反应。

时任美联储主席 Yellen(2014)指出,货币政策和宏观审慎政策的协调搭配需要遵循以下三个原则:第一,宏观审慎政策的唯一目标是维护金融稳定、增加金融系统弹性,降低货币政策维护金融稳定的难度;第二,宏观审慎当局对其政策工具效果和针对的对象要有准确的认识,在协调降低(或消除)金融风险的过程中,应保障货币政策能够实现物价稳定的目标;第三,货币政策制定者应及时与市场沟通其关于金融风险的判断,就其政策的目标向公众进行解释，使货币政策与宏观审慎政策的协调效果更加有效[180]。

目前，国内也主要采用DSGE模型研究宏观审慎政策与货币政策的协调搭配问题。梁璐璐等（2014）将动态抵押贷款比（DLTV）作为宏观审慎政策工具，研究了其与扩展型Taylor规则的组合效应，指出宏观审慎政策不会影响货币政策的目标，在金融冲击下，两者的有效配合能够对通胀目标起到一定的保护作用[133]；马勇和陈雨露（2013）构建了一个包含内生化决策金融系统的宏观经济模型，考察了货币政策、信贷政策和宏观审慎监管政策三者之间的协调搭配问题，研究表明，在不考虑金融稳定的福利效果下，针对资产价格、企业融资溢价和银行杠杆率的货币政策规则并不能提升社会福利水平，货币政策和宏观审慎政策应以简单函数规则为主，通过上述三者之间的合理搭配和有效组合，不仅能够实现宏观经济和金融系统更高的稳定性，而且可以有效降低单一政策工具所面临的多目标困境和政策负担，但上述三者在协调搭配过程中应避免政策工具的冲突和政策目标的叠加等问题[181]；程璐（2015）在一个包含"金融加速器"机制的模型的基础上研究了货币政策与宏观审慎政策的实施效果问题，结果表明两者共同配合才能在金融冲击、住房需求冲击和技术冲击时以社会成本最低的方式维护金融稳定[182]；李天宇等（2016）在异质性消费者的DSGE模型框架下分析了扩展型货币政策与宏观审慎政策的金融稳定效果，结果表明虽然两者的传导路径不同，但都能抑制金融系统风险积累、促进金融稳定，金融稳定与物价稳定之间的内联关系使两者彼此协调时需要考虑政策叠加等问题[183]；卜林等（2016）在货币政策与宏观审慎政策协调搭配框架下，探究了财政政策对两者配合的影响，研究认为宏观审慎政策会影响财政政策有效性，但能够提高其长期的可持续性，建议在两类政策协调搭配的过程中考虑对方政策的影响[184]；程方楠和孟卫东（2017）在一个植入房价波动的DSGE模型基础上，系统性考察了货币政策与宏观审慎政策的协调搭配问题，基于我国宏观经济数据的分析表明，从协调机制上看，宏观审慎政策应根据信贷的不同对象和具体投放情况进行调整，上述两类政策更青睐于标准泰勒规则，实施过程中需要就其政策方向和利率进行协调搭配[185]；赵玮和赵敏娟（2018）构建了基于Agent的DSGE模型，探究了异质性预期下宏观审慎政策与货币政策的协调效应，研究发现当经济面临风险冲击和技术冲击时，宏观审慎政策配合"逆风而动"的货币政策对经济波动的影响最小，更有利于维护金融稳定并减少福利损失[186]；范从来和高洁超（2018）构建了包含银行部门的DSGE模型，研究资本监管与货币政策在异质性金融冲击下的最优配合问题，研究表明货币政策应盯住金融因素,在外源性金融冲击下,货币政策力度与资本监管强度高低搭配可以明显降低福利损失,在内源性金融冲击下,福利损失最小化要求加强资本监管,从而赋予货币政策较大的灵活性[143]。

上述研究均未涉及政策工具合作的目标变量选择问题。基于此,李天宇等(2016)以社会福利损失函数作为评价标准,对宏观审慎政策与货币政策的传导路径、政策外溢和协调搭配问题进行了研究,结论表明,宏观审慎的货币政策需要盯住资产价格,宏观审慎政策的信号源是信贷增量,宏观审慎政策外溢效果明显,若货币过度关注金融稳定会影响其致力于实现物价稳定的目标,宏观审慎的传导路径较短并且政策外溢效果小,因此建立分区制的管理协调框架是实现政策外溢、目标干扰和协调搭配的有效途径[183]。此外,李天宇等(2017)构建了一个包含"金融加速器"机制的 DSGE 模型,以代表性家庭福利所得作为评价标准,讨论了上述两类政策的传导路径、政策外溢及其搭配使用问题,结果表明,应将资产价格和信贷量指标作为两者协调搭配以实现金融稳定的信号源,过分关注金融稳定的货币政策外溢效果明显,可能会影响其实现物价稳定的目标,以金融稳定为唯一目标宏观审慎政策外溢效果明显、政策外溢程度小[187]。

2.3.3 货币政策与宏观审慎政策的协同方式

关于宏观审慎政策维护金融稳定,降低货币政策负担的必要性已达成广泛共识,但关于其具体合作方式的研究却未能取得一致见解。一种观点认为,两类政策相互合作才能以最有效的方式实现宏观经济与金融系统的整体稳定。例如,Bean et al(2010)研究了将银行部门资本所得税(或补贴)作为宏观审慎政策工具会如何影响货币政策的执行效果,进而认为两者之间的互补关系需要双方合作[188];Parièset al(2011)构建了一个包含融资约束家庭和银行资本约束的封闭宏观经济模型,分析了信贷市场摩擦在经济周期和货币政策传导中的作用,研究发现了增加资本和风险敏感资本要求的宏观审慎政策对降低金融风险的影响,结论认为宏观审慎政策与货币政策具有良好的互补性,两者在统一的协调机制下相互合作具有一定程度的可行性[189];王爱俭和王璟怡(2014)研究表明宏观审慎政策能够对货币政策起到辅助作用,特别是在金融市场受到冲击时的辅助效果明显,认为两类政策需要相互配合,发挥协调效应;Shin(2016)认为传统货币政策对金融稳定具有重要影响,但货币政策对维护金融稳定存在不足,因此宏观审慎政策与货币政策具有一定的替代性和互补性,两者不是彼此独立,而是相互影响的,故需要密切配合[190];Paoli&Paustian(2017)以名义价格黏性和信贷约束的成本作为评判依据,分析了货币政策和宏观审慎政策如何实施才能有效降低宏观经济波动的成本,研究发现当经济面临成本推动的冲击时,政策当局应该相互合作并承诺采取特定的行动[191]。

然而,部分研究却表明,货币政策专注于实现物价稳定,宏观审慎政策负责维护金融稳定是实现社会福利最大化的最优决策:Sub(2012,2014)认为,货币政策会影响储蓄者和借款者决策,而宏观审慎政策能够直接作用于借款者决策,因此两类政策工具分别盯住各自目标是最优的决策[192][193];Rubio & Carrasco-Gallego(2014)以动态抵押贷款比(DLTV)作为宏观审慎政策工具,研究了其与货币政策在合作与非合作背景下的社会福利损失情况,结论表明相对于两者合作,非合作的方式具有更加明显的福利增进[140];Svensson(2012,2018)认为货币政策能够调整和中和宏观审慎政策对资金流动和资源利用率的各种影响,而宏观审慎政策能够正常地调整和中和货币政策对金融稳定的影响,这两方面满足纳什均衡条件,表明单一的政策工具可以单独实施,因此货币政策与宏观审慎政策的目标可以通过单独实施每一项政策来实现,同时也考虑了对方政策的行为和效果[194][195];Funke & Kirkby(2018)对新西兰抵押贷款价值比的政策效果进行了研究,发现抵押贷款价值比显著降低了房价,但对消费者价格指数的影响微乎其微,这表明抵押贷款比可以在不偏离货币政策的条件下使用,政策前沿分析表明宏观审慎政策是货币政策的有益补充,两者不需要任何协调[132]。对于货币政策与宏观审慎政策之间以何种方式协调搭配的争论可能还需要进行更为深入的分析,因此宏观审慎政策工具的类型(如银行部门资本所得税)、政策外溢效应、微观金融机构以及外部冲击来源都可能会影响到结论的可靠性。

2.4 文献述评与本书的研究方向

2.4.1 国内外相关研究评述

现有研究从理论与实证两个方面对货币政策与宏观审慎政策之间的关系进

行了大量研究,取得了丰硕的研究成果,但在对国内外相关文献梳理过程中,笔者仍然发现存在一些需要完善和进一步改进的地方,主要体现在以下四个方面:

(1) 关于多种宏观审慎政策工具的引入及其相互之间的影响。

现有相关理论的研究以单一的宏观审慎政策工具(抵押贷款比、流动性覆盖或银行资本监管等)为主,而在现实经济环境中,相关政策当局通常采用多种政策工具降低不同领域、不同层面的金融风险,多种宏观审慎政策工具的引入必然涉及政策工具的效率、政策外溢和政策目标叠加等相关问题。少量学者在模型中引入了两种宏观审慎的政策工具,但其研究的核心内容集中在对比必要性的研究,也未能注意到宏观审慎政策工具之间的政策外溢和协调效应等方面的问题。

(2) 理论研究中对金融部门监管套利行为的忽视。

目前,主流的 DSGE 模型均在刻画金融系统行为,但这些模型部分属于统计性模型,另一些则完全将金融部门的行为内生化。前者因"卢卡斯"批判而很难作为政策评价的依据,后者可以作为结构化理论模型基础。在对货币政策与宏观审慎政策之间关系的文献进行梳理后,笔者发现除了 Sub(2012)研究中注意到针对特定金融领域内的监管会导致金融资源向缺乏监管的领域转移,其余理论模型均未注意到这点。金融部门的监管套利行为的长期经济效果对货币政策与宏观审慎政策协调搭配效果将产生何种影响也并未得到重视,对其机理的分析也较为缺乏。

(3) 缺乏对金融系统稳定和宏观审慎政策的福利效果测算。

在传统货币政策理论中,社会福利损失来源于通货膨胀和产出缺口的波动性,而在相关模型中引入宏观审慎政策时,大部分研究对其福利效果的测算以代表性家庭效用变动或金融部门信贷波动水平为主,但均未能考虑宏观审慎政策工具波动的社会福利损失,因此有必要将其纳入社会福利成本测算或政策分析中,对货币政策与宏观审慎政策协调搭配的社会福利所得进行测算。

(4) 关于宏观审慎政策对不同类型货币政策工具的金融稳定效果分析。

发达国家普遍采用隔夜市场拆借利率这一价格型货币政策工具作为政策调控工具,而处于转轨阶段的中国人民银行综合采用价格型与数量型并重的货币政策工具实现宏观经济政策目标,关于不同货币政策工具对宏观经济波动的影响从理论与实证方面均取得了长足进展,但目前还未发现宏观审慎政策对不同类型货币政策工具维护金融稳定效果的实证分析。因此,扩展这方面的实证研究,从货币政策与宏观审慎政策共同维护金融稳定的视角探讨利率市场化改革具有一定的现实意义。

2.4.2 本书的研究方向

针对前述章节所提到研究中的不足,本书拟从模型构建与政策分析两个核心维度展开研究,以丰富现有宏观审慎政策的调控理论,为当前阶段我国货币政策与宏观审慎政策协调搭配,共同致力于维护金融稳定提供科学的政策建议。

(1) 模型构建。

从模型构建方面来看,第一,需要建立异质性代理人模型以刻画当前阶段我国宏观经济波动中较为重要的内容,如房地产部门在国民经济中的重要性,也需要根据研究内容将金融部门决策行为内生化。具体来讲,借鉴 Geraliet al (2010) 模型中关于异质性代表性家庭的建模方式,引入房地产存量市场、消费黏性、住房抵押贷款约束等重要的经济机制。第二,金融风险冲击不仅来源于房地产领域,也包括企业的经营风险冲击,采用 Christiano et al (2014) 模型中标准的"金融加速器"机制以刻画企业家资本收益风险冲击,内生地引入企业资本利用率[196]。第三,为了能够研究金融部门的监管套利行为,需要将商业银行的决策内生化,不能存在任何外生的待估计参数。经过比较,笔者认为 Gertler & Karadi (2011) 在探讨非传统货币政策时所构建的商业银行决策方程能够恰当地实现本书的研究内容[197]。此外,为了使模型具备较好的现实经济解释力,也需要引入价格和工资黏性以及各种外生冲击,如住房需求冲击、技术冲击、投资冲击、政府支出冲击和货币政策冲击等。第四,选择恰当的宏观审慎政策工具和货币政策工具,本书所构建的 DSGE 模型需要利用宏观经济数据进行参数校准与贝叶斯估计,随后,引入宏观审慎政策工具以捕捉该经济变量对宏观经济波动的影响。考虑到现有研究主要通过改变金融部门决策成本的方式引入宏观审慎政策工具,如 sub (2012)、王爱俭和王景怡 (2014)、李天宇等 (2017) 所引入模型中的方式[192][141][187]。出于上述考虑,本书所要引入的宏观审慎政策工具既要具有外生冲击性,容易捕捉该冲击对宏观经济的影响并容易将其动态化,又能够直接改变金融部门信贷决策,而不是通过间接成本方式改变其决策。此外,对商业银行的监管包括多种方式,在我国主要包括法定存款准备金率和对银行资本充足率的要求,需要将其抽象化为单一的政策工具。

(2) 政策分析。

以所构建的新凯恩斯 DSGE 模型为基础，以脉冲响应分析和数值模拟等多种方法，从不同角度对货币政策与宏观审慎政策之间协调搭配的问题进行定性分析与定量分析。首先，对货币政策与宏观审慎政策盯住的目标变量、传导机制和政策外溢效果进行分析，为两类政策协调搭配的必要性奠定基础；其次，从合作均衡与非合作均衡的视角探究货币政策与宏观审慎政策协调搭配的可行方式；最后，利用商业银行微观数据，对宏观审慎政策关于不同货币政策工具的金融稳定效果进行实证检验，为当前阶段我国货币政策调控模式转型提供经验借鉴。

3 货币政策与宏观审慎政策协调搭配的机理分析与模型构建

目前，关于货币政策与宏观审慎政策协调搭配的研究还处于不断探索和完善的阶段，在对两者协调搭配的方式和效果进行分析之前，需要明确两类政策之间的差异，对其政策工具、目标和效果进行辨识和评价，从理论层面对货币政策与宏观审慎政策协调搭配的机理和方式进行探讨。基于此，本章将对货币政策与宏观审慎政策在维护价格稳定与金融稳定方面的优势和不足进行分析，从理论层面对两者的协同作用和协调方面展开探讨，在此基础上，构建一个能够反映现阶段我国货币政策与宏观审慎政策协调搭配的理论模型，以便从梳理角度对两者协调搭配的必要性及其协调方式进行深入研究。

3.1 货币政策与宏观审慎政策协调搭配的机理分析

传统货币政策理论认为，若完美经济中仅存在价格黏性作为唯一的经济摩擦来源，货币政策只需将通货膨胀控制在较低水平，便能消除社会福利损失的潜在来源，进而稳定社会总产出的波动性。然而，当经济中存在金融扭曲时，不仅引入了新的社会福利损失来源，也割裂了通货膨胀和产出缺口之间的稳定关系，即使在此状态下，价格稳定依然被赋予了较大权重，表明价格稳定在货币政策目标函数中的重要性。

通常来讲，金融风险根源于经济结构或金融市场不完美所引发经济个体或金融机构的风险承担行为，如过度杠杆化、脆弱的债务结构或较高水平风险敞口；除此之外，结构性金融失衡也可能源于国际资本市场，如大规模资本流入或流出引发的债务风险。从金融体系的功能来看，金融稳定的一个恰当定义是，对威胁金融体系功能实现的因素具有足够的抗风险能力。金融危机表明，价格稳定并不是金融稳定的充分条件，从金融稳定的定义来看，货币政策并不具备结构性功能以致推动金融体系形成全面的抗风险能力；例如，货币政策无法对金融体系的资本充足率和流动性缓冲水平产生实质性影响。当存在金融失衡时，若不能有效控制系统性金融风险的积累和传导，最终可能以多种途径威胁到社会总产出的结构性与稳定性，造成社会福利损失，基于此考虑，金融稳定也应成为宏观经济政策的追求目标。货币政策理论和实践对于维护价格稳定已经达成共识，也具备充足的条件将通货膨胀控制在较低且稳定的水平，但考虑到金融风险来源的多样性、金融扭曲机制和作用机理的复杂性，将金融稳定与价格稳定纳入统一的政策分析框架似乎并不现实，因此有必要将金融稳定视为价格稳定的中间目标，交由单独的政策当局处理，即宏观审慎政策框架的提出，其目标主要在于降低金融结构失衡所造成的金融风险的积累和传导，维护金融稳定。

3.1.1 货币政策维护价格稳定与金融稳定的优势和不足

货币政策能够实现通货膨胀目标，在一定程度上也有助于维护金融稳定。根据新凯恩斯 Philips 曲线，通货膨胀来源于企业边际生产成本的上涨，考虑到劳动力市场较强的工资黏性，只要货币政策能够对企业资金成本施加影响，便能将通货膨胀控制在一定水平，同时也降低了产出的波动性。从货币政策实践来看，货币政策可以有效影响金融市场流动性状况，货币价格的利率传导机制也能对不同期限的资本成本进行定价，进而影响企业边际生产成本和生产水平；此外，货币当局直接控制隔夜拆借利率，通过抵押资产的资产负债表等多种渠道影响市场总需求，两者的合力可以将通货膨胀稳定在货币政策当局的目标水平，货币政策实践也表明该方式在正常状态是有效的，能够实现价格稳定目标。

当存在金融失衡时，尽管货币政策可以影响金融市场流动性水平，但鉴于金融扭曲的多样性和非理性因素驱动的激进风险投资行为，货币政策只能对单一方向信贷流动施加影响，而不可能同时兼顾不同方向、不同水平的金融风险冲击来源，也不一定能够在不刺破泡沫的前提下稳定资产价格泡沫的不断膨胀，甚至还会加剧金融失衡局面。那么，如何看待货币政策的银行风险承担行为和理性资产价格泡沫？部分观点认为，货币政策的风险承担会增加货币政策对危机发生概率和程度的影响，为此需要全面衡量货币政策逆向操作的收益和成本，相应的研究结论表明逆向操作的货币政策可能不是最优决策：其一，实证研究表明宽松的货币政策并不是金融部门风险承担行为的主要来源，即使货币政策对银行风险承担行为效果显著，货币政策的银行风险承担行为对实体经济的影响也并不明显；其二，逆向操作的货币政策需要将名义利率提高到正常水平之上，使资本市场处于紧缩状态，对实体经济造成的产出损失很大可能超过其降低银行风险承担水平所得到的收益。从现实经济来看，资产价格泡沫膨胀前普遍存在着货币政策宽松的状态，但货币政策却很难改变对资产价格不断上涨的预期，在不刺破泡沫的条件下也很难抑制理性资产价格泡沫的过度膨胀，而刺破泡沫将可能造成较大程度的产出损失。该损失主要来源于家庭和企业资产负债表结构恶化导致的总需求和总产出下降。

在面临单一方向金融稳定性问题时，若微观审慎政策与宏观审慎政策无法有效降低金融失衡，为保证金融稳定，货币政策可能需要做出一定程度的反应以弥补宏观审慎政策的不足，但考虑逆向干预的货币政策可能有损货币当局致力于维护价格稳定的信誉，降低货币当局预期管理的效果，因此除非必要或无法找到有效维护金融稳定的其他政策措施，否则货币政策还是应该致力于实现价格稳定。综合来看，货币政策可以决定通胀水平，却不能解决结构性金融稳定问题，即货币政策还不足以推动金融体系形成全面抗风险的能力。

3.1.2 宏观审慎政策维护价格稳定与金融稳定的优势和不足

宏观审慎政策可以利用多种政策工具实现金融稳定目标。宏观审慎政策通过创新多种政策工具对特定行业和特定领域的金融风险做出反应，约束金融部门的风险承担行为，从而实现维护金融系统稳定。考虑到金融扭曲的多样性，系统性金融风险通常也表现为多种形式，如过度杠杆化、资产负债表错配和信贷宽松等，包括汇率制度框架下的过多外债问题。宏观审慎政策在识别金融风险冲击来源基础上，可以设计差异化、针对性的政策工具以应对不同领域、不同方向金融失衡所引发的风险，将金融失衡限制在某一局部金融领域，疏通金融传导渠道，增强多种宏观审慎政策的政策传导效率，有利于宏观审慎政策整体效应的实现。从作用机理来看，宏观审慎政策主要通过约束金融市场主体事前过度风险承担行为，进而降低金融失衡可能引发金融风险暴露的可能。例如，宏观审慎政策当局可以通过抵押贷款比上限影响家庭借贷、住房需求和房价等房地产相关领域内风险，将其对系统性金融风险的影响内部化，从而实现金融系统整体的稳定。

尽管金融失衡会影响社会总产出的水平和结构，但宏观审慎政策只可能实现金融稳定，却无法将通货膨胀稳定在目标通胀水平。根据宏观审慎政策工具的不同，其可能会间接影响通货膨胀和社会总产出，但这种影响并不具有系统性，政策效果也可能并不显著。例如，一些宏观审慎政策工具可能会恶化经济运行、削弱经济活力，降低资本的可持续利用水平，但实施更好的政策规则和更为有效的信贷标准却可以推动金融深化，增强经济活力。这表明，尽管实施宏观审慎政策能够在一定程度上降低金融市场失灵对实体经济的负外部效应，却可能导致金融部门在某程度上竞争不足、资本配置效率低下，故而在设计宏观审慎政策工具是需要对其在降低金融风险方面的收益和对实体经济的溢出效应进行测算和权衡。然而，宏观审慎政策却无法对目标通胀水平产生实质性影响，也不能将资源利用率稳定在经济长期可发展水平，从金融稳定定义来看，设计完善的宏观审慎政策尽管能够系统性地维护金融稳定，却无法实现通胀目标，因此价格稳定并不适合作为宏观审慎政策目标，其唯一目标应该是实现金融稳定。

3.1.3 货币政策与宏观审慎政策的协同作用和协调方式

如前文所述，货币政策与宏观审慎政策截然不同，两者各有其政策目标和相应的政策工具，实现价格稳定的机制与促进金融系统形成全面抗风险能力的机制也存在显著差异。货币政策具备足够能力可以实现通胀目标，对价格稳定和实体经济稳定具有较强的系统性影响，在此期间也会对利率、资产价格、风险敞口和债务水平产生一定程度的影响，但整体而言对金融稳定的影响较小、间接且缺乏系统性；宏观审慎政策可以利用多种政策工具对金融系统稳定产生实质性影响，但对通胀目标和资源利用率的影响较小，对价格稳定效果并不显著，也缺乏系统性。

鉴于货币政策与宏观审慎政策在维护价格稳定与金融稳定方面的优势和不足，若每项政策都侧重于实现自身的政策目标，同时将对方政策溢出效果纳入其决策范围，这就如同满足纳什均衡条件，两者借助自身政策优势以弥补对方政策不足，便能够同时实现价格稳定与金融稳定目标，也就实现了两者协调搭配。这意味着，在制定货币政策时，需要充分考虑宏观审慎政策对货币政策实现价格稳定目标的干扰，相应调整货币政策工具对通胀的反应力度或盯住其他中介目标,而宏观审慎政策也采取类似的方式行事,这样政策当局对其致力于实现的目标也将更加清晰,政策的实施效果也将易于评估。

在货币政策与宏观审慎政策协调搭配过程中,两者的协同作用体现在以下三个方面:一是即使两类政策之间出现了较大程度的溢出效应,只要政策当局强化对其政策目标的反应力度便能抵消这种影响,若出现货币政策与宏观审慎政策由于政策方向相反引起冲突时,宏观审慎政策依然盯住金融稳定目标可能对宏观经济造成较大负面效应,在此状态下宏观审慎政策当局需要与货币政策当局相互沟通,明确当前宏观经济主要问题,确定当前最应实现的宏观经济目标,适度放松对次级目标的关注,着力解决关键矛盾。二是宏观审慎政策可以减轻货币政策维护金融稳定的负担,有助于货币政策以较低成本实现价格稳定。有效的宏观审慎政策可以疏通金融部门信贷传导渠道,使信贷流入实体经济部门,而不是在金融领域内空转,既降低了金融风险,也有助于货币政策实现其通胀目标;此外,宏观审慎政策可以使货币政策立场保持在较高水平,当外生不利冲击发生时有足够的政策空间实现其宏观经济目标。三是货币政策可以与宏观审慎政策相互强化,增强各自政策维护其目标稳定的信誉。当货币当局具备较高程度维护价格稳定的信誉时,货币政策便不需要过于激进,即通过预期管理的引导作用可以增强货币政策效果,有效的宏观审慎政策在降低金融系统风险水平时,可以增强货币政策维护价格稳定的立场,降低道德风险发生的可能性,以成本最低的方式维护实体经济与金融系统的稳定。因此,从理论分析角度来看,独立实施货币政策与宏观审慎政策会产生显著优势,具有不同目标和不同工具的各项政策将变得更为明确、透明和易于评估,这反过来使政策制定者更加易于肩负起实现其政策目标的责任,进一步促进各项政策目标的实现,避免责任分散的道德风险。

3.2 货币政策与宏观审慎政策协调搭配的模型构建

当前,学术界普遍采用具有严格微观经济基础的新凯恩斯动态随机一般均衡模型(NK – DSGE)进行相关政策调控方面的研究。NK – DSGE 模型建立在具有理性预期的微观经济个体最优化行为决策的基础之上,在微观经济理论与宏观经济数据之间构建起完美的联系。利用此模型可以有效避免"卢卡斯批判",即不仅能够模拟各种外生冲击,还能全面分析经济政策效应,为宏观政策调控提供可靠分析框架和证据参考。本节对 NK – DSGE 模型在金融危机之后的发展趋势进行了大致介绍，随后参考相关经典文献中关于金融部门建模的方式，构建能够反映现阶段我国宏观经济特征，包含货币政策和宏观审慎政策的 DSGE 模型，在求解模型的基础之上对相关参数进行校准与贝叶斯估计，最后采用多种方式对所构建模型的现实解释力进行检验。

3.2.1 DSGE 模型的发展历程

动态随机一般均衡模型（Dynamic Stochastic General Equilibrium，DSGE）是一种包含多个结构化方程的宏观经济理论模型。顾名思义，该模型包括三个最为重要的特征：动态性、随机性和一般均衡。"动态性"是指经济个体依据预期贴现效用最大化原则进行跨期最优化决策（Intertemporal Optimal Choice），从而使消费、劳动和投资等宏观经济变量呈现出随时间变化的动态性；"随机性"是指经济体受到各种不同外生冲击的影响，可能的外生冲击来源于技术冲击（Technology Shock）、偏好冲击（Preference Shock）或货币政策冲击（Monetary Policy Shock）等；"一般均衡"意指消费者、厂商、债券市场、政府和中央银行在资源约束、技术约束和信贷约束条件下的最优化方程，加上市场出清条件，考虑加总方式后所得到的各个市场出清状态。

动态随机一般均衡模型的最早雏形来源于 Kydland & Prescott（1982）、Long & Plosser（1983）所提出的真实商业周期（Real Business Cycle，RBC）模型，该模型利用动态最优化方法，得到不确定环境下经济主体的最优化方程，在引入技术冲击、完全竞争市场、价格灵活调整和信息完全的前提预设下，构建了一个现代意义上的宏观经济理论模型[198][199]。尽管该模型所认为的技术冲击是宏观经济波动的主要根源这一结论值得进一步研究，但 RBC 模型所引入的不确定环境下经济主体行为决策方法却受到学界的极大推崇，成为 DSGE 模型所采用的一种基本方法。

早期的 DSGE 模型由于忽视了市场竞争的不完美和各种名义摩擦，导致其不能很好地拟合现实经济数据，这主要包括以下四个方面：一是微观数据对一些关键假设的质疑，这些假设包括完美的信贷和保险市场、沿着工资 – 劳动供给曲线移动的无摩擦劳动力市场和消费黏性等[200]；二是 RBC 模型很难解释一些总量数据之间的关键特征，如现实观察到的工作时间波动、股权溢价以及真实工资与工作时间之间的同向波动性，其开放经济版本也不能解释一些观察结果,如各国消费和产出的周期性波动、名义与实际汇率较高的相关性[201][202][203][204];三是由于 RBC 中缺乏对货币的处理,导致其与历史片段的主流解释不一致,如 20 世纪 80 年代初美国严重的经济衰退很大程度上是由货币紧缩造成的[205][206];四是这些简单模型难以为宏观经济学家和政策制定者的决策制定提供指导。针对 RBC 模型的上述缺陷,以新凯恩斯学派对其改进最为成功,所引入的市场不完全竞争和各类摩擦不仅具有现实的理论基础,也在主要宏观经济变量之间建立起了经验上的联系。

危机前的 DSGE 模型建立在 RBC 模型的基础之上,以允许劳动力和产品市场名义价格摩擦为主,从而在利率、通货膨胀和社会总产出等宏观经济变量之间建立起了实际联系,为货币政策和财政政策在内的政策制定提供了理论研究方法;与此同时,该模型强调了各类外生冲击在解释宏观经济波动中的重要性,形成了现今宏观经济理论的主流模型——新凯恩斯动态随机一般均衡模型(New Keynesian Dynamic Stochastic General Equilibrium,新凯恩斯 DSGE)模型[207][208][209]。21 世纪初的一个关键挑战是开发一个经验上可信的新凯恩斯 DSGE 模型版本,Smets & Wouters(2003、2007)、Christianoet al(2005)通过引入更多贴近现实的微观经济机制,如资本利用率、投资调整成本、不确定性冲击、消费黏性等特征,使得新凯恩斯 DSGE 模型很好地与现实经济数据相契合,此类模型也因此构成了危机前主流 DSGE 模型的核心[210][211][212]。

此后,DSGE 模型逐渐成为宏观经济理论和政策调控的主流研究方法,除了模型构建方法的日臻完善之外,模型的估计方法也得到了不断发展。早期,Kydland & Prescott(1982)利用校准方法设定模型中的参数,使模型变量之间的关系与实际宏观数据相吻合。该方法至今在 DSGE 模型分析中占据着重要位置,然而,这种方式得到的参数在统计上无法检验,校准后模型能否反映实际数据生成过程也值得进一步检验。随后,学者们逐渐采用广义矩(Generalized Method of Moment,GMM)和模拟矩(Simulated Method of Moment,SMM)方法估计模型中的参数,模型中的方差、协方差和谱分析等正则条件为参数估计提供了足够的必要条件,但基于有限信息的矩估计因信息不足以及 DSGE 模型反映的数据生成过程与实际数据生成过程也并不一致,导致一些参数的估计值超出了通常的范围区间;基于上述考虑,学界开始采用一种基于完全信息的贝叶斯估计方法对 DSGE 模型中的参数进行估计,在贝叶斯框架下,给定相关参数和外生冲击的先验分布,利用 DSGE 模型生成似然函数,将结构性参数的先验分布转换成后验分布进而做出推断和决策制定。此外,基于 Metropolis -

Hastings 算法的重复抽样确保了估计结果的稳健性，进一步推进了贝叶斯方法的应用[213]。

金融危机过后，金融摩擦在宏观经济波动中的重要性备受关注，将金融部门资产负债表结构纳入 DSGE 模型之中成为主流的研究方向。有关金融摩擦的文献主要侧重于对金融机构内部摩擦及其由此产生的外部摩擦的刻画，银行挤兑和展期危机模型主要侧重于前者，抵押贷款约束理论集中在后一类摩擦[214][215]。此外，这类模型也逐渐关注住房市场和房价波动对家庭借贷能力影响的异质性代理人模型[216]。从政策实践角度来看，模型的实时预测能力是评估模型合理性的重要方面，大量证据表明包含金融摩擦的 DSGE 模型相对于前期模型具有更加准确的预测能力[217]。总而言之，虽然 DSGE 模型不能代替经验判断，但包含金融因素的 DSGE 模型依然将在政策当局决策制定中扮演重要角色，各个国家也都在积极探索并构建符合本国现实经济特征的新凯恩斯 DSGE 模型以进行相关政策的分析与评价[218]。最后，构建能够反映我国经济波动特征和传导机制的新凯恩斯 DSGE 模型也处于不断发展和完善过程之中，此类结构化宏观经济模型也必将对我国相关政策当局的决策制定提供理论和经验证据上的支持。

3.2.2 货币政策与宏观审慎政策协调搭配的 DSGE 模型构建

本节所构建的模型将涵盖金融危机前后新凯恩斯 DSGE 模型的一些关键特征，包括：①Smets & Wouters（2003，2007）所引入的价格、工资黏性以及投资调整成本[211][212]；②Gerali et al（2010）将家庭部门区分为储蓄型家庭和借贷型家庭，据此引入了住房抵押贷款比这一具有现实意义的房地产市场调控工具；③Christiano et al（2014）对 Bernanke et al（1999）所提出的"金融加速器"机制进行扩展，将其作为企业经营风险冲击的来源[196]；④Gertler & Karadi（2011）将商业银行决策行为内生化的方程[197]。

具体来讲，模型将包括代表性家庭（耐心家庭和非耐心家庭）、企业家、中间品生产企业、最终品组装者和零售商、资本品生产者、商业银行、执行货币政策的中央银行与负责维护金融稳定的宏观审慎政策当局。其中，耐心家庭向商业银行进行储蓄以平滑消费；具有更小折现因子的缺乏耐心家庭以住房作为抵押品，在抵押贷款约束下，从商业银行获得住房贷款以维持其预算平衡；企业家根据标准债务合约从商业银行获得信贷以调整其资本存量水平，并将生产资本出租给中间品生产企业；中间品生产企业租用企业家生产资本、雇用两类代表性家庭劳动力，以生产成本最小化原则进行中间品的生产，零售商将中间品的垄断利率转移给耐心家庭；最终品组装者利用 Dixit – Stiglits 生产函数将中间品加总为最终品；存在激励相容约束的商业银行内生地确定其杠杆水平和对缺乏耐心家庭、企业家的信贷供给水平等决策变量；中央银行通过调整名义利率控制通货膨胀并稳定社会总产出。具体模型结构框架如图 3 – 1 所示。

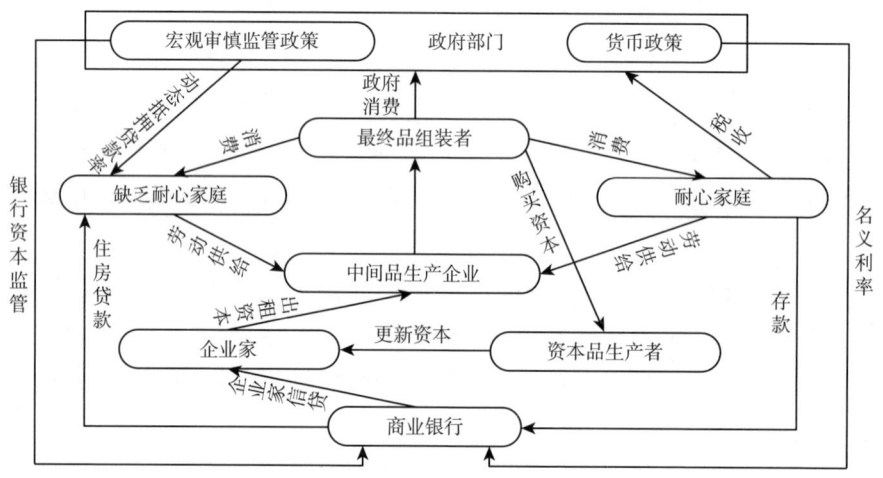

图 3 – 1　模型结构框架

（1）耐心家庭。

耐心家庭 i（$i \in [0, 1]$）进行消费 $C_t^P(i)$、更新住房并向中间品生产企业提供劳动力 $L_t^P(i)$ 以追求终生效用最大化，相应的目标函数为：

$$Max\ E_0 \sum_{t=0}^{+\infty} (\beta_P)^t \left\{ \Upsilon_P \ln[C_t^P(i) - h_P C_{t-1}^P(i)] + J_{h,t}^P \ln[H_t^P(i)] - \varphi_l \frac{[L_t^P(i)]^{1+\phi_l}}{1+\phi_l} \right\}$$

(3 – 1)

其中，β_P、h_P 分别是耐心家庭的折现因子和消费惯性系数，φ_l、ϕ_l 分别是劳动对效用贡献度和劳动供给的工资弹性倒数；令 $\Upsilon_P = \frac{1-h_P}{1-\beta_P h_P}$ 以保证模型稳态时耐心家庭消费的边际效用为 $[C_{ss}^P(i)]^{-1}$；$J_{h,t}^P$ 表示耐心家庭的住房偏好冲击，具有包含稳态项的 AR（1）形式：$\log(J_{h,t}^P / J_{h,ss}^P) = \rho_{J_h^P} \log(J_{h,t-1}^P / J_{h,ss}^P) + \varepsilon_{J_h^P,t}$。

在追求终生效用最大化的过程中，耐心家庭 i 面临如下预算约束：

$$C_t^P(i) + D_t^P(i) + Q_{h,t}[H_t^P(i) - H_{t-1}^P(i)] + \frac{\kappa_{Ph}}{2}\left[\frac{H_t^I(i)}{H_{t-1}^I(i)} - 1\right]^2 Q_{h,t}H_t^I(i) \leq$$

$$W_t^P(i)L_t^P(i) + R_{t-1}D_{t-1}^P(i) + F_t(i) \qquad (3-2)$$

式（3-2）不等号左边表示耐心家庭的当期支出，包括消费支出 $C_t^P(i)$、持有的 t 期至 $t+1$ 期商业银行存款票据 $D_t^P(i)$、住房更新 $Q_{h,t}[H_t^P(i) - H_{t-1}^P(i)]$ 以及相应的住房调整成本 $\frac{\kappa_{Ph}}{2}\left(\frac{H_t^I(i)}{H_{t-1}^I(i)} - 1\right)^2 Q_{h,t}H_t^I(i)$（$\kappa_{Ph}$ 表示耐心家庭的住房边际调整成本）；不等号右边表示其收入项目，包括工资收入 $W_t^P(i)L_t^P(i)$、银行存款的本金和利息收入 $R_{t-1}D_{t-1}^P(i)$（R_{t-1} 是 $t-1$ 期至 t 期总的实际存款利率）以及零售商对其利润转移 $F_t(i)$。

（2）缺乏耐心家庭。

相对于耐心家庭，较低的折现因子 β_I（$\beta_I < \beta_P$）表明缺乏耐心家庭 i（$i \in [0,1]$）通过住房抵押贷款维持预算平衡并追求终生效用最大化：

$$\text{Max } E_0 \sum_{t=0}^{+\infty} (\beta_I)^t \left\{ \Upsilon_I \ln[C_t^I(i) - h_I C_{t-1}^I(i)] + J_{h,t}^I \ln[H_t^I(i)] - \varphi_I \frac{[L_t^I(i)]^{1+\phi_I}}{1+\phi_I} \right\}$$

$$(3-3)$$

其中，h_I 是缺乏耐心家庭的消费惯性系数，$J_{h,t}^I$ 是其住房偏好冲击，具有包含稳态项的 AR（1）形式：$\log(J_{h,t}^I/J_{h,ss}^I) = \rho_{J_h^I}\log(J_{h,t-1}^I/J_{h,ss}^I) + \varepsilon_{J_h^I,t}$。

缺乏耐心家庭 i 通过工资收入 $W_t^I(i)L_t^I(i)$ 和住房抵押贷款 $B_t^I(i)$ 维持当期消费 $C_t^I(i)$、更新住房 $\Delta H_{h,t}^I(i)[H_t^I(i) - H_{t-1}^I(i)]$，偿还前期贷款 $(1+R_{t-1}^f)B_{t-1}^I(i)$（实证研究表明商业银行对住房抵押贷款存在显著的风险承担机制，故这里以实际存款利率的垄断加成作为缺乏耐心家庭所面临的实际存款利率，即商业银行之间的再融资利率 R_t^f），因此缺乏耐心家庭 i 的预算约束条件为：

$$C_t^I(i) + Q_{h,t}[H_t^I(i) - H_{t-1}^I(i)] + (1+R_{t-1}^f)B_{t-1}^I(i) + \frac{\kappa_{Ih}}{2}\left[\frac{H_t^I(i)}{H_{t-1}^I(i)} - 1\right]^2 Q_{h,t}H_t^I(i) \leq$$

$$W_t^I(i)L_t^I(i) + B_t^I(i) \qquad (3-4)$$

与此同时，宏观审慎当局对商业银行住房抵押贷款总量施加一定约束以控制住房信贷风险，即假设商业银行对缺乏耐心家庭 i 的住房信贷供给 $B_t^I(i)$ 不大于预期住房价值的一定比例，即：

$$(1+R_t^f)B_t^I(i) \leq m_t^I E_t[Q_{h,t+1}H_t^I(i)] \qquad (3-5)$$

其中，外部冲击 m_t^I 具有 AR（1）形式：$\log(m_t^I/m_{ss}^I) = \rho_{m^I}\log(m_{t-1}^I/m_{ss}^I) + \varepsilon_t^{m^I}$。

（3）企业家部门的构建。

在 t 期初，企业家 i 向中间品生产企业 j 以 $r_{i,t}^k(j)$ 的真实资本租金率出租生产资本并获得资本收益，若存在资本利用成本，则企业家 i 首先根据资本收益最大化原则确定最优的资本利用率 $u_t(i)$，即：

$$\underset{u_{i,t}}{Max}[u_{i,t}r_{i,t}^k(j) - a(u_{i,t})]K_{i,t}^E \qquad (3-6)$$

其中，$K_{i,t}^E$ 表示企业家 i 的资本存量，$a(u_{i,t})$ 是相应的资本利用成本，该成本函数具有如下形式：$a(u_{i,t}) = \dfrac{r_{i,ss}^k(j)}{v_a}\{\exp[v_a(u_{i,t}-1)] - 1\}$，$r_{i,ss}^k(j)$ 表示在模型稳态时的真实资本收益率，v_a 是反映资本调整成本函数凸度的参数。因此，企业家 i 对中间品生产企业 j 出租资本的单位资本净收益为：

$$R_{i,t}^k(j) = \dfrac{[u_{i,t}r_{i,t}^k(j) - a(u_{i,t})]P_t + (1-\delta)Q_{k,t}}{Q_{k,t-1}} - 1 \qquad (3-7)$$

若企业家 i 的自有资本为 $N_{i,t}^E$，则其对商业银行的信贷需求 $Q_{k,t-1}K_{i,t}^E - N_{i,t}^E$ 等于相应的信贷供给 $B_{i,t}^E$。根据 Bernanke 和 Gertler（1999）"金融加速器"理论，在 t 期末，企业家 i 面临资本收益的风险冲击 w_t，该冲击服从对数正态分布，即：$\log(w_t) \sim N\left(-\dfrac{1}{2}\sigma_{k,t}^2, \sigma_{k,t}\right)$，风险冲击的标准差具有 AR（1）的形式：$\sigma_{k,t} = (1-\rho_{\sigma_k})\sigma_{k,ss} + \rho_{k,\sigma}\sigma_{k,t-1} + \varepsilon_t^{\sigma_k}$；那么，存在临界风险冲击 $\bar{w}_t$，恰好能使企业家 i 偿还商业银行贷款的本金和利息 $(1+r_{i,t}^E)B_{i,t}^E$（$r_{i,t}^E$ 是商业银行对企业家 i 的贷款利率），则存在如下恒等式：$\bar{w}_t E_{t-1}[1 + R_{i,t}^k(j)]Q_{k,t-1}K_{i,t}^E = (1+r_{i,t}^E)B_{i,t}^E$。当 $w_t < \bar{w}_t$ 时，企业家 i 无法偿还贷款，商业银行对其进行破产清算，清算成本为其资本收益的一定比例（比例系数为 μ_k）；当 $w_t \geq \bar{w}_t$ 时，企业家 i 偿还商业银行本金和利息 $(1+r_{i,t}^E)B_{i,t}^E$。假设商业银行再融资利率市场完全竞争，则商业银行存在如下资本收益的恒等式：

$$[1 - F_{t-1}(\bar{w}_t)](1+r_{i,t}^E)B_{i,t}^E + (1-\mu_k)\int_0^{\bar{w}_t} w_t[1+R_{i,t}^k(j)]Q_{k,t-1}K_{i,t}^E dF_{t-1}(w_t) =$$
$$(1+R_t^f)B_{i,t}^E \qquad (3-8)$$

在约束式（8）条件下，企业家 i 确定其最优资本存量水平 $K_{i,t}^E$ 以实现单位资本收益的最大化，即：

$$\underset{\bar{w}_t, K^E_{i,t}}{Max} [1 - \Gamma_{t-1}(\bar{w}_t)] \frac{1 + R^k_{i,t}(j)}{1 + R^f_t} \cdot \frac{Q_{k,t-1} K^E_{i,t}}{N^E_{i,t}} \qquad (3-9)$$

其中，$\Gamma_{t-1}(\bar{w}_t) = \bar{w}_t [1 - F_{t-1}(\bar{w}_t)] + \int_0^{\bar{w}_t} w_t dF_{t-1}(w_t)$ 表示商业银行因对企业家提供信贷而获得其资本收益的比例系数，分别对 $\bar{w}_t$ 和 $K^E_{i,t}$ 求解其关于一阶导数最优化条件并消去拉格朗日乘子，便可以推导出商业银行对企业家 i 的贷款利率与其杠杆水平 $\frac{Q_{k,t-1} K^E_{i,t}}{N^E_{i,t}}$ 成正比，即：$\frac{E_{t-1}(1+R^k_t)}{1+R^f_t} = \Omega \left(\frac{Q_{k,t-1} K_t(i)}{N^E_t(i)} \right)$，一阶导数 $\Omega'(\cdot) > 0$；Bernanke 和 Gertler (1999) 将 $\frac{E_{t-1}(1+r^{h,i}_t)}{1+R_{B,t}}$ 阐述为外部融资溢价。与此同时，企业家 i 的当期资本权益为：

$$V^E_{i,t} = (1 + R^k_{i,t}(j)) Q_{k,t-1} K^E_{i,t} - \left\{ 1 + r^E_{i,t} + \mu_k \frac{\int_0^{\bar{w}_t} w_t dF_{t-1}(w_t) [1 + R^k_{i,t}(j)] Q_{k,t-1} K_{i,t}}{Q_{k,t-1} K_{i,t} - N^E_{i,t}} \right\} \times Q_{k,t-1} K^E_{i,t} \qquad (3-10)$$

最后，假设每期存在 γ^E 的外生概率使企业家 i 退出生产经营，同时经济系统对其转移一定资本 $w^E_{i,t}$ 以维持其资本总量固定不变，故企业家 i 的自由资本累进方程为：$N^E_{i,t+1} = (1 - \gamma^E) V^E_{i,t} + w^E_{i,t}$。

（4）最终品组装者。

处于完全竞争的最终品市场上，最终品组装者利用如下 CES 函数将中间品 $Y_t(i)$ $(i \in [0,1])$ 加总成最终品 Y_t：

$$Y_t = \left[\int_0^1 Y_t(i)^{\frac{1}{\lambda_f}} di \right]^{\lambda_f} \qquad (3-11)$$

其中，λ_f 反映了中间品的替代弹性，衡量了中间品市场的竞争程度；在式 (3-11) 约束条件下，中间品生产企业利润最大化函数为：

$$\underset{Y_t(i)}{Max} P_t Y_t - \int_0^1 P_t(i) \cdot Y_t(i) di \qquad (3-12)$$

其中，$P_t(i)$ 和 P_t 分别是中间品 i 和最终品的价格。将式（3-11）代入式（3-12）并令其关于 $Y_t(i)$ 的一阶导数为零，完全竞争市场零利润条件可以推导出最终品组装者对中间品 i 的需求 $Y_t(i)$ 以及最终品价格 P_t：

$$Y_t(i) = \left[\frac{P_t(i)}{P_t} \right]^{\frac{\lambda_f}{1-\lambda_f}} Y_t \qquad (3-13)$$

$$P_t = \left[\int_0^1 P_t(i)^{\frac{1}{1-\lambda_f}} di \right]^{1-\lambda_f} \quad (3-14)$$

(5) 中间品生产企业和零售商。

中间品生产企业 i 雇用前述两类代表性家庭劳动力，租用企业家 j 的生产资本 $K_{i,t-1}^E(j)$，以 Cobb – Douglass 生产函数 $Y_t(i) = A_t [u_{j,t} K_{i,t-1}^E(j)]^\alpha [L_t(i)]^{1-\alpha} - \Phi$ 进行中间品 i 的生产。其中，α 表示资本的产出弹性，A_t 表示外生的技术冲击，其具有稳态值为 1 的 AR（1）形式：$\log(A_t) = \rho_A \log(A_{t-1}) + \varepsilon_t^A$；引入生产的固定成本 Φ 是为了使中间品生产企业 i 在长期均衡时净利润为零；复合劳动力 $L_t(i)$ 由两类代表性家庭劳动力加总而来：$L_t(i) = [L_t^P(i)]^\zeta [L_t^I(i)]^{1-\zeta}$，$\zeta$ 反映了耐心家庭劳动力占社会劳动力重量的比重。在此条件下，中间品生产企业 i 根据生产成本最小化原则确定其关于各投入品的需求，即：

$$\underset{K_{i,t-1}^E(j), L_t^P(i), L_t^I(i)}{Min} r_{i,t}^k(i) [u_{j,t} K_{i,t-1}^E(j)] + W_t^P(i) L_t^P(i) + W_t^I(i) L_t^I(i) \quad (3-15)$$

在最优化条件下，可以确定中间品生产企业 i 关于各投入品的比例关系以及中间品 i 的边际生产成本 $MC_t(i)$。按照 Calvo（1983）定价，中间品生产企业 i 每期有 ξ_P 的概率根据前期通货膨胀调整中间品 i 的价格，其余中间品生产企业根据预期终生利润最大化原则确定其关于中间品 i 的最优定价 P_t^*，即：

$$\underset{P_t^*}{Max} \sum_{k=0}^{+\infty} (\beta_P \xi_p)^k \Lambda_{t,t+k}^P [P_t^* X_{t+k} - MC_t(i)] Y_{t+k}(i) \quad (3-16)$$

其中，$\Lambda_{t,t+k}^P = \frac{\lambda_t^P}{\lambda_{t+k}^P}$ 表示耐心家庭的边际消费替代率，$X_{t+k} = \begin{cases} \Pi_{t+k-1} X_{t+k-1}, & k>0 \\ 1, & k=0 \end{cases}$ 表示价格指数化系数，将最优价格 P_t^* 代入式（3 – 14）可以得到最终品的价格 $P_t = [\xi_p (\pi_{t-1} P_{t-1})^{\frac{1}{1-\lambda_f}} + (1-\xi_p)(P_t^*)^{\frac{1}{1-\lambda_f}}]^{1-\lambda_f}$。最后，零售商在最终品市场上出售最终品并将中间品的垄断利润 $F_t(i) = (1 - MC_t(i)) Y_t(i)$ 转移给耐心家庭。

(6) 工资黏性。

Christiano et al（2018）强调工资黏性对宏观经济变量的波动具有重要的解释力，为了引入工资黏性，假设上述两类代表性家庭以 CES 函数形式劳动力向中间品生产企业 i 提供差异化劳动力[219]；那么，代表性家庭 $(s, m)(s \in \{P, I\})$ 对中间品生产企业 i 的劳动供给为 $L_t^s(i, m) = \left[\frac{W_t^s(i, m)}{W_t^s(i)}\right]^{\frac{\lambda_w}{1-\lambda_w}} L_t^s(i)$（$\lambda_w$ 反映了代表性家庭 s 劳动力的替代弹性）；假设代表性家庭每期存在 ξ_w 的概率根据前期通货膨胀调整其工资水平，其余代表性家庭根据当期最优工资 $\tilde{W}_t^s(i,m)$ 调整工资以实现工资收入最大化：

$$\underset{W_t^s(i,m)}{Max} E_t \sum_{\tau=0}^{+\infty} (\beta_P \xi_w)^\tau \left[-\varphi_l \frac{H_{j,t+\tau}^{1+\sigma_l}}{1+\sigma_l} + \lambda_{t+\tau}^s W_t^s(i,m) L_t^s(i,m) \right] \quad (3-17)$$

将约束条件 $L_t^s(i,m) = \left[\frac{W_t^s(i,m)}{W_t^s(i)} \right]^{\frac{\lambda_w}{1-\lambda_w}} L_t^s(i)$ 代入上式求解最优工资 $\tilde{W}_t^s(i,m)$，同时，假设能够最优调整工资的代表性家庭选择相同最优工资水平 $\tilde{W}_t^s(i) = \tilde{W}_t^s(i,m)$，因此，市场的真实工资为 $W_t^s(i) = \{\xi_w [\pi_{t-1} W_{t-1}^s(i)]^{\frac{1}{1-\lambda_w}} + (1-\xi_w) \tilde{W}_t^s(i)^{\frac{1}{1-\lambda_w}}\}^{1-\lambda_w}$。

（7）资本品生产者。

模型中引入资本调整成本主要是出于两方面原因的考虑：其一，现实经济中，厂商购买机器设备等投资品过程中，需要支付融资成本，在设备更新过程中也需要支付安装成本；其二，Christiano et al.（2005，2014）认为在 DSGE 模型中引入资本调整成本能使主要宏观经济变量的脉冲响应图呈现出驼峰状，与 VAR 实证模型中的脉冲响应保持一致[196][213]。具体来讲，资本品所有者在最终品市场上以 P_t 的价格购买投资品 I_t，结合中间品生产企业折旧后的资本以更新企业家生产资本存量，对应的资本累进方程为：$K_{t+1}^E = (1-\delta) K_t^E + \left[1 - \frac{\kappa_i}{2} \left(\frac{I_t}{I_{t-1}} - 1 \right)^2 \right] \varepsilon_t^i I_t$；其中，$\kappa_i$ 表示了投资的调整成本，ε_t^i 表示外生的投资冲击，具有稳态值为 1 的 AR（1）形式：$\log(\varepsilon_t^i) = \rho_i \log(\varepsilon_{t-1}^i) + \varepsilon_{i,t}$。那么，资本品所有者的利润最大化问题为：

$$\underset{I_t}{Max} E_0 \sum_{t=0}^{+\infty} (\beta_P)^\tau \Lambda_{t,t+1}^P \left\{ Q_{k,t} \left[K_t^E + \left[1 - \frac{\kappa_i}{2} \left(\frac{I_t}{I_{t-1}} - 1 \right)^2 \right] \varepsilon_t^i I_t \right] - Q_{k,t} K_t^E - P_t I_t \right\}$$

$$(3-18)$$

令式（3-18）关于投资 I_t 一阶导数为零，可以推导出资本品的垄断供给价格 $Q_{k,t}$。

（8）商业银行部门的构建。

商业银行从耐心家庭获得储蓄存款 D_t^P、结合自有资本 N_t^B，向缺乏耐心家庭和企业家提供信贷，相应的资产负债表结构为：$cap_t \cdot (B_t^E + B_t^I) = D_t^P + N_t^B$；其中，$cap_t$ 表示外生的商业银行信贷供给冲击（包括存款准备金率调整和商业银行自有资本损失所造成的信贷供给波动等），该冲击具有稳态值为 1 的

AR（1）形式：$\log(cap_t) = \rho_{cap}\log(cap_{t-1}) + \varepsilon_t^{cp}$。对于商业银行相关决策制定分两个层面进行分析，即商业银行总行从整体上确定信贷供给总量，而分支银行负责对缺乏耐心家庭 i 和企业家 i 制定贷款利率，从而影响信贷总需求。利用 CES 函数对中间品加总的分析范式，分支银行之间的垄断竞争导致银行间的再融资利率 R_t^f 为实际存款利率的加成，即：$1 + R_t^f = \frac{\varepsilon_B}{\varepsilon_B - 1} \cdot R_t$（$\varepsilon_B$ 反映了商业银行之间的垄断竞争程度）；商业银行总行的信贷供给决策借鉴 Gertler & Karadi (2011) 模型，在 t 期末，商业银行的资本累进方程为：

$$N_t^B = [(1 + R_t^f) - R_t] \cdot [cap_t \cdot (B_t^E + B_t^I)] + (1 + R_t)N_{t-1}^B \qquad (3-19)$$

作为委托人（耐心家庭）的代理人，银行家存在激励将银行资本转移出商业银行，为避免银行家违背委托人的意愿，这里引入激励相容约束条件，将商业银行的杠杆率内生化。具体来讲，银行家每期能够将商业银行总资本的一定比例（比例系数为 λ）转移出银行部门，若每期存在 γ^B 的外生概率使商业银行退出市场，则商业银行的预期终生利润为：

$$V_t^B = MaxE_t \sum_{\tau=0}^{+\infty} \gamma^B (1 - \gamma^B)^{\tau} \beta_P^{\tau} \Lambda_{t,t+\tau+1}^P N_{t+\tau+1}^B \qquad (3-20)$$

为实现银行家的激励相容约束，商业银行的最大化预期终生利润必须不小于银行家能够转移出商业银行的资本，即：$V_t^B \geq \lambda \cdot cap_t \cdot (B_t^E + B_t^I)$。为求解这一不等式约束条件，采用 Gertler & Karadi (2011) 模型中关于 V_t^B 的递归处理方式，将商业银行的预期终生利润表示为：$V_t^B = v_t(B_t^E + B_t^I) + \eta_t N_t^B$，其中：

$$v_t = E_t\left\{\gamma^B \beta_P \Lambda_{t,t+1}^P \cdot cap_t \cdot [(1 + R_t^f) - R_t] + \beta_P \Lambda_{t,t+1}^P (1 - \gamma^B) \frac{B_{t+1}^E + B_{t+1}^I}{B_t^E + B_t^I} v_{t+1}\right\}$$

$$\eta_t = \gamma^B + E_t\left[\beta_P \Lambda_{t,t+1}^P (1 - \gamma^B) \frac{N_{t+1}^B}{N_t^B} \eta_{t+1}\right]$$

将 V_t^B 的递归表达式代入激励相容约束条件并移项整理，可以得到商业银行的信贷供给总量与其自有资本成正比，即：

$$B_t^E + B_t^I = \frac{\eta_t}{\lambda - v_t} N_t^B = \phi_t N_t^B \qquad (3-21)$$

可以看出，商业银行的内生化杠杆率系数为 ϕ_t。若商业银行的资本累进包括两部分，一部分是商业银行的当期资本净收益 $N_{e,t}^B(i)$，另一部分是经济系统对商业银行的资本馈赠 $N_{n,t}^B(i)$ 以维持其自有资本存量固定不变，故商业银行 i 的资本累进方程为：$N_t^B(i) = N_{e,t}^B(i) + N_{n,t}^B(i)$。将商业银行内生杠杆率 ϕ_t 代入式（3-19），与此同时，假设经济系统每期对商业银行的资本馈赠为其当期信贷供给总量的 $\frac{\bar{\omega}}{1-\gamma^B}$ 比例。因此，商业银行的资本累进方程为：

$$N_t^B = (1-\gamma^B)[(1+R_t^f - R_t)\phi_{t-1} + R_t]N_{t-1}^B + \bar{\omega} \cdot cap_t \cdot (B_t^I + B_t^E)$$
(3-22)

(9) 市场出清与货币政策的构建。

本书研究模型中存在三类市场，分别是劳动力市场、住房市场和最终品市场，这三类市场需要分别出清，为封闭模型，这里去掉前文中相关变量的主体标识符（如 i、j 和 s 等）。前文已就劳动力市场出清条件进行了说明，这里仅需说明住房市场和最终品市场出清。假设住房市场短期供给弹性为零，即：$\bar{H} = H_t^P + H_t^I$；最终品市场出清条件为如下资源约束方程：

$$C_t^P + C_t^I + G_t + I_t + \mu_k \int_0^{\bar{w}_t} w_t(1+R_t^k)Q_{k,t-1}K_t^E dF_{t-1}(w_t) + Adj_t + \frac{\kappa_{cap}}{2}(1-cap_t)^2(B_t^E + B_t^I) + \frac{\kappa_m}{2}\left(\frac{m_t^I}{m_{t-1}^I}-1\right)^2 B_t^I = Y_t$$
(3-23)

其中，政府支出 G_t 是服从 AR（1）形式的外生冲击；$\mu_k \int_0^{\bar{w}_t} w_t(1+R_t^k)Q_{k,t-1}K_t^E dF_{t-1}(w_t)$ 是商业银行对企业家的监管清算成本；Adj_t 表示前文中所有的调整成本；式（3-23）后两项分别是宏观审慎当局对银行资本充足率和住房抵押贷款比的监管成本。

最后，中央银行利用名义利率制定货币政策，名义利率与实际利率 R_t 之间关系的费雪方程式为：$1+r_t = (1+R_{t+1})E_t(\pi_{t+1})$，名义利率主要关注通货膨胀和产出缺口，即标准 Taylor 规则：

$$\log(r_t/r_{ss}) = \rho_r \log(r_{t-1}/r_{ss}) + [(1-\rho_r)/r_{ss}]E_t\{\varphi_\pi \log(E_t[\pi_{t+1}]/\pi_{ss}) + \varphi_Y \log(Y_t/Y_{ss})\} + \varepsilon_t^r$$
(3-24)

其中，ρ_r 反映了中央银行货币政策操作的平滑程度；φ_π 和 φ_Y 分别是名义利率对预期通胀和产出缺口波动的弹性系数。

3.2.3 DSGE 模型的求解

对 3.2 节所构建的模型求解一阶最优化问题，可以得到包含 49 个外生变量的内生化方程组，其中包括 9 个外生冲击，具体最优化方程如本章附录所示。为了对模型进行贝叶斯估计以及脉冲响应分析,需要求解模型并保证模型能够收敛到唯一的稳态解。目前,大部分文献均采用对数线性化方法通过将非线性方程转化为线性方程这一处理方式,从而便于模型分析,但对数线性化方法有可能避免不了求解模型稳态值这一问题,因此,本书采取 Christiano et al. (2014) 所提出的方法计算模型内生变量的稳态值[196]。

首先,可以确定具有 AR(1) [指本章附录中的式(A-40)至式(A-45)]形式的方程中各外生变量的稳态值等于对应的稳态参数值或1;其次,将模型的一个内生变量设置为一个基于经验证据的合理值,使得该变量在模型稳态计算过程中是外生的;再次,根据前述所得到内生变量在模型中经济主体中出现的位置,对能够求解的模型内生变量进行求解,或者依据模型中内生变量之间稳态值的关于与现实经济数据之间的比例关系对相应的内生变量进行求解,在此过程中可能需求调整相关部门参数的校准值;最后,逐次求解能够求解的方程,对最终的剩余方程则采用 matlab 所提供的 fsolve 命令函数进行联立求解,从而得到模型完整的稳态解。

针对本研究模型中的方程特征,利用式(A-37)至式(A-45)(见本章附录)可以明确得知各外生冲击变量的稳态值等于对应的参数值;根据式(A-12)可以得到企业家资本利用率 $u_{i,t}$ 和资本租金率 $r_{i,t}^k$ 的稳态值分别为1和 $r_{i,ss}^k$,同时,式(A-28)可知资本品的垄断供给价格 $Q_{k,t}$ 稳态值也为1,式(A-13)表明当 $r_{i,t}^k$ 和 $Q_{k,t}$ 的稳态值一定时,也便确定了企业家资本收益率 $R_{i,ss}^k$;在商业银行垄断加成参数 ε_B 得到校准后,商业银行间的拆借利率 R_{ss}^f 等于 $\frac{\varepsilon_B}{\varepsilon_B - 1} \cdot R_{ss} - 1$ [式(A-29)];而当 R_{ss}^f 和 $R_{i,ss}^k$ 确定后,式(A-14)也便确定了企业家资本收益风险冲击的临界值 $\bar{w}_t$ 的稳态值;在此基础上,当经济系统每期对企业家资本转移参数 w_t^E 得到校准后,联立求解式(A-15)和式(A-16)也就得到了企业家资本存量 $K_{i,t}^E$ 和自有资本存量 $N_{i,t}^E$ 的稳态值,最终也就得到了企业家从商业银行获得企业信贷稳态值 $B_{i,ss}^E$ 等于 $Q_{k,ss} K_{i,ss}^E - N_{i,ss}^E$,而资本品垄断供给者投资的稳态值等于 $\delta K_{i,ss}^E$。

接下来,根据式(A-31)和式(A-32)求解出商业银行内生决策过程中的中介变量 v_t 和 η_t 的稳态值,在此过程中,根据我国商业银行杠杆率平均值数据校准激励相容约束的资本转移系数参数 λ;对式(A-23)至式(A-26)之间的辅助变量进行替换,可以得到中间品的真实边际成本稳态值 MC_{ss}

等于 λ_f^{-1}，利用中间品生产企业关于其投入品的最优化条件式（A-19）至式（A-22）以及在求解最优化条件过程中的拉格朗日乘子即为中间品的真实边际成本推导出社会总产出 Y_t 的稳态值；利用生产函数式（A-18）进而求解得到两类代表性家庭的复合劳动力供给 l_{ss}，同时对中间品生产企业的固定生产成本参数 Φ 进行校准；与此同时，根据商业银行实际贷款数据设定其关于缺乏耐心家庭对住房信贷的供给水平 B_t^I，进而得到商业银行的自有资本 N_t^B 的稳态值 [式（A-33）] 和缺乏耐心家庭的住房总价值 $Q_{h,ss}H_{ss}^I$（缺乏耐心家庭住房抵押贷款约束式（A-7）总是束紧的）；对式（A-4）、耐心家庭预算约束条件式（3-2）、缺乏耐心家庭预算约束式（3-4）、复合劳动力需求 l_{ss} 以及资源约束方程可以得到两类代表性家庭的消费水平之和，即 C_{ss}^P 与 C_{ss}^I 之和。

最后，根据式（A-2）、式（A-5）以及两类家庭的住房需求恒等式（A-35），利用之前求解出的两类家庭消费之和 $C_{ss}^P + C_{ss}^I$，利用 fsolve 函数同时求解出两类代表性家庭消费的稳态值 C_{ss}^P 和 C_{ss}^I，同时需要校准两类家庭外生住房需求冲击变量的稳态值；在此基础上，对前述过程中未能求解出的变量稳态值和进行变量替换的相应稳态值进行逐步求解，直至解出模型中所有的内生变量。

3.2.4 校准与贝叶斯估计

为了对模型进行分析，这里根据中国宏观经济研究经典文献和相关统计数据，对模型中与长期经济均衡和方差较小的参数进行校准，对波动幅度较大以及驱动模型动态行为的参数，则采用贝叶斯估计方法进行估计。相关数据来源于中国宏观经济数据库（CEIC）和 WIND 数据库。

（1）模型校准。

根据 2003~2018 年年均 2.5% 的存款利率和 6% 的住房抵押贷款利率分别将耐心家庭和缺乏耐心家庭的折现因子校准为 0.9935 和 0.98；采用国内大部分 DSGE 文献中关于资本的产出弹性 α 设定值 0.5，考虑到我国较高投资率的事实，将资本折旧率 δ 校准为 0.03（年均资本折旧率为 12%）；CCER "中国经济观察"（2007）测算表明，1998~2005 年我国国有企业和私有企业的年均资本回报率分别为 7.62% 和 13.86%，故这里采用加权平均值 0.0584 校准稳态的资本收益率 r_{ss}^k（考虑了通胀）；根据样本期间商业银行住房信贷量与企业信贷量之比 0.22 的比例关系，利用模型稳态时两类家庭的预算约束条件，将缺乏耐心家庭住房偏好冲击的稳态值 $J_{h,ss}^I$ 校准为 0.072，为保持一致，也以此值校准耐心家庭住房偏好冲击的稳态值；采用 Christiano et al（2014）模型中关于劳动对代表性家庭效用贡献度参数 φ_l 的内生处理方式，以劳动供给的工资弹性倒数 ϕ_l 等于 1 为基准，利用两类代表性家庭预算约束之和、实际宏观经济数据中消费占社会总产出的比例关系以及 Cobb - Douglass 函数特征，计算出 φ_l 等于 23.6，并以此值对其进行校准[196]；在稳态资本收益率 r_{ss}^k 确定的条件下，企业家资本收益的风险冲击方差 σ_k 决定了企业家的杠杆率，基于我国企业平均 1.44 的杠杆率水平，将企业家资本收益的风险冲击的标准差 σ_k 校准为 0.5；采用国内大部分带金融加速器机制 DSGE 模型中关于企业家违约的单位资本清算成本 μ_k 设定值 0.3。具体如表 3 - 1 所示。

表 3 - 1 　　　　　　　　参数校准值

符号	参数描述	校准值	符号	参数描述	校准值
β_P	耐心家庭折现因子	0.9935	β_I	缺乏耐心家庭折现因子	0.98
α	资本的产出弹性	0.4	μ	住房的产出弹性	0.1
δ	资本折旧率	0.03	r_{ss}^k	稳态的资本收益率	0.584
J_h^P	耐心家庭稳态住房偏好	0.072	J_h^I	缺乏耐心家庭住房偏好	0.072
ω	耐心家庭自用住房比例	0.33	ϕ_l	劳动工资供给弹性倒数	1.0
φ_l	劳动对效用的贡献度	23.6	μ_k	企业家违约的清算成本	0.3
σ_k	资本收益的标准差	0.46	λ_w	工资加成的比例系数	1.05
λ_f	价格加成的比例系数	1.1	γ^E	企业家退出经营的概率	0.05
ζ	耐心家庭占劳动力比例	0.64	γ^B	商业银行退出经营概率	0.064
w^E	系统对企业家资本转移	0.14	ε_B	银行贷款利率替代弹性	207.2
ϖ	对商业银行资本转移比例行	0.0016	m_{ss}^I	稳态住房抵押贷款比	0.7
κ_{cap}	资本监管的边际成本	0.01	κ_{ml}	住房贷款杠杆监管成本	0.01
ρ_r	贷款利率的平滑系数	0.596	φ_Y	利率对产出缺口的弹性	0.205
φ_π	利率对通胀的反应系数	0.68	η_g	政府支出占 GDP 比重	0.14

Gerali et al（2010）将中间品和劳动力的替代弹性分别校准为 6 和 5，而我国具有较小的加成系数，故这里将中间品价格加成系数 λ_f、劳动力的工资加成系数 λ_w 分别校准为 1.1 和 1.05；关于耐心家庭劳动力占社会总劳动力比例系数 ζ，参考 Iacoviello & Neri（2010）的校准值 0.64；Christiano et al（2014）将美国企业的季度存活率校准为 0.9762，相对而言我国企业的存活率低于美国，由于缺乏实际数据，这里将企业家每期退出生产经营的外生概率参

数 γ^E 校准为 0.05，经济系统每期对企业家资本转移 w^E 只是作为模型的数量基准，这里将其校准为 0.14；Gertler & Karadi（2011）将商业银行退出经营的概率和资本转移系数分别校准为 0.972 和 0.002，经过对我国商业银行自有资本和信贷供给总量数据的测算，将对应的参数 γ^B 和 ϖ 分别校准为 0.064 和 0.0016、将激励相容约束参数 λ 校准为 0.102，以匹配商业银行杠杆率 9.42[197]；因为缺乏足够经营数据支持，这里将两种宏观审慎监管政策工具的成本参数 κ_{cap} 和 κ_m 都校准为 0.01，以使其不影响主要宏观经济变量的波动性；最后，货币政策方程采用 GMM 方法进行估计，根据宏观经济数据将政府支出占 GDP 的比例系数校准为 0.14。

（2）贝叶斯估计的基本原理。

对模型校准表明了模型构造者对模型中相关结构性参数的先验认知，极大似然估计在对待估计参数的先验分布与现实经济数据之间架起了桥梁。贝叶斯估计首先需要构建极大似然估计函数，随后采用后验抽样法模拟后验数据的分布状态，从而得到带估计参数的后验概率密度核，最终得到待估计参数的后验分布。本书所构建的模型属于非线性方程，在将线性 DSGE 模型扩展到非线性 DSGE 模型以进行贝叶斯估计时，需要解决的关键问题是如何计算似然函数，我们首先介绍线性 DSGE 模型的贝叶斯估计，随后讨论将其扩展为粒子滤波方法的 DSGE 似然函数问题。

为了构建似然函数，需要在模型内生变量 s_t 与一组可观测变量 y_t 之间建立联系，将内生变量表示为线性理性预期模型的形式：$\Gamma_0 = \Gamma_1 \cdot s_{t-1} + \psi\varepsilon_t + \Pi\eta_t$；其中，$\varepsilon_t$ 表示外生冲击项，向量用来 η_t 捕获一步向前理性预期测量误差。更一般地，测量方程可以表示为：$y_t = \Psi_0(\theta) + \Psi_1(\theta) + \Psi_2(\theta) \cdot s_t + u_t$（$u_t$ 为测量误差向量）。给定参数，状态空间表示给出了观测值与潜在状态变量之间的联合概率密度函数：

$$p(y_{1,t}, S_t | \theta) = \prod_{t=1}^{T} p(y_t, s_t | y_{1,t-1}, S_{t-1}, \theta) = \prod_{t=1}^{T} p(y_t | s_t, \theta) p(s_t | s_{t-1}, \theta)$$

其中，$p(y_t | s_t, \theta)$ 和 $p(s_t | s_{t-1}, \theta)$ 分别表示测量方程和状态转移方程的概率密度函数。贝叶斯推断必须以似然函数 $p(Y_{1:T} | \theta)$ 为基础，而似然函数只能根据可观测变量来构建，这意味着必须利用积分消除隐含的状态变量 $S_{1:T}$，利用滤波生成条件分布 $s_t | Y_t$ 序列和概率密度似然函数 $p(y_t | Y_{1:t-1}, \theta)$，便可以得到所需的似然函数：$p(Y_{1:T} | \theta) = \prod_{t=1}^{T} p(y_t | y_{1:t-1}, \theta)$。递归的算法 1 为：（通用滤波），见表 3 - 2。

令初始 $p(s_0 | Y_{1:0}, \theta) = p(s_0 | \theta)$，对于时间 $t = 1$ 至 T：

① 迭代 $t - 1$ 次，可以得到 $p(s_{t-1} | Y_{1:t-1}, \theta)$；

② 给定时刻 $t - 1$，预测时刻 t 的状态转移方程和测量方程：

A. 转移方程：$p(s_t | Y_{1:T}, \theta) = \int p(s_t | s_{t-1}, Y_{1,t-1}, \theta) p(s_{t-1} | Y_{1:t-1}) ds_{t-1}$；

B. 测量方程：$p(y_t | Y_{1:t-1}, \theta) = \int p(y_t | s_t, Y_{1,t-1}, \theta) p(s_t | Y_{1:t-1}, \theta) ds_t$；

③ 一旦观测到 y_t，利用贝叶斯定理更新状态转移方程：

$$p(s_t | Y_{1:t}, \theta) = p(s_t | y_t, Y_{1:t-1} | \theta) = \frac{p(y_t | s_t, Y_{1,t-1}, \theta) p(s_t | Y_{1:t-1}, \theta)}{p(y_t | Y_{1:t-1}, \theta)}$$

表 3 - 2　　　　　　　　　　卡尔曼滤波的条件分布

	分布	均值和方差
$s_{t-1} \| (Y_{1:t-1}, \theta)$	$N(s_{t-1|t-1}, P_{t-1|t-1})$	由 $t - 1$ 次迭代得到
$s_t \| (Y_{1:t-1}, \theta)$	$N(\bar{s}_{t-1|t-1}, P_{t-1|t-1})$	$\bar{s}_{t|t-1} = (\Gamma_0^{-1}\Gamma_1) \bar{s}_{t-1|t-1}$ $P_{t|t-1} = (\Gamma_0^{-1}\Gamma_1) P_{t-1|t-1} (\Gamma_0^{-1}\Gamma_1)' + (\Gamma_0^{-1}\Psi) P_\varepsilon (\Gamma_0^{-1}\Psi)'$
$y_t \| (Y_{1:t-1}, \theta)$	$N(\bar{y}_{t|t-1}, F_{t|t-1})$	$\bar{y}_{t|t-1} = \Psi_0 + \Psi_1 t + \Psi_2 \bar{s}_{t|t-1}$ $F_{t|t-1} = \Psi_2 P_{t|t-1} \Psi_2' + P_u$
$s_t \| (Y_{1:t}, \theta)$	$N(\bar{s}_{t|t}, P_{t|t})$	$\bar{s}_{t|t} = \bar{s}_{t|t-1} + P_{t|t-1} \Psi_2' F_{t|t-1}^{-1} (y_t - \bar{y}_{t|t-1})$ $P_{t|t} = P_{t|t-1} - P_{t|t-1} \Psi_2' F_{t|t-1}^{-1} \Psi_2 P_{t|t-1}$

如果 DSGE 模型是对数线性的，且误差服从正态分布，则算法 1 中出现的分布也是正态分布，此时可以利用卡尔曼滤波，递归计算这些分布的均值和协方差矩阵，进而计算出似然函数。为了使模型设定完整，这里假设外生扰动 ε_t、测量误差 u_t 和初始状态 S_0 均为正态分布：$\varepsilon_t \sim iidN(0, P_s)$、$u_t \sim iidN(0, P_u)$、$s_0 \sim N(\bar{s}_{0|0}, \bar{P}_{0|0})$。根据贝叶斯定理，$p(\theta | Y) = \frac{p(Y | \theta) p(\theta)}{p(Y)}$ 为参数 θ 的后验分布，分母 $p(Y)$ 为边缘似然函数，定义为：$p(Y) = \int p(Y | \theta) p(\theta) d\theta$；一般来讲，普遍利用后验取样生成器生成 $p(\theta | Y)$ 的抽样序列 θ_i，$i = 1, \cdots, N$，这需要计算上式的先验密度函数和似然函数，而不需要计算分布的边缘似然函数，这些抽样（蒙特卡洛抽样）通常满足强大数定理（SLLN）和中心极限定理（CLT），SLLN 是利用后验抽样平均逼近后验均值的理性基础，CLT 用来刻

画近似的精确程度。本书所使用的 Dynare 软件通常采用马尔科夫链蒙特卡洛（Markov chain Monte Carlo）模拟得到待估计参数的后验分布，其思路是针对某个特定分布进行多次迭代，从而得到后验样本抽样的极限分布，在正常情况下，马尔科夫链的遍历性能够保证估计的一致性，并且对着模拟次数的增加而呈现出正态分布。抽样需要采用一定的方法从样本中抽取，Dynare 通常采用 MH 抽样法（Metropolis - Hasting algorithm）。

MH 算法关键部分是建议分布 $q(v\mid\theta_{i-1})$，它潜在地依赖于算法第 $i-1$ 次迭代的抽样 θ_{i-1}，如果建议抽样提升了后验密度（相对于 θ_{i-1}），则其抽样总是被接受，即使建议抽样降低了后验密度，建议抽样也可能被接受，则马尔科夫链没有移动，此时 $\theta_i = \theta_{i-1}$，选择一个接受概率，确保抽样分布收敛于目标后验分布，通用 MH 算法的形式为：

对于 $i = 1$ 到 N，①从密度函数 $q(v\mid\theta_{i-1})$ 抽取样本 v；

②设 $\theta_i = v$，接受概率为 $\alpha(v\mid\theta_{i-1}) = \min\left\{1, \dfrac{p(Y\mid v)p(v)/q(v\mid\theta_{i-1})}{p(Y\mid\theta_{i-1})p(\theta_{i-1})/q(\theta_{i-1}\mid v)}\right\}$ 且 $\theta_i = \theta_{i-1}$，$1 - \alpha(v\mid\theta_{i-1})$ 为拒绝的概率。

由于 $p(\theta\mid Y) \propto p(Y\mid\theta) \cdot p(\theta)$，因此在计算接受概率 $\alpha(v\mid\theta_{i-1})$ 的过程中，可以用似然函数和先验密度函数的乘积来替代后验密度函数，这样就不需要计算边缘数据密度函数 $p(Y)$，该算法表达了马尔科夫转移核 $K(\theta\mid\tilde{\theta})$，其中条件值 $\tilde{\theta}$ 对应第 $i-1$ 次迭代的参数抽样。利用该算法生成后验分布 $p(\theta\mid Y)$ 的抽样，其必要条件是给定转移核，后验分布是一个不变分布：$p(\theta\mid Y) = \int K(\theta\mid\tilde{\theta})p(\tilde{\theta}\mid Y)d\tilde{\theta}$。因此，如果 θ_{i-1} 是后验分布 $p(\theta\mid Y)$ 的抽样，则 θ_{i-1} 也是该分布的抽样。

接下来，只需将线性 DSGE 模型下的似然函数扩展到以粒子滤波为主的非线性 DSGE 模型似然函数便可以利用线性抽样算法完成非线性 DSGE 模型的贝叶斯估计。假设非线性 DSGE 模型的状态空间表示为：

$$y_t = \Psi(s_t, t; \theta) + u_t, \quad u_t \sim F_u(\cdot, \theta);$$

$$s_t = \phi(s_{t-1}, \varepsilon_t; \theta), \quad \varepsilon_t = F_\varepsilon(\cdot; \theta);$$

在 DSGE 模型中广泛使用自助粒子滤波算法生成抽样样本，故这里介绍了自助粒子滤波算法的步骤：

初始化。从分布 $s_0^{iiid} \sim p(s_0)$ 中提取初始粒子抽样，令 $W_0^j = 1$，$j = 1, \cdots, M$；

迭代。对于 $t = 1, \cdots, T$：

（A）预测 s_t：通过向前迭代状态转移方程，传播 $t-1$ 时刻的粒子 $\{s_{t-1}^j,W_{t-1}^j\}$：$\tilde{s}_t^j = \Phi(s_t^j, \varepsilon_t^j; \theta)$，$\varepsilon_t = F_\varepsilon(.; \theta)$，$E[h(s_t) | Y_{1:t-1}, \theta]$ 近似值为：$\hat{h}_{t,M} = \frac{1}{M}\sum_{j=1}^M h(\tilde{s}_t^j) W_{t-1}^j$；

（B）预测 y_t：定义增量权重系数为 $\tilde{w}_t^j = p(y_t | \tilde{s}_t^j, \theta)$，预测密度 $p(y_t | Y_{1:t-1}, \theta)$ 近似为 $\hat{p}(y_t | Y_{1:t-1}, \theta) = \frac{1}{M}\sum_{j=1}^M \tilde{w}_t^j W_{t-1}^j$；如果测量误差服从 $N(0, P_u)$，则增量权重系数修正为：

$$\tilde{w}_t^j = (2\pi)^{-n/2} |P_u|^{-1/2} \exp\left\{-\frac{1}{2}[y_t - \Psi(\tilde{s}_t^j, t; \theta)]'(P_u)^{-1}[y_t - \Psi(\tilde{s}_t^j, t; \theta)]\right\}$$

其中，n 表示 y_t 的维度。

（C）更新。定义标准化权重系数 $\tilde{W}_{t-1}^j = \frac{\tilde{w}_t^j W_{t-1}^j}{\frac{1}{M}\sum_{j=1}^M \tilde{w}_t^j W_{t-1}^j}$，$E[h(s_t) | Y_{1:t}, \theta]$ 近似值为 $\tilde{h}_{t,M} = \frac{1}{M}\sum_{j=1}^M h(\tilde{s}_t^j) \tilde{W}_t^j$；

（D）选择。情形①：如果 $\rho_t = 1$，利用多项式再抽样方法重复抽取粒子；令 $\{s_t^j\}_{j=1}^M$ 表示 M 个多项式分布的独立同分布抽样，其抽样的内生变量和权重系数为 $\{\tilde{s}_t^j, \tilde{W}_t^j\}(j = 1, \cdots, M)$；情形②：如果 $\rho_t = 0$，令 $s_t^j = \tilde{s}_t^j$，$E[h(s_t) | Y_{1:t}, \theta]$ 近似为 $\tilde{h}_{t,M} = \frac{1}{M}\sum_{j=1}^M h(s_t^j) W_t^i$。

似然函数：对数似然函数近似值为 $In\hat{p}(Y_{1:T} | \theta) = \sum_{t=1}^T In\left(\frac{1}{M}\sum_{j=1}^M \tilde{w}_t^j W_{t-1}^j\right)$。

完成似然函数计算后，利用 MH 抽样算法便可以完成非线性 DSGE 模型的贝叶斯估计算法。

（3）贝叶斯估计。

对于模型中的动态参数和波动幅度较大的参数，采用贝叶斯估计方法进行估计。贝叶斯估计需要预先设定参数的先验分布，这里将根据相关经典文献进行恰当选取，以保证其能覆盖合理的参数空间，对于具有 AR（1）形式的外生变量自相关系数和标准差，以大部分文献中的先验分布进行设定。

根据 Iacoviello & Neri（2010）将两类家庭消费惯性系数 h_P 和 h_I 设定为均值 0.5、标准差为 0.075 的 Beta 分布[15]；采用程方楠和孟卫东（2017）对住

房调整成本参数 κ_{Ph} 和 κ_{Ih} 后验分布作为这里的先验分布；实证研究表明我国消费品价格完全调整周期为 5 个季度，因此这里将中间品生产企业每期不能调整价格的概率 ξ_p 设定为均值 0.8、标准差为 0.1 的 Beta 分布[185]；相对而言，工资具有较低的调整频率，参考 Christiano et al（2010）将每期工资不能调整的概率 ξ_w 设定为均值 0.75、方差 0.1 的 Beta 分布；同时，企业家资本利用成本函数的凸度参数 v_a 也参考 Christiano et al（2014）模型中的设定方式[196]；采用 Gerali et al（2010）关于单位投资调整成本参数 κ_i 的先验设定；各外生变量 AR（1）自相关系数和外生冲击的先验分布采用大部分文献中的先验设定方式。随后，利用贝叶斯估计方法对表 3-3 中的先验参数进行估计，考虑到采用实际货币政策方程中名义利率对通货膨胀预期的弹性系数 φ_π 的校准值会使估计过程出现随机奇异性，导致后验估计的结果稳定性较差，这里将参数校准为 1.1 进行估计。贝叶斯估计所需观测数据包括 2003 年第一季度至 2018 年第二季度的宏观经济季度数据，包括全社会消费品零售总额、GDP、住房价格、社会固定资产投资、房地产投资、通货膨胀率、商业银行对企业的名义平均贷款利率和名义存款基准利率。其中，前五个季度数据、通货膨胀率和名义存款基准利率来源于中国宏观经济数据库（CEIC），商业银行对企业的名义平均贷款利率来源于 Wind 数据库。由于本书所构建的模型并未包含增长趋势以及住房市场属于存量市场，因此需要对 GDP 和社会固定资产投资分别剔除房地产投资这一项以与模型匹配，其次，需要将上述两者与全社会消费品零售总额、住房价格这四个包含趋势项的宏观经济变量剔除掉趋势项，这里分别对这四者取自然对数后采用 X12 算法进行平减、季节调整，随后利用 HP 滤波从其中分离趋势项和波动项，得到上述变量对稳态值的偏离并以此作为模型中的可观测变量；对于通货膨胀率、企业名义平均贷款利率和名义存款利率这三个并未包含趋势项的变量，分别取自然对数后减去各自均值的对数值，以该值作为模型中对应变量的可观测变量。

表 3-3　　　　　　　估计参数的先验分布与后验分布

参数	先验分布			后验分布		
	分布类型	均值	标准差	均值	5% 分位数	95% 分位数
h_P	Beta	0.5	0.075	0.5279	0.4187	0.6445
h_I	Beta	0.5	0.075	0.5013	0.3796	0.6281
κ_{Ph}	Gamma	0.6	0.15	0.5929	0.3594	0.8101

续表

参数	先验分布			后验分布		
	分布类型	均值	标准差	均值	5%分位数	95%分位数
κ_{Ih}	Gamma	0.6	0.15	0.5997	0.3222	0.8716
v_a	Gamma	18.9	3	19.2415	14.2235	24.0471
κ_i	Gamma	4	1	6.2443	3.9742	8.4722
ξ_p	Beta	0.8	0.1	0.7409	0.5831	0.9143
ξ_w	Beta	0.75	0.1	0.9035	0.8748	0.9395
ρ_{hP}	Beta	0.75	0.1	0.7988	0.6519	0.9573
ρ_{hI}	Beta	0.75	0.1	0.7999	0.6378	0.9649
ρ_{σ_k}	Beta	0.75	0.1	0.8120	0.6675	0.9672
ρ_i	Beta	0.75	0.1	0.6345	0.5733	0.7965
ρ_A	Beta	0.75	0.1	0.7841	0.6897	0.8799
ρ_g	Beta	0.75	0.1	0.8918	0.8422	0.9411
ρ_m	Beta	0.75	0.1	0.8076	0.6627	0.9586
ρ_{cap}	Beta	0.75	0.1	0.8372	0.7061	0.9948
σ_{hP}	Inv. Gamma	0.01	0.001	0.0037	0.0023	0.0055
σ_{hI}	Inv. Gamma	0.01	0.001	0.0104	0.0042	0.0165
σ_{σ_k}	Inv. Gamma	0.01	0.001	0.0099	0.0042	0.0158
σ_i	Inv. Gamma	0.01	0.001	0.2226	0.1070	0.3438
σ_A	Inv. Gamma	0.01	0.001	0.1382	0.1142	0.1597
σ_g	Inv. Gamma	0.01	0.001	0.1946	0.1502	0.2400
σ_m	Inv. Gamma	0.01	0.001	0.0099	0.0046	0.0152
σ_{cap}	Inv. Gamma	0.01	0.001	0.0267	0.0034	0.0831

表3-3后三列显示了相应参数的后验分布,可以看出,两类家庭面临同等程度的住房调整成本;相对于耐心家庭,缺乏耐心家庭住房偏好冲击的标准差较大,表明后者对经济波动的影响程度较大;价格调整频率低于工资调整频率;在所有外生冲击中,政府支出的持续性较强(为10个季度),投资、技术进步和政府支出冲击的标准差较大,三者之中,投资冲击对宏观经济波动的影响程度最大。

3.2.5 DSGE模型的可靠性评估

在完成对模型中相关参数的贝叶斯估计,利用该模型进行理论分析之前,需要确定该模型能否反映我国现实宏观经济的运行机理,即需要对模型的可靠性和稳定性进行评估。这里主要通过贝叶斯估计后模型的一阶矩、二阶矩进行矩匹配。其中,前者主要通过对主要统计性指标与 GDP 的占比、商业银行主要金融指标和企业层面相关指标等角度进行匹配;后者主要通过可观测变量的实际方差、协方差与贝叶斯估计所得到对应变量的理论方差和协方差与实际经济数据对比分析而来。

(1) 一阶矩匹配。参见表 3-4。

根据中国宏观经济数据库 (CEIC) 关于 2003~2018 年我国国内生产总值的支出法表示方式,表 3-4 计算了居民最终消费、全社会固定资产投资和政府财政支出占 GDP 的比重 (由于本书研究模型将住房市场视为存量市场,这里从 GDP 中剔除了房地产投资)。由于政府支出是以外生冲击形式表示的,故其精确度较高,而消费和固定资产投资占 GDP 却存在较大的偏差,这是因为在模型中,投资与社会资本存量之间存在稳定的比例关系,而当投资与 GDP 比例确定时,便可以推导出社会资本总量与 GDP 的比例,若以实际数据校准该值,企业的资本收益率和银行间市场无风险拆借利率便决定了企业部门杠杆水平,而当以投资占 GDP 的实际值进行计算时,将导致企业家杠杆水平偏高 (1.9),为了与实际企业杠杆数据 (1.4 左右) 匹配,将导致投资占 GDP 的比例偏低,这也表明我国消费水平较低是由于较高投资的挤出效应。CEIC 数据库中 2007 年至 2018 年间中国商业银行的资本充足率在 8.4% 与 12.53% 之间波动,由于近年来监管部门对商业银行资本充足率要求显著提高,其均值 12.53% 与模型中对应数据 10.68% 之间的差距也并不算大;根据 2009 年第一

表 3-4　　　　　　　　　模型稳态值与样本经验值比较

变量	变量描述	模型值	实际值
c/y	消费与 GDP 占比	0.4938	0.39
i/y	投资与 GDP 占比	0.3568	0.43
g/y	政府支出与 GDP 占比	0.14	0.139
$N^B/(N^B+D^P)$	商业银行资本充足率	0.1068	0.1253
$B^I/(B^I+B^E)$	住房信贷占总信贷比重	0.1796	0.1778
K^E/N^E	企业家杠杆率	1.4243	1.43
r^E	企业贷款利率	0.069	0.068
R^f	银行间无风险拆借利率	0.0144	0.0141
r^k	资本收益率	0.0284	0.019~0.0347

季度至 2016 年第四季度商业银行对个人住房贷款和企业贷款数据计算得到个人住房贷款占贷款总量的平均值为 0.1778，与模型中计算得到对应变量稳态值比例关系 0.1796 较为匹配。Wind 数据库中关于金融机构 7 天隔夜拆借利率折现的季度值为 1.41%，该值与模型中 1.44% 数值也非常接近。最后，关于关于企业家资本收益率测算的文献较为缺乏，在校准过程中采用的校准值是 CCER（2007）年调研数据的加权平均值，对该值也利用企业家杠杆水平进行了一定程度调整；贾润崧和张四灿（2014）测算表明，2001~2018 年我国企业资本回报率的季度值在 3.5%~4.5%，而此阶段是我国经济高速发展时期，此后的资本回报率因受到金融危机的冲击而逐渐回落，这里的模型值 2.84% 也符合一般经验观察[220]。

（2）二阶矩匹配。

表 3-5 列示了以实际数据计算得到的观测变量方差和协方差、贝叶斯估计得到观测变量的理论方差和协方差及其对应的 5%~95% 置信区间。可以看出，本章所构建的模型较好地捕捉了实际数据所体现出的波动性，绝大多数变量的方差均落在模型估计的理论方差 90% 置信区间；此外，模型也较好地刻画了观测变量之间的协方差，同期变量之间的正负号理论关联也与基本数据一致，理论协方差的 90% 置信区间也覆盖了实际数据的计算结果。

表 3-5　　　　　实际变量与观测变量的二阶矩比较

	实际数据	理论均值	5% 置信区间	95% 置信区间
方差				
i	8.8777×10^{-4}	1.4841×10^{-4}	1.7507×10^{-4}	7.1795×10^{-4}
y	2.5355×10^{-4}	2.8787×10^{-4}	1.9927×10^{-4}	3.8923×10^{-4}
π	1.1328×10^{-4}	8.7054×10^{-5}	5.1482×10^{-5}	1.2326×10^{-4}
r	2.0674×10^{-6}	1.0118×10^{-5}	4.6621×10^{-6}	1.6091×10^{-5}
协方差				
$\text{cov}(i, y)$	3.9247×10^{-4}	2.1080×10^{-4}	8.6212×10^{-5}	3.3915×10^{-4}
$\text{cov}(i, \pi)$	4.0197×10^{-6}	1.5505×10^{-6}	7.8843×10^{-6}	2.1535×10^{-5}
$\text{cov}(i, r)$	6.7423×10^{-6}	1.4277×10^{-5}	6.3802×10^{-6}	2.2084×10^{-5}
$\text{cov}(y, \pi)$	6.9904×10^{-5}	6.5428×10^{-5}	2.3413×10^{-5}	1.1548×10^{-4}
$\text{cov}(y, r)$	-1.0584×10^{-5}	-6.2451×10^{-6}	-1.6408×10^{-5}	-1.1834×10^{-5}
$\text{cov}(\pi, r)$	2.0577×10^{-6}	8.4415×10^{-6}	4.3086×10^{-6}	1.2988×10^{-5}

综合来看，对主要宏观经济数据与模型变量的一阶矩与二阶矩的对比分析，可以看出本章所构建的 DSGE 模型基本能够拟合我国宏观经济变量的波动幅度和波动趋势，该模型可以作为宏观政策分析和评价的基准模型。

3.3 本章小结

本章首先对货币政策与宏观审慎政策在维护价格稳定与金融稳定方面的优势和不足进行了梳理，继而对货币政策与宏观审慎政策的协同作用和协调方式进行了理论上的分析；其次，回顾了动态随机一般均衡（DSGE）模型的发展历程和金融危机以来新凯恩斯 DSGE 模型关于金融部门的建模方式，以 Gerali et al. (2010)、Gertler & Karadi (2011) 和 Christiano et al. (2014) 等经典 NK-DSGE 模型中核心部门建模方式为借鉴对象，构建了一个能够全面反映当前阶段我国宏观经济基本特征的 DSGE 模型，形成了一个对货币政策与宏观审慎政策进行数理分析的基本研究框架；再次，求解了该非线性模型，结合中国宏观经济数据，对模型中的参数进行了校准与贝叶斯估计，获得了政策参数和外生冲击的波动特征；最后，检验了该模型与我国现实经济波动特征的匹配程度，确保该模型能够用于政策分析和政策评价。

对货币政策与宏观审慎政策协调搭配机理的分析表明：货币政策与宏观审慎政策是截然不同的政策，具有不同的政策目标和政策工具，货币政策对价格稳定和实体经济稳定具有较强的系统性影响，但对金融稳定的影响较小，间接且缺乏系统性；宏观审慎政策对金融稳定有较强的系统性影响，但对价格稳定的影响缺乏系统性、影响程度较低。上述结论意味着独立实施货币政策与宏观审慎政策会产生显著优势，具有不同目标和不同工具的两类政策将变得更加明确、透明和易于评估，这反过来使政策制定者更加易于肩负起实现其政策目标的责任，进一步促进各项政策目标的实现，有效避免责任分散的道德风险。

首先，对本章所构建 DSGE 模型的贝叶斯估计表明，我国储蓄性家庭和借贷性家庭面临大致相同的住房调整成本，即政府房地产市场调控对家庭住房的供给端和需求端施加了大致相同的成本；其次，社会固定资产投资、技术进步和政府支出对近年来中国宏观经济波动的影响程度较大，而在这三者之中，投资冲击对宏观经济波动贡献程度最大；最后，方差分解技术表明，住房信贷供给波动、企业家资本收益风险冲击和政府支出冲击能够解释近年来 65% 的宏观经济波动。

综上所述,金融市场摩擦和房地产市场波动在我国宏观经济波动中的重要性日益凸显。如何利用货币政策与宏观审慎政策抑制上述金融领域内风险的不断积累,对于实现我国宏观经济和金融市场稳定发展具有重要的现实意义,而对于上述两类政策协调搭配的认识将有助于完善当前阶段我国宏观审慎管理制度框架,有助于深化对宏观经济政策调控的认识。

附录:

(1) 耐心家庭:

$$\lambda_t^P(i) = \frac{1-h_P}{1-\beta_P h_P} \cdot \left[\frac{1}{C_t^P(i) - h_P C_{t-1}^P(i)} - \frac{\beta_P h_P}{C_{t+1}^P(i) - h_P C_t^P(i)} \right] \quad (A-1)$$

$$\frac{J_{h,t}^P(i)}{H_t^P(i)} = \lambda_t^P(i) Q_{h,t} \left\{ 1 + \kappa_{Ph} \left[\frac{H_t^P(i)}{H_{t-1}^P(i)} - 1 \right] \frac{H_t^P(i)}{H_{t-1}^P(i)} + \frac{\kappa_{Ph}}{2} \left[\frac{H_t^P(i)}{H_{t-1}^P(i)} - 1 \right]^2 \right\} -$$

$$\beta_P \lambda_{t+1}^P(i) Q_{h,t+1} \left\{ 1 + \kappa_{Ph} \left[\frac{H_{t+1}^P(i)}{H_t^P(i)} - 1 \right] \left[\frac{H_{t+1}^P(i)}{H_t^P(i)} \right]^2 \right\} \quad (A-2)$$

$$\lambda_t^P(i) = \beta_P E_t [\lambda_{t+1}^P(i)] R_t \quad (A-3)$$

(2) 缺乏耐心家庭:

$$\lambda_t^I = \frac{1-h_I}{1-\beta_I h_I} \cdot \left[\frac{1}{C_t^I(i) - h_I C_{t-1}^I(i)} - \frac{\beta_I h_I}{C_{t+1}^I(i) - h_I C_t^I(i)} \right] \quad (A-4)$$

$$\frac{J_{h,t}^I(i)}{H_t^I(i)} + \beta_I \lambda_{t+1}^I(i) Q_{h,t+1} \left\{ 1 + \kappa_{Ih} \left[\frac{H_{t+1}^I(i)}{H_t^I(i)} - 1 \right] \left[\frac{H_{t+1}^I(i)}{H_t^I(i)} \right]^2 \right\} + s_t(i) \cdot m_t^I \cdot$$

$$Q_{h,t+1} = \lambda_t^I(i) Q_{h,t} \left\{ 1 + \kappa_{Ih} \left[\frac{H_t^I(i)}{H_{t-1}^I(i)} - 1 \right] \frac{H_t^I(i)}{H_{t-1}^I(i)} + \frac{\kappa_{Ih}}{2} \left[\frac{H_t^I(i)}{H_{t-1}^I(i)} - 1 \right]^2 \right\} \quad (A-5)$$

$$\lambda_t^I(i) = \beta_I E_t [\lambda_{t+1}^I(i)] (1 + R_t^f) + s_t(i) \cdot (1 + R_t^f) \quad (A-6)$$

$$(1 + R_t^f) B_{i,t}^I = m_t^I E_t [Q_{h,t+1} H_t^I(i)] \quad (A-7)$$

工资黏性方程 ($i \in \{P, I\}$, P 和 I 分别表示耐心家庭和非耐心家庭):

$$(w_{i,t}^*)^{\frac{\lambda_w}{1-\lambda_w}} = (1 - \xi_w) \left\{ \left[1 - \xi_w \left[\frac{(\pi_{ss})^{\iota_w} (\pi_{t-1})^{1-\iota_w}}{\pi_t (W_t^i(i)/W_{t-1}^i(i))} \right]^{\frac{1}{1-\lambda_w}} \right] / (1 - \xi_w) \right\} +$$

$$\xi_w \left[\left(\frac{(\pi_{ss})^{\iota_w} (\pi_{t-1})^{1-\iota_w}}{\pi_t [W_t^i(i)/W_{t-1}^i(i)]} \right) w_{i,t-1}^* \right]^{\frac{\lambda_w}{1-\lambda_w}} \quad (A-8)$$

$$F_{i,t} = (w_{i,t}^*)^{\frac{\lambda_w}{1-\lambda_w}} \frac{\lambda_t^P L_t^i(i)}{\lambda_w} + \beta_i \frac{\xi_w (\pi_{ss})^{\iota_w} (\pi_{t-1})^{1-\iota_w}}{\pi_{t+1}} \left[\frac{W_t^i(i)}{\pi_{t+1} W_{t+1}^i(i)} \right]^{\frac{\lambda_w}{1-\lambda_w}} F_{i,t+1}$$
(A-9)

$$K_{i,t} = \left[(w_{i,t}^*)^{\frac{\lambda_w}{1-\lambda_w}} L_t^i(i) \right]^{1+\phi_l} + \beta_i \xi_w \left[\frac{(\pi_{ss})^{\iota_w} (\pi_t)^{1-\iota_w}}{\pi_{t+1} [W_{t+1}^i(i)/W_t^i(i)]} \right]^{\frac{\lambda_w(1+\phi_l)}{1-\lambda_w}} K_{i,t+1}$$
(A-10)

$$K_{i,t} = \frac{W_t^i(i) F_{i,t}}{\varphi_l} \left\{ \left[1 - \xi_w \left[\frac{(\pi_{ss})^{\iota_w} (\pi_{t-1})^{1-\iota_w}}{\pi_t(W_t^i(i)/W_{t-1}^i(i))} \right]^{1-\lambda_w} \right] / (1-\xi_w) \right\}^{1-\lambda_w(1+\phi_l)}$$
(A-11)

(3) 企业家:

$$r_{i,t}^k = r_{i,ss}^k(j) \{ \exp[v_a(u_{i,t}-1)] - 1 \} \quad (A-12)$$

$$R_{i,t}^k = \frac{[u_{i,t} r_{i,t}^k(j) - a(u_{i,t})] P_t + (1-\delta) Q_{k,t}}{Q_{k,t-1}} - 1 \quad (A-13)$$

$$(1 - \Gamma_t(\bar{w}_t)) \frac{1+R_{i,t}^k}{1+R_t^f} + \frac{\Gamma_t'(\bar{w}_t)}{\Gamma_t'(\bar{w}_t) - \mu_k G_t'(\bar{w}_t)} \left[[\Gamma_t(\bar{w}_t) - \mu_k G_t(\bar{w}_t)] \cdot \frac{1+R_{i,t}^k}{1+R_t^f} - 1 \right] = 0 \quad (A-14)$$

$$[\Gamma_t(\bar{w}_t) - \mu_k G_t \Gamma_t(\bar{w}_t)] \cdot \frac{Q_{k,t-1} K_{i,t}^E}{N_{i,t}^E} \cdot \frac{1+R_{i,t}^k}{1+R_t^f} = \frac{Q_{k,t-1} K_{i,t}^E}{N_{i,t}^E} - 1 \quad (A-15)$$

$$N_{i,t+1}^E = (1-\gamma^E) \left\{ (1+R_{i,t}^k(j)) Q_{k,t-1} K_{i,t}^E + \left[1 + r_{i,t}^E + \mu_k \cdot \frac{\int_0^{\bar{w}_t} w_t dF_{t-1}(w_t) [1+R_{i,t}^k(j)] Q_{k,t-1} K_{i,t}}{Q_{k,t-1} K_{i,t} - N_{i,t}^E} \right] \times Q_{k,t-1} K_{i,t}^E \right\} + w_{i,t}^E \quad (A-16)$$

$$B_{i,t}^E = Q_{k,t-1} K_{i,t}^E - N_{i,t}^E \quad (A-17)$$

(4) 中间品生产企业:

$$Y_t(i) = A_t [u_{i,t} K_{i,t-1}^E(j)]^\alpha \{ [L_t^P(i)]^\zeta [L_t^I(i)]^{1-\zeta} \}^{1-\alpha} - \Phi \quad (A-18)$$

$$r_{i,t}^k = \alpha \cdot mc_t \cdot A_t \cdot [u_{i,t} K_{i,t-1}^E(j)]^{\alpha-1} \{ [L_t^P(i)]^\zeta [L_t^I(i)]^{1-\zeta} \}^{1-\alpha} \quad (A-19)$$

$$W_t^P(i) = \zeta(1-\alpha) \cdot mc_t \cdot A_t [u_{i,t} K_{i,t-1}^E(j)]^\alpha [L_t^P(i)]^{\zeta(1-\alpha)-1} [L_t^I(i)]^{(1-\zeta)(1-\alpha)}$$
(A-20)

$$W_t^I(i) = (1-\zeta) \cdot (1-\alpha) \cdot mc_t \cdot A_t [u_{i,t} K_{i,t-1}^E(j)]^\alpha [L_t^P(i)]^{\zeta(1-\alpha)} [L_t^I(i)]^{(1-\zeta)(1-\alpha)-1}$$
(A-21)

$$mc_t = \Xi (r_{i,t}^k)^\alpha [W_t^P(i)]^{\zeta(1-\alpha)} [W_t^I(i)]^{(1-\zeta)(1-\alpha)} \qquad (A-22)$$

其中：$\Xi = \alpha^{-\alpha}[\zeta(1-\alpha)]^{-\zeta(1-\alpha)}[(1-\zeta)(1-\alpha)]^{-(1-\zeta)(1-\alpha)}$。

价格黏性方程：

$$(p_t^*)^{\frac{\lambda_f}{1-\lambda_f}} = (1-\xi_p) \times \left\{ \left[1 - \left[\frac{\xi_p(\pi_{ss}^{\iota_p}\pi_{t-1}^{(1-\iota_p)})}{\pi_t}\right]^{\frac{1}{1-\lambda_f}}\right]/(1-\xi_p)\right\}^{\lambda_f} +$$

$$\xi_p\left\{\left[\frac{\xi_p[\pi_{ss}^{\iota_p}\pi_{t-1}^{(1-\iota_p)}]}{\pi_t}\right]^{\frac{\lambda_f}{1-\lambda_f}}p_{t-1}^*\right\} \qquad (A-23)$$

$$F_{p,t} = \lambda_t^P(i)Y_t + \beta_P\xi_p\left[\frac{\pi_{ss}^{\iota_p}\pi_{t-1}^{(1-\iota_p)}}{\pi_t}\right]^{\frac{1}{1-\lambda_f}}F_{p,t+1} \qquad (A-24)$$

$$K_{p,t} = \lambda_t^P(i)\lambda_f mc_t Y_t + \beta_P\xi_p\left[\frac{\pi_{ss}^{\iota_p}\pi_t^{(1-\iota_p)}}{\pi_{t+1}}\right]^{\frac{-\lambda_f}{\lambda_f-1}}K_{p,t+1} \qquad (A-25)$$

$$K_{p,t} - F_{p,t}\left\{\left[1 - \xi_p\left[\frac{(\pi_{ss}^{\iota_p}\pi_t^{(1-\iota_p)})}{\pi_{t+1}}\right]^{\frac{1}{1-\lambda_f}}\right]/(1-\xi_p)\right\}^{1-\lambda_f} \qquad (A-26)$$

（5）资本品生产者：

$$K_{i,t+1}^E = (1-\delta)K_{i,t}^E + \left[1 - \frac{\kappa_i}{2}\left(\frac{I_t}{I_{t-1}} - 1\right)^2\right]\varepsilon_t^i I_t \qquad (A-27)$$

$$\lambda_t^P(i)Q_{k,t}\left[1 - \frac{\kappa_i}{2}\left(\frac{I_t}{I_{t-1}} - 1\right)^2\varepsilon_t^i - \kappa_i\left(\frac{I_t}{I_{t-1}} - 1\right)\left(\frac{\varepsilon_t^i I_t}{I_{t-1}}\right)\right] - \lambda_t^P(i) + \beta_P\lambda_{t+1}^P(i) \cdot$$

$$Q_{k,t+1}\left(\frac{I_{t+1}}{I_t} - 1\right)\left(\frac{\varepsilon_{t+1}^i I_{t+1}}{I_t}\right) = 0 \qquad (A-28)$$

（6）商业银行：

$$1 + R_t^f = \frac{\varepsilon_B}{\varepsilon_B - 1} \cdot R_t \qquad (A-29)$$

$$cap_t \cdot (B_t^I + B_t^E) = D_t^P + N_t^B \qquad (A-30)$$

$$v_t = E_t\left\{\gamma^B\beta_P\frac{\lambda_{t+1}^P}{\lambda_t^P} \cdot cap_t \cdot [(1+R_t^f) - R_t] + \beta_P\frac{\lambda_{t+1}^P}{\lambda_t^P}(1-\gamma^B)\frac{B_{t+1}^E + B_{t+1}^I}{B_t^E + B_t^I}v_{t+1}\right\}$$

$$(A-31)$$

$$\eta_t = \gamma^B + E_t\left[\beta_P\frac{\lambda_{t+1}^P}{\lambda_t^P}(1-\gamma^B)\frac{N_{t+1}^B}{N_t^B}\eta_{t+1}\right] \qquad (A-32)$$

$$B_t^E + B_t^I = \frac{\eta_t}{\lambda - v_t}N_t^B = \phi_t N_t^B \qquad (A-33)$$

$$N_t^B = (1-\gamma^B)[(1+R_t^f - R_t)\phi_{t-1} + R_t]N_{t-1}^B + \varpi \cdot cap_t(B_t^I + B_t^E)$$

$$(A-34)$$

(7) 资源约束方程：

$$\bar{H} = H_t^P + H_t^I \tag{A-35}$$

$$C_t^P + C_t^I + G_t + I_t + \mu_k \int_0^{\bar{w}_t} w_t (1 + R_t^K) Q_{k,t-1} K_t^E dF_{t-1}(w_t) + \frac{\kappa_i}{2} \left(\frac{I_t}{I_{t-1}} - 1 \right)^2 I_t +$$

$$\frac{\kappa_{Ph}}{2} \left(\frac{H_t^P}{H_{t-1}^P} - 1 \right)^2 Q_{h,t} H_t^P + \frac{\kappa_{Ih}}{2} \left(\frac{H_t^I}{H_{t-1}^I} - 1 \right)^2 Q_{h,t} H_t^I + \frac{\kappa_{cap}}{2} (1 - cap_t)^2 (B_t^E + B_t^I) +$$

$$\frac{\kappa_m}{2} \left(\frac{m_t^I}{m_{t-1}^I} - 1 \right)^2 B_t^I = Y_t \tag{A-36}$$

(8) 货币政策和宏观审慎政策工具：

$$\log(r_t/r_{ss}) = \rho_r \log(r_{t-1}/r_{ss}) + [(1-\rho_r)/r_{ss}] E_t \{ \varphi_\pi \log(E_t[\pi_{t+1}]/\pi_{ss}) +$$

$$\varphi_Y \log(Y_t/Y_{ss}) + \varphi_b \log[(B_t^I + B_t^E)/(B_{ss}^I + B_{ss}^E)] \} + \varepsilon_t^r \tag{A-37}$$

$$\log(m_t^I/m_{ss}^I) = \rho_{m^I} \log(m_{t-1}^I/m_{ss}^I) - (1-\rho_{m^I}) \varphi_{m^I} \log(B_t^I/B_{ss}^I) + \varepsilon_t^{m^I} \tag{A-38}$$

$$\log(cap_t) = \rho_{cap} \log(cap_{t-1}) - (1-\rho_{cap}) \varphi_{cap} \log[(B_t^I + B_t^E)/(B_{ss}^I + B_{ss}^E)] + \varepsilon_t^{cp} \tag{A-39}$$

(9) 外生冲击：

$$\log(J_{h,t}^P/J_{h,ss}^P) = \rho_{J_h^P} \log(J_{h,t-1}^P/J_{h,ss}^P) + \varepsilon_{J_h^P,t} \tag{A-40}$$

$$\log(J_{h,t}^I/J_{h,ss}^I) = \rho_{J_h^I} \log(J_{h,t-1}^I/J_{h,ss}^I) + \varepsilon_{J_h^I,t} \tag{A-41}$$

$$\log(\sigma_{k,t}/\sigma_{k,ss}) = \rho_{k,\sigma} \log(\sigma_{k,t-1}/\sigma_{k,ss}) + \varepsilon_{\sigma_k,t} \tag{A-42}$$

$$\log(\varepsilon_t^i) = \rho_i \log(\varepsilon_{t-1}^i) + \varepsilon_{i,t} \tag{A-43}$$

$$\log(A_t) = \rho_A \log(A_{t-1}) + \varepsilon_{A,t} \tag{A-44}$$

$$\log(G_t/G_{ss}) = \rho_G \log(G_{t-1}/G_{ss}) + \varepsilon_{G,t} \tag{A-45}$$

4 货币政策与宏观审慎政策维护金融稳定效果的差异分析

2008年金融危机爆发以来，各国中央银行开始尝试构建并完善宏观审慎管理框架，中国人民银行也在不断探索"构建符合我国国情的逆周期宏观审慎管理制度框架"。宏观审慎的制度框架应该包括考虑金融因素的货币政策和宏观审慎的监管政策两个方面，前者指在传统上仅考虑通货膨胀和产出缺口的Taylor规则中纳入金融稳定因素考虑，以达到逆周期抑制商业银行风险承担行为和顺经济周期所导致的金融风险不断累积，从而实现金融风险防范和稳定的目标。例如，价格型的货币政策，一方面通过盯住部分金融因素从而影响银行间市场拆借利率，进而改变了商业银行贷款利率和存款利率决策；另一方面，通过相应调节市场的信贷需求和家庭部门储蓄决策等途径影响银行业的杠杆水平，从而提高其抵御外部不利冲击的能力。

相对于货币政策通过间接途径提高金融系统稳定性，宏观审慎政策直接作用于金融部门决策，通过降低金融部门对特定风险领域的信贷规模和对商业银行资本充足率等目标的监管，直接影响商业银行的资产负债表结构，进而维护金融系统稳定。从实现金融稳定的目标来看，两者均具有金融稳定的效果，但货币政策传导渠道过长，传导过程中可能因各种金融摩擦的存在而使其政策效果无法有效发挥，甚至还会削弱货币当局维护价格稳定的信誉，而宏观审慎政策能够直接作用于金融系统决策，创新各种工具对不同方向、不同领域金融风险施加差异化调控效果，有效降低金融系统风险暴露的可能。然而，传统上对宏观审慎政策盯住的目标变量、传导机制和政策外溢效果的研究主要是在缺乏对金融部门建模（或简化金融系统决策）环境下进行的理论分析，本章将在前文所构建的内生化商业银行决策行为的宏观经济理论模型框架下，对货币政策和宏观审慎政策在维护金融系统与实体经济方面的效果进行分析和评价，识别、选取两类政策维护金融稳定的信号源，分析对比其不同的政策传导机制对不同外生冲击下两者的政策外溢效应进行综合评价,最终明确两类政策的适用范围。

具体来讲,本章安排如下,首先,纳入金融稳定因素考虑扩展传统 Taylor 规则,对其盯住的目标变量和降低主要宏观经济变量波动性的效果进行评价;其次,引入住房抵押贷款比和商业银行资本监管两种宏观审慎政策工具,识别了可供其盯住的目标变量,对其维护金融稳定的效果进行了评价;其次,对货币政策和宏观审慎政策的传导路径进行了对比分析,指出了两者实现金融稳定传导机制的差异;最后,对不同外生冲击下上述两类政策的政策外溢效应进行了数值模拟,明确了两者的适用范围。

4.1 货币政策的目标变量识别和金融稳定效应

考虑金融因素的货币政策是指在传统 Taylor 规则中纳入金融稳定因素,以降低金融顺周期性和金融系统风险承担行为的货币政策,其最为重要的议题便是识别、选取恰当的金融变量,通过紧盯这些金融因素的波动,实现逆周期货币政策调控以维护金融系统稳定的目的。根据"丁伯根法则",政策工具应该与政策目标具有一致性,作为全局政策工具,货币政策应该考虑全局金融变量而不是局部金融变量(如模型中商业银行对企业家信贷供给水平);此外,考虑到关于资产价格与货币政策之间的争论,这里也将房价和资本资产价格纳入传统 Taylor 规则中,故假设中央银行采取如下形式的货币政策反应规则:

$$\log(r_t/r_{ss}) = \rho_r \log(r_{t-1}/r_{ss}) + [(1-\rho_r)/r_{ss}]E_t\{\varphi_\pi \log(E_t[\pi_{t+1}]/\pi_{ss}) + \varphi_y \log(Y_t/Y_{ss}) + \varphi_b \log[(B_t^I + B_t^E)/(B_{ss}^I + B_{ss}^E)] + \varphi_q \log(Q_{k,t}/Q_{k,ss}) + \varphi_{qh} \log(Q_{h,t}/Q_{h,ss}) - \varphi_{fr} \log(Fr_t/Fr_{ss}) + \varphi_{lev} \log(Lev_t/Lev_{ss})\} + \varepsilon_t^r \quad (4-1)$$

其中,货币政策盯住的目标变量均为相应金融变量对其稳态值的偏离水平;名义利率 r_t 盯住的目标变量不仅包括社会信贷总量 $(B_t^I + B_t^E)$ 和银行杠杆 $Lev_t = \frac{B_t^I + B_t^E}{N_t^B}$,也包括资本资产价格 $Q_{k,t}$、住房价格 $Q_{h,t}$、市场融资溢价 $Fr_t = \frac{r_t^E}{r_t}$;参数 φ_b、φ_{lev}、φ_q、φ_{qh} 和 φ_{fr} 分别是名义利率 r_t 对上述变量反应的弹性系数。

为了对式(4-1)扩展型 Taylor 规则的实施效果进行评价,我们需要依据某种客观的政策评价标准。目前,宏观经济政策评价主要分为两种方式,一种是社会福利损失函数,该函数通过对代表性家庭效用函数进行二阶泰勒展开并推导而来,此方法具有一定的微观经济基础;另一种是央行的社会偏好函数，利用主观的拇指法则设定而来，因其过于主观而受到一定程度批评。不同于 Gali（2008）、Woodfood（2011）等简化模型对代表性家庭效用函数的设定方式，本书所构建的模型在代表性家庭效用函数中包括了住房需求对其效用贡献度的影响，故以通货膨胀和产出缺口（或劳动需求）波动水平的加权平均值作为政策评价标准并不能衡量金融市场波动的福利影响[221][222]。出于上述两方面原因的考虑以及与既有研究保持一致，这里采取马勇（2013）、马勇和陈雨露（2013）研究中类似的方法，以主要宏观经济变量的方差作为政策评价依据，通过数值模拟方法，遍历扩展型 Taylor 规则所盯住目标变量的弹性系数，进而对宏观审慎货币政策所应盯住的目标变量进行识别、选取，并对其政策效应进行评价[94][167]。

表 4-1 显示了以实际货币政策规则为基准的不同扩展型货币政策规则下主要宏观经济变量标准差的数值模拟结果；其中，以货币政策冲击下的消费 C_t、通货膨胀 π_t 和社会总产出 Y_t 的波动水平作为衡量宏观经济基本面的指标，以房价 $Q_{h,t}$、社会信贷总量 B_t 和银行杠杆 lev_t 作为衡量银行信贷风险和经营风险状况的指标。表 4-1 中规则 I 以相应的实际宏观经济数据进行 GMM 回归分析而来（$\rho_r=0.6$、$\varphi_\pi=0.69$、$\varphi_Y=0.21$），按照经典货币政策理论，名义利率对通胀的反应系数 φ_π 大于 1 才能保证模型均衡的唯一性，这表明我国货币政策当局并未以价格稳定作为货币政策的核心目标，而是对经济增长给予了更大程度的关注，此结果也与万晓莉（2011）和马勇（2013）的研究结论一致[223][94]。此外，表 4-1 中规则 II 是以名义利率对通货膨胀反应的弹性系数 1.1 作为数值模拟基准的，此后的数值模拟与实际参数保持一致。在此背景下，表 4-1 后 6 列计算了相应货币政策规则下主要宏观经济变量的标准差，结果表明①：

第一，当名义存款基准利率对社会信贷总量波动的反应力度逐渐加强，包括房价、通货膨胀、社会总产出、社会信贷总量和银行杠杆的波动性均逐渐下降，其中以社会信贷总量和银行杠杆波动幅度下降的程度最为明显，这表明对社会信贷总量做出反应的货币政策能显著地降低信贷市场和金融部门的经营风险水平；然而，消费的标准差却逐渐上升，直至其弹性系数 φ_b 为 0.3 时该值最大，此后逐渐降低；规则 II 表明紧盯通胀的货币政策能够显著降低通胀波动性，说明关注信贷波动的货币政策尽管降低了信贷顺周期性对金融系统的压

---

① 这里并未考虑混合型规则，根据马勇（2013）的研究结果，宏观审慎的货币政策盯住的目标变量要尽可能简单，复杂规则可能会导致政策冲突或政策效果的叠加。

力，却对代表性家庭的储蓄和借贷行为产生了明显影响，进而放大了消费波动性，即考虑社会信贷总量的货币政策在宏观经济主体与商业银行之间施加了交替传导的政策压力。

表4-1　　　　货币政策规则和主要宏观经济变量波动情况

	宏观审慎货币政策规则的不同形式					主要宏观经济变量的标准差				
	φ_b	φ_q	φ_{qh}	φ_{pr}	φ_{lev}	C	Q_h	π	Y	B	Lev
I						4.04	13.63	2.20	8.81	18.48	18.60
II						2.95	11.94	1.53	6.71	15.06	12.20
对社会信贷总量波动做出反应	0.1					3.49	12.22	1.54	6.74	14.57	15.89
	0.2					3.62	12.31	1.22	5.86	12.48	14.33
	0.3					3.69	12.19	1.03	5.33	11.13	13.26
	0.5					3.55	11.34	0.81	4.58	9.42	11.87
	0.7					3.28	10.29	0.67	4.01	8.34	10.97
对资产价格做出反应		0.1				3.70	11.87	1.94	7.51	16.02	16.68
		0.2				3.48	10.62	1.70	6.48	14.05	15.16
		0.3				3.30	9.71	1.50	5.68	12.51	13.97
		0.5				2.99	8.52	1.20	4.55	10.35	12.30
		0.7				2.73	7.78	0.99	3.82	8.97	11.22
对住房价格做出反应			0.1			3.49	12.17	1.87	7.54	16.24	16.99
			0.2			3.07	11.06	2.02	6.59	14.56	15.77
			0.3			2.74	10.19	2.18	5.85	13.24	14.80
			0.5			2.25	8.89	2.35	4.76	11.31	13.35
			0.7			1.90	7.96	2.47	4.00	9.95	12.31
对市场融资溢价做出反应				0.005		5.66	10.71	2.52	8.98	16.49	14.83
				0.01		22.93	25.34	7.84	26.93	41.33	27.19
				0.015		*	*	*	*	*	*
				0.020		*	*	*	*	*	*
				0.025		*	*	*	*	*	*
对银行杠杆率做出反应					0.1	4.40	14.79	2.31	9.27	19.47	19.75
					0.2	4.88	16.09	2.52	9.79	20.53	21.02
					0.3	5.45	17.38	2.69	10.35	21.66	22.42
					0.5	6.78	20.00	3.08	11.63	24.24	25.69
					0.7	8.45	23.02	3.56	13.27	27.51	29.87

注：标准差为1%货币政策脉冲响应下所得结果，*表示模型均衡发散；宏观经济变量标准差数量级为 10^{-4}。

第二，当名义存款基准利率对资本资产价格波动做出反应时，表4-1中所有宏观经济变量的波动性均出现了较大程度下降，与李天宇（2017）相关研究结论不同的是，尽管劳动的供给波动性在不断加强，但通胀却并未显现出波动加强的压力，这主要是因为以下两方面原因：一是本书模型引入了劳动供给的工资黏性和企业资本利用率，降低了资本资产价格波动向中间品生产企业的传导；二是数值模拟结果基于货币政策对通胀反应的真实弹性系数。

第三，当名义存款基准利率对住房价格波动的反应系数逐渐提高时，可以看出消费、房价、社会总产出、社会信贷总量和银行杠杆的波动性均出现了一定程度下降，然而，通货膨胀和劳动供给的波动性却显著增强，进而降低了其政策的福利所得，这表明中央银行追求住房价格稳定的努力，将可能对劳动力市场和通货膨胀形成向上的压力，即 Trichet（2009）所认为的货币政策当局致力于实现物价稳定的目标，导致通胀由实体部门向虚拟部门转移，最终引起资产价格泡沫不断膨胀[49]。

第四，名义存款利率对市场融资溢价或银行杠杆波动做出反应会导致模型均衡发散或宏观经济波动性加强，这是因为上述两个变量均由部分宏观经济变量数值复合而来，并不是模型的内生变量，紧盯上述两个变量会导致货币政策当局难以判断经济波动的来源，其政策传导渠道也并不明确，因此从理论上来看并不适合作为货币政策决策的参考变量。

综合来看，通过对传统货币政策规则进行扩展和分析，本节研究表明：一是央行采取积极的反通胀立场能够在一定程度上降低实体经济和金融变量的波动性，为货币政策应对不利外生金融冲击提供足够的政策操作空间。二是货币政策当局关注社会信贷总量、资本资产价格和住房价格能够在一定程度上降低主要宏观经济变量的波动性并提高信贷市场和银行系统的稳定，但针对住房价格做出反应的货币政策尽管稳定了房价、信贷市场和银行杠杆，却对通胀施加了上涨的压力，即盯住房价波动的货币政策尽管稳定了金融市场波动性，却是以牺牲传统上货币政策致力于实现物价稳定目标为代价的。如果货币政策当局的目标在于维护价格稳定，则追求过多目标可能对货币政策预期管理产生较大负面效应。正如 Svesson（2011）认为的，货币政策当局追求金融稳定的努力，可能会损失其实现价格稳定的承诺[224]。三是正如马勇（2013）认为的，货币政策当局追求过多目标会产生政策目标冲突或政策叠加问题，导致宏观经济波动性加剧，理性经济行为人难以形成准确的市场预期，因此货币政策当局追求多重目标并不是一种可取的、有效率的选择，而以"维护金融稳定、逆周期抑制系统性金融风险"为目标的宏观审慎政策可以成为货币政策的有益补充，肩负起维护金融稳定的职责。

4.2 宏观审慎政策的目标变量识别和金融稳定效应

在将宏观审慎政策引入本书政策分析框架时，需要解决两方面问题：一是选取恰当的宏观审慎政策工具，二是政策工具需要盯住恰当的金融目标变量。根据前文所构建的模型，本书将缺乏耐心家庭的住房抵押贷款比作为住房市场的政策工具，将 cap_t 作为银行资本监管的政策工具，分别令其盯住恰当的金融指标。

在构建宏观审慎政策规则时，相关研究表明信贷量指标适合作为其盯住的目标变量。例如，Jorda et al（2013，2015）认为，金融危机引起的经济衰退程度与社会融资杠杆比率（信贷量与 GDP 之比）存在系统性相关关系，大量研究均表明由信贷驱动的经济波动已经成为宏观经济不稳定的重要来源，信贷波动方向也与经济周期方向一致[225][226]；又如，马勇和陈雨露（2013）认为，宏观审慎政策工具应与政策目标具有直接相关性，信贷量指标也适合为市场提供有效预期。此外，信贷量指标易于监控和测算。本节在考虑与宏观审慎政策直接相关的信贷量指标基础之外，也包括了与监管政策工具相关的其他金融指标，对住房抵押贷款比和商业银行资本监管两种宏观审慎政策工具盯住的目标变量进行识别、选取，对其政策外溢效果进行分析。

4.2.1 住房抵押贷款比

作为住房市场调控的局部金融政策工具，住房抵押贷款比的主要目标是降低因房价过快上涨所引入的局部金融不稳定对系统性金融风险的边际贡献和对实体经济的溢出效应，这一局部的、仅与住房市场调控相关的政策工具，其盯住的目标变量可以包括住房价格和住房信贷，因此将住房抵押贷款比的政策规则定义为如下形式：

$$\log(m_t^l/m_{ss}^l) = \rho_{m^l}\log(m_{t-1}^l/m_{ss}^l) - (1-\rho_{m^l})[\varphi_{bl}\log(B_t^l/B_{ss}^l) + \varphi_{qh}\log(Q_{h,t}/Q_{h,ss})] + \varepsilon_t^{m^l} \quad (4-2)$$

其中，ρ_{m^l} 反映了住房抵押贷款比对住房市场调控的政策调整频率，φ_{bl} 和 φ_{qh} 分别是其对住房信贷和房价反应的弹性系数。

表 4-2 中的数值模拟结果显示,当住房抵押贷款比盯住住房信贷并对其政策反应力度逐渐加强时,消费、劳动供给、通货膨胀、社会总产出、社会信贷总量和银行杠杆均出现了一定程度下降,但却导致房价波动程度出现轻微上升(后续章节将表明盯住住房信贷的抵押贷款比尽管能够降低短期内房价过快上涨,但却因金融系统监管套利行为将导致其长期波动性加剧),这表明住房抵押贷款比不仅能够稳定金融系统,而且通过金融传导渠道也就维护了实体经济稳定。然而,当住房抵押贷款比紧盯住房价格并对其政策反应力度逐渐增强时,对住房价格稳定的关注会带来金融部门和实体经济显著的政策外溢压力,维护资产价格稳定对宏观经济整体稳定产生了内生的压力。

表 4-2　住房抵押贷款比的政策规则和主要宏观经济变量波动性

	盯住变量弹性		主要宏观经济变量的标准差						
	φ_b	φ_{qh}	C	L	Q_h	π	Y	B	Lev
I			4.04	14.25	13.63	2.20	8.81	18.48	18.60
对住房信贷做出反应	0.1		3.77	13.46	13.77	1.98	8.28	17.50	17.98
	0.2		3.55	12.82	13.95	1.80	7.85	16.75	17.48
	0.3		3.39	12.28	14.15	1.65	7.49	16.18	17.08
	0.5		3.17	11.47	14.59	1.43	6.94	15.42	16.46
	0.7		3.05	10.91	15.03	1.28	6.54	14.98	16.03
对住房价格波动做出反应		0.1	4.03	14.39	13.62	2.23	8.89	18.62	18.68
		0.2	4.02	14.52	13.60	2.26	8.97	18.76	18.77
		0.3	4.02	14.67	13.59	2.28	9.06	18.91	18.85
		0.5	4.01	14.95	13.55	2.33	9.22	19.19	19.02
		0.7	4.01	15.23	13.51	2.39	9.38	19.47	19.18

注:主要宏观经济变量的标准差 10^{-4}。

4.2.2　银行资本监管

在构建商业银行资本监管工具的政策规则时,除了盯住社会信贷总量的波动外,也需要考虑有商业银行经营相关的金融变量,因此这里将社会信贷总量、商业银行杠杆、金融市场融资溢价和产出缺口作为商业银行监管盯住的目标变量,相应的政策规则函数形式为:

$$\log(cap_t) = \rho_{cap}\log(cap_{t-1}) - (1-\rho_{cap})\{\varphi_{cb}\log[(B_t^I + B_t^E)/(B_{ss}^I + B_{ss}^E)] + \varphi_{c\phi}\log(\phi_t/\phi_{ss}) - \varphi_{cf}\log(Fr_t/Fr_{ss}) + \varphi_{cy}\log(Y_t/Y_{ss})\} + \varepsilon_t^{cp} \quad (4-3)$$

其中,ρ_{cap}反映了商业银行资本监管的调整频率,φ_{cb}、$\varphi_{c\phi}$、φ_{cf}和φ_{cy}分别是银行资本监管对社会信贷总量、银行杠杆、市场融资溢价和社会总产出波动反应的弹性系数。

表4-3中的数值模拟结果显示,当商业银行资本监管对社会信贷总量波动的反应系数逐渐增强时,社会信贷总量和银行杠杆的波动性均出现了较大程度下降,消费的波动性却出现了较大程度增大,而反映实体经济稳定性的通货膨胀和社会总产出的波动性却相对较低,与对住房抵押贷款比紧盯房价波动的分析类似,对社会信贷总量波动做出反应的商业银行资本监管也在一定程度上降低了房价的短期波动性,但却因商业银行监管套利行为导致房价的长期波动性加剧;若商业银行资本监管对商业银行杠杆波动做出反应,可以看到此举尽管能够稳定银行杠杆波动,却导致了消费和社会信贷总量的波动性出现了较大程度上升,而房价、通货膨胀和社会总产出的波动性也出现了轻微程度的上升。然而,当商业银行资本监管对金融市场融资溢价和社会总产出的政策反应力度逐渐增强时,可以看出除了通货膨胀和社会总产出的波动性出现轻微下降,其余变量的波动性显著加剧,这表明宏观审慎政策应盯住与金融系统直接相关的变量,而不是实体经济变量。

表4-3 银行资本监管政策规则和主要宏观经济变量波动性

	盯住的目标变量				主要宏观经济变量的标准差					
	φ_{cb}	$\varphi_{c\phi}$	φ_{cf}	φ_{cy}	C	Q_h	π	Y	B	Lev
I					4.04	13.63	2.20	8.81	18.48	18.60
对社会信贷总量做出反应	0.1				4.13	13.89	2.12	8.65	17.52	18.42
	0.2				4.19	14.09	2.06	8.52	16.94	18.27
	0.3				4.22	14.23	2.01	8.40	16.55	18.15
	0.5				4.25	14.43	1.93	8.22	16.03	17.96
	0.7				4.26	14.54	1.87	8.06	15.68	17.81
对商业银行杠杆率做出反应		0.1			3.99	13.56	2.22	8.85	18.90	18.57
		0.2			3.94	13.51	2.25	8.90	19.37	18.53
		0.3			3.89	13.50	2.27	8.94	19.88	18.48
		0.5			3.77	13.60	2.32	9.03	21.02	18.45
		0.7			3.66	13.85	2.36	9.10	22.24	18.48

续表

盯住的目标变量				主要宏观经济变量的标准差					
φ_{cb}	$\varphi_{c\varphi}$	φ_{cf}	φ_{cy}	C	Q_h	π	Y	B	Lev
对金融市场融资溢价做出反应		0.1		4.96	13.50	3.92	13.24	33.24	28.59
		0.2		6.54	14.00	4.63	15.53	39.25	38.86
		0.3		8.69	14.26	5.07	17.24	43.87	48.72
		0.5		13.69	14.38	5.61	19.98	51.44	66.96
		0.7		18.66	14.26	5.94	22.28	57.79	83.36
对社会总产出做出反应			0.1	4.06	13.73	2.15	8.71	18.96	18.73
			0.2	4.08	13.82	2.11	8.61	19.54	19.02
			0.3	4.09	13.92	2.07	8.53	20.22	19.26
			0.5	4.12	14.10	2.00	8.36	21.62	19.47
			0.7	4.14	14.27	1.93	8.21	22.15	20.71

注：主要宏观经济变量的标准差 10^{-4}。

针对商业银行资本监管的分析表明，社会信贷总量和银行杠杆均可以作为商业银行资本监管工具盯住的目标变量，而对金融市场融资溢价和社会总产出波动做出反应既不能确保金融系统稳定，对房价和实体经济也将产生一定程度的溢出效应，因此这两个变量并不适合作为商业银行资本监管盯住的目标变量；此外，盯住单一目标并不能降低其他金融目标的波动性，正如马勇和陈雨露（2013）研究所表明的，单一政策工具仅能稳定其盯住的目标变量，因此这也就涉及对监管工具盯住的目标变量选取问题。

综上所述，通过对住房抵押贷款比和商业银行资本监管两种宏观审慎政策工具的分析，结果表明盯住恰当的金融变量能够稳定该领域、但不是整体金融领域的宏观波动性；相对而言，这两类监管政策工具对实体经济的溢出效应也并不明显，但不同的监管政策工具会对其他金融市场却产生较大的溢出效应。这表明，从宏观审慎政策维护金融稳定的角度来讲，若能够利用不同监管政策工具在维护其具体金融领域内的优势，降低单一监管政策工具对其他金融领域的溢出效应，从整体上降低金融系统波动对实体经济的溢出效应，将对完善宏观审慎政策框架具有重要的理论意义。

4.3　货币政策与宏观审慎政策的传导机制分析

考虑金融因素的货币政策与宏观审慎政策在其调控范围内均具有金融稳定

的调控效果，前者通过货币政策的信贷传导渠道对理性经济体的决策施加影响，从而实现通胀和产出波动的稳定，以达到实现金融稳定的效果；后者直接作用于金融市场信贷指标或间接影响资产价格，进而稳定金融体系，平抑金融市场波动对实体经济的溢出效应。

从政策实践层面来看，探索宏观审慎政策的传导路径和具体实施机制是完善宏观审慎管理体系的核心问题，对传导路径的分析不仅可以揭示金融变量与实体经济之间的内在联系，明确政策传导的作用机理，使其成为政策制定中灵活使用各类政策工具的主要依据，充分发挥上述两类政策各自优势，对于实现实体经济与金融系统"双稳定"的政策效果具有重要的理论价值。因此，本节将通过脉冲响应分析，对盯住金融因素的货币政策、住房抵押贷款比和银行资本监管在维护金融稳定方面的有效性、传导机制和政策外溢效果进行分析。

4.3.1 货币政策的传导机制

图4-1显示了传统上盯住通货膨胀和产出缺口的货币政策及其分别盯住社会信贷总量和住房价格的货币政策，在紧缩状态下主要宏观经济变量的脉冲响应。1%紧缩性货币政策提高了银行存款的基准利率，耐心家庭向商业银行

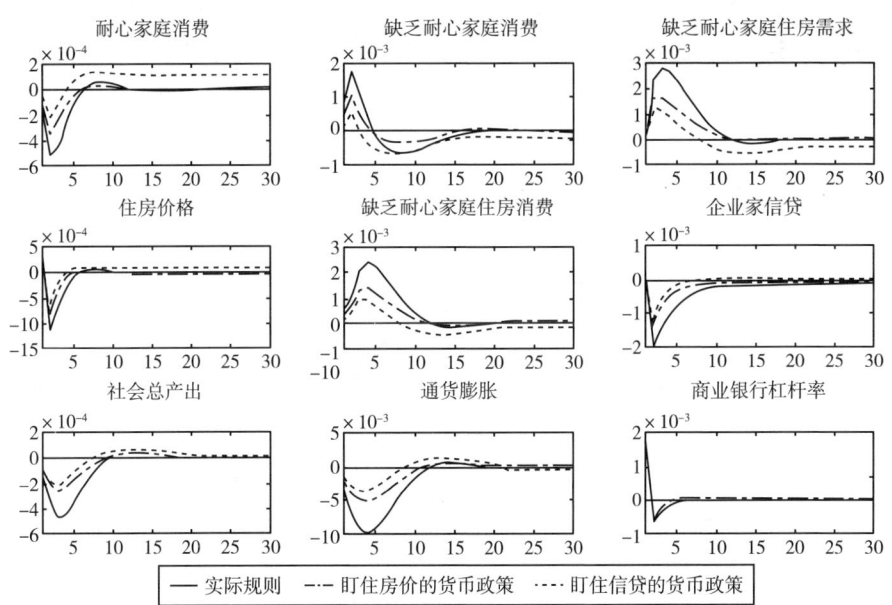

图4-1 不同紧缩性货币政策规则冲击下主要宏观经济变量的脉冲响应

增加储蓄并出售住房，导致其当期消费下降了0.016%，住房价格开始下跌；随着上涨的名义存款利率向银行间拆借市场的传导，对银行间无风险拆借利率施加了向上的压力；尽管住房价格逐渐在下跌，但缺乏耐心家庭需要从耐心家庭购买住房以使房地产市场出清，因此商业银行增加了对缺乏耐心家庭的信贷供给，相应减少了对企业家的信贷供给，企业家资本存量的下降和两类代表性家庭的工资黏性共同导致社会总产出和通货膨胀的下降。

当名义存款利率对房价和社会信贷总量的波动做出反应时，房价和社会信贷供给总量的下降导致中央银行需要降低名义存款利率，从而缓解了名义存款利率通过家庭储蓄、银行间拆借利率市场和银行贷款决策等对缺乏耐心家庭和企业家的信贷供给影响水平，包括两类家庭消费、住房需求、通货膨胀、社会总产出和银行杠杆的波动性均出现了较大幅度下降，其不仅维护了实体经济、也维护了银行部门的稳定性。然而，在对房价和社会信贷总量的波动做出同等力度的政策反应时（对两者反应的弹性系数均为0.5），盯住社会信贷总量的货币政策显著降低了各主要宏观经济变量的波动性，而其长期波动性却出现了一定程度的增大。最后，之所以考虑金融因素的货币政策并未如表4-1所示的对实体经济造成一定程度的政策外溢效应，主要是因为这里采用的参数来自实际数据的估计值，而中国人民银行并未对通胀做出充足的反应，而资产价格能够在一定程度上反映未来的通胀预期，因此当前货币政策当局对资产价格或社会信贷总量的波动做出一定程度的反应不仅能够稳定实体经济，也能够降低系统性金融风险。

4.3.2 住房抵押贷款比的传导机制

图4-2显示了静态抵押贷款比与分别盯住房价、住房信贷的动态抵押贷款比下主要宏观经济变量的脉冲响应。住房抵押贷款比1%的放松导致商业银行对缺乏耐心家庭的住房信贷供给增长了0.7%，相应对企业家的信贷降低了0.4%；住房信贷供给的上升使房价在当期上升了0.3%，对企业家信贷下降导致企业家资本租金率上涨，与资本租金率的上涨共同导致通货膨胀在当期上涨了0.07%；尽管耐心家庭因存款利率的上升而增加了储蓄、降低了消费，但住房信贷需求的放松导致缺乏耐心家庭消费当期增加了8%，弥补了耐心家庭消费的下降，共同使社会总产出在当期上升了1.1%。

当住房抵押贷款比对房价和住房信贷波动做出反应时，房价的上升和住房

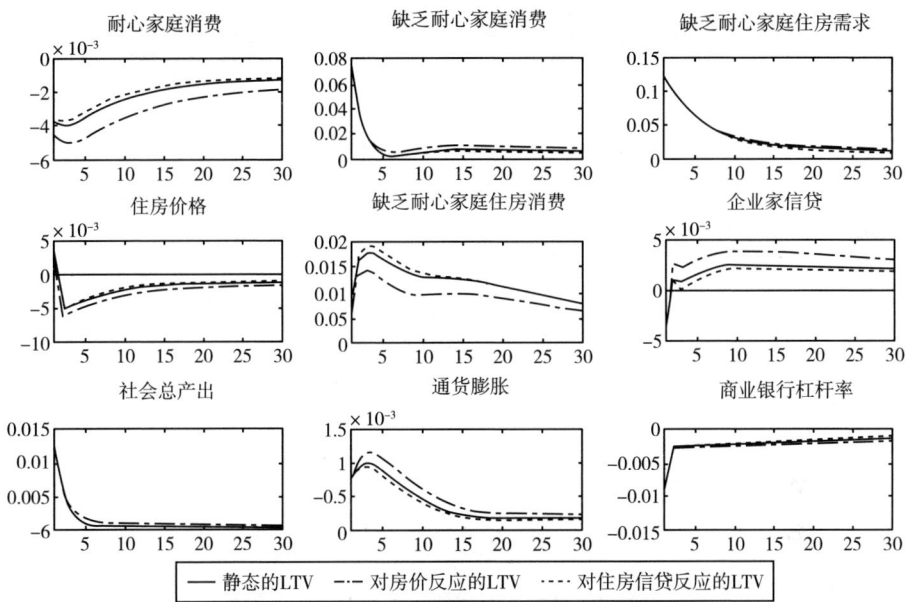

图 4-2 不同抵押贷款比政策规则冲击下的主要宏观经济变量脉冲响应

信贷供给的增加意味着监管当局需要降低对缺乏耐心家庭的住房抵押贷款比，从而缓解了前述渠道通过住房信贷波动对宏观经济的影响；另一方面，可以看到在住房抵押贷款比对房价和住房信贷波动反应力度相同时，两者对通胀的溢出效应并不明显，相对而言，盯住住房信贷的抵押贷款比对社会总产出的溢出效应较大，对耐心家庭消费的溢出效应较大。然而，从住房抵押贷款比维护房地产市场稳定角度来看，盯住住房信贷的政策效果最为明显。

4.3.3 银行资本监管的传导机制

图 4-3 显示了静态的商业银行资本监管与盯住社会信贷总量和商业银行杠杆的商业银行资本监管放松下主要宏观经济变量的脉冲响应。当监管当局放松对商业银行资本监管时，可以看到商业银行对缺乏耐心家庭和企业家的信贷供给同时增加，这导致商业银行需要更多资本，从而提高存款基准利率，使耐心家庭较少消费并增加储蓄，企业家信贷的增加和两类代表性家庭劳动供给的工资黏性共同推高了社会总产出和通货膨胀；在此背景下，宏观经济表现出住房信贷供给增加与房价下跌同时并存的局面，这是耐心家庭减少消费并增加储蓄，进而导致其对住房需求下降而造成的。

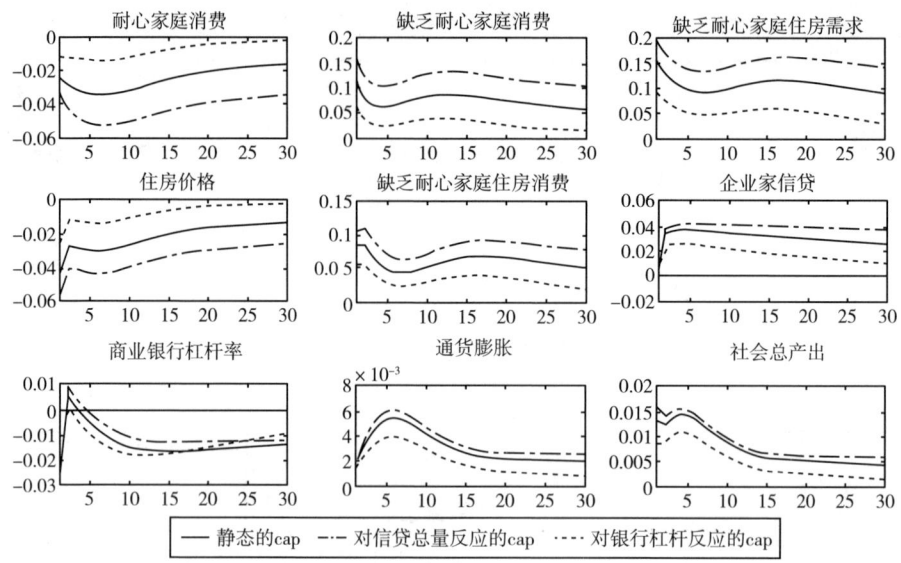

图4-3 不同商业银行资本监管政策规则冲击下的主要宏观经济变量脉冲响应

一方面,当银行资本监管工具对社会信贷总量和银行杠杆波动做出反应时,社会信贷供给总量的增加和银行杠杆水平的上升导致宏观审慎政策当局加强了对银行的资本监管,降低了银行的信贷供给水平,进而稳定了银行的信贷风险和经营风险;在此过程中,可以看到相对于静态的银行资本监管政策,动态银行资本监管对通货膨胀和社会总产出的影响程度较小,表明银行资本监管对通胀和社会总产出的溢出效应较小,而对两类家庭消费和住房需求产生了较大程度溢出效应。另一方面,银行资本监管紧盯社会信贷总量能够显著降低房地产市场和企业信贷的波动,却更大程度地降低了银行杠杆,导致其波动程度增大;若银行资本监管紧盯银行杠杆,则银行杠杆的波动程度有所下降,却导致信贷供给水平发生较大程度波动,对两类家庭消费和住房市场产生较大溢出效应。上述结论共同表明,盯住单一金融目标的资本监管工具仅能维护所盯住目标变量的稳定,却不能同时实现信贷和银行杠杆的稳定。

综上所述,通过对考虑金融因素的货币政策与住房抵押贷款比、商业银行资本监管两种宏观审慎政策的传导路径的分析,结果表明:第一,考虑金融因素货币政策的传导路径主要作用于商业银行的信贷传导渠道,以紧盯顺金融周期的部门金融指标方式作为判断银行信贷风险乃至系统性金融风险的依据,通过改变家庭部门储蓄和借款者信贷需求决策的方式对金融稳定发挥效应,在此过程中,也降低了银行部门风险决策对系统性金融风险的累积,从而降低了金融部门对实体经济的溢出效应。第二，作为宏观审慎政策工具，盯住房价或社会信贷总量的住房抵押贷款比将显著降低商业银行住房信贷供给水平，能够有效稳定房地产市场波动，也间接降低了商业银行对企业家信贷供给的波动，进而对社会总产出和通货膨胀造成一定影响；盯住社会信贷总量或银行杠杆的资本监管能够抑制商业银行信贷供给总水平，也会出于经营风险的考虑在其信贷供给总量一定的条件下，调整对住房和企业家的信贷供给水平，在此状态下，对银行的资本监管将可能通过企业家信贷对实体经济产生较大程度影响。第三，从货币政策立场来看，将传统 Taylor 规则扩展为考虑金融因素的货币政策在维护金融稳定的同时，将对实体经济造成较大程度的负面溢出效应，而宏观审慎政策相对而言对实体经济的溢出效果较低，这也就是为何部分学者建议货币政策仅维护通货膨胀稳定目标，而将金融稳定交由宏观审慎政策管理的原因。

4.4　货币政策和宏观审慎政策的政策外溢效应

前文从货币政策和宏观审慎政策自身的视角对两类不同政策盯住的目标变量和传导机制进行了分析，而对其在面临各类外生冲击时的金融稳定和实体经济稳定的效果却并未进行分析，因此这里将利用数值模拟方法对上述两类政策在面临不同外生冲击下的政策外溢效果进行定量分析。

4.4.1　货币政策的政策外溢效应

从表 4-4 可以看出，首先，紧盯通胀的货币政策可以在较大程度上降低通货膨胀和社会总产出的波动性，也能够在一定程度上加强银行部门的稳定，却会对资产价格波动产生较大程度压力；而若外生冲击来源于企业家资本收益的风险冲击时，紧盯通胀的货币政策会对家庭消费、房价和银行部门产生较大程度的政策外溢效应，为维护金融系统稳定，货币政策当局需要牺牲掉一定程度的通胀目标。其次，当货币政策对社会信贷总量波动做出反应时，此举尽管稳定了银行部门的稳定，却会对家庭消费、房价、通货膨胀和社会总产出造成较大程度溢出效应，导致其波动程度加剧，尤其当外生冲击来源于投资冲击时，维护金融稳定的货币政策会急剧放大通胀和产出的波动性。最后，上述结论表明：第一，货币政策无法同时确保实体经济与金融系统的双重稳定，货币政策紧盯通胀会稳定实体经济波动,却会导致压力向金融系统转移,反之亦是如此。第二,当前阶段中国人民银行对通胀的政策反应力度不足,应加强积极的反通胀立场,为不力外生冲击预留充足的政策空间,也应对企业部门风险冲击做出恰当的反应,必要时需要牺牲掉通胀稳定性,即货币政策应具有一定程度的灵活性。

表 4 – 4　　　不同外生冲击下货币政策的政策外溢效应①

冲击来源	目标变量		主要宏观经济变量的标准差					
	φ_π	φ_b	C	π	Y	Q_h	B	Lev
$\varepsilon_{J_h^P}$	0.69		0.0118	0.0115	0.0089	0.0687	0.4031	0.1446
	0.90		0.0025	0.0057	0.0263	0.0838	0.3101	0.1158
	1.10		0.0016	0.0041	0.0139	0.1198	0.2637	0.1022
	1.30		0.0038	0.0031	0.0081	0.1674	0.2348	0.0948
		0.1	0.0314	0.0031	0.0327	0.7075	0.2297	0.1284
		0.3	0.2240	0.0009	0.1775	2.9006	0.1073	0.0751
		0.5	0.4224	0.0012	0.3407	4.6515	0.0624	0.0517
		0.7	0.5967	0.0019	0.4837	5.9771	0.0415	0.0378
$\varepsilon_{J_h^I}$	0.69		0.0332	0.0421	0.2511	0.7802	2.0501	0.7278
	0.90		0.0035	0.0271	0.1226	1.1513	1.5946	0.5867
	1.10		0.0078	0.0193	0.0664	1.5424	1.3577	0.5200
	1.30		0.0245	0.0145	0.0403	1.9459	1.2111	0.4828
		0.1	0.1632	0.0140	0.1585	5.1406	1.1618	0.5659
		0.3	1.1642	0.0039	0.9025	16.7406	0.5408	0.3758
		0.5	2.1797	0.0058	1.7297	25.4299	0.3141	0.2583
		0.7	3.0684	0.0096	2.4532	31.8626	0.2091	0.1890
ε_{σ_k}	0.69		0.7774	0.7035	3.7640	2.9284	1.7043	0.2332
	0.90		0.8736	0.4506	2.0351	4.8634	3.8262	0.6664
	1.10		1.2326	0.3185	1.2964	6.5909	6.0542	1.2601
	1.30		1.6438	0.2373	0.9474	8.1775	8.0896	1.8364
		0.1	0.8222	0.8422	4.8477	4.1899	1.1152	0.2635
		0.3	1.5513	0.9627	6.3672	10.6923	0.6793	0.2981
		0.5	2.5198	1.0257	7.6048	16.6135	0.4589	0.2600
		0.7	3.4179	1.0677	8.5861	20.9011	0.3316	0.2183

① 盯住社会信贷总量、资本资产价格和房价的货币政策具有相似的传导路径。本书为节约篇幅,仅以货币政策盯住社会信贷总量的波动为例进行数值模拟。

续表

冲击来源	目标变量		主要宏观经济变量的标准差					
	φ_π	φ_b	C	π	Y	Q_h	B	Lev
ε_i	0.69		38.6139	4.4587	21.6935	85.1759	224.6835	83.1447
	0.90		31.2626	2.8487	9.0543	126.5371	174.6655	67.1735
	1.10		28.9201	2.0210	3.7377	169.8103	148.7071	60.5443
	1.30		28.6578	1.5169	1.4195	214.3198	132.6864	55.2655
		0.1	42.2691	1.4424	12.5951	563.0358	125.1143	62.8417
		0.3	130.2855	0.3551	89.1168	1769.001	56.3830	40.1251
		0.5	217.8280	0.5193	170.8425	2627.877	31.9967	26.9170
		0.7	293.9964	0.8767	240.5357	3242.5942	20.9509	19.3742
ε_A ($\times 10^4$)	0.69		0.1789	0.0342	0.0676	0.2938	1.3914	0.5242
	0.90		0.1219	0.0221	0.0170	0.4278	1.0151	0.3906
	1.10		0.1004	0.0157	0.0038	0.5862	0.8161	0.3321
	1.30		0.0932	0.0119	0.0043	0.7547	0.6920	0.2807
		0.1	0.1597	0.0126	0.0681	2.4202	0.7100	0.3503
		0.3	0.5740	0.0044	0.4791	7.9929	0.2960	0.2055
		0.5	0.9909	0.0046	0.8724	11.9424	0.1623	0.1343
		0.7	1.3487	0.0061	1.1963	14.7730	0.1042	0.0957
ε_G	0.69		7.6149	1.1733	9.1896	31.3470	76.6699	26.7348
	0.90		5.7254	0.7619	5.5068	44.7245	62.0236	22.3735
	1.10		5.1186	0.5485	3.8451	58.1942	54.0856	20.2234
	1.30		5.0495	0.4173	3.0313	71.7168	48.9776	18.9660
		0.1	9.8822	0.0319	7.1145	205.6236	44.0004	21.2997
		0.3	44.6895	0.1117	37.1773	669.8094	20.7582	14.3450
		0.5	80.8178	0.2606	70.0505	999.8103	12.1704	9.9140
		0.7	112.8489	0.4492	98.8573	1253.3208	8.1602	7.2833

注：主要宏观经济变量标准差的数量级为 10^{-4}。

4.4.2 住房抵押贷款比的政策外溢效应

从表 4-5 可以看出，住房抵押贷款比能够在一定程度上降低房价波动，通过稳定住房信贷从而降低住房市场风险向银行部门的传导，增强了金融系统稳定性，考虑到商业银行监管套利行为，该工具对实体经济的溢出效应也与冲击类型相关,若外生冲击来源于投资冲击,该工具将对通货膨胀和实体经济造成较大的政策外溢效应,在两类家庭住房需求冲击和政府支出冲击下,住房抵押贷款比也能够降低消费、通胀和社会总产出的波动性,而在企业家资本收益的风险冲击和政府支出冲击下,该工具的政策外溢效应却并不明显。上述结论表明,从整体上看,住房抵押贷款比能够作为有效稳定住房市场波动的宏观审慎政策工具,但也应考虑政策的适应性问题,如紧盯通胀的货币政策能够较大程度降低投资冲击对金融部门的溢出效应,这在一定程度上表明了两者协调搭配的必要性。

表 4-5 不同外生冲击下住房抵押贷款比的政策外溢效应

冲击来源	目标变量		主要宏观经济变量的标准差					
	φ_{bl}	φ_{qh}	C	π	Y	Q_h	B	Lev
$\varepsilon_{J_h^P}$	0.1		0.0113	0.0074	0.0448	0.0725	0.3239	0.1172
	0.3		0.0097	0.0050	0.0307	0.0823	0.2114	0.0776
	0.5		0.0079	0.0035	0.0219	0.0932	0.1447	0.0538
	0.7		0.0066	0.0026	0.0164	0.1035	0.1043	0.0391
		0.1	0.0111	0.0089	0.0540	0.0689	0.4059	0.1454
		0.3	0.0099	0.0088	0.0536	0.0693	0.0412	0.1469
		0.5	0.0090	0.0088	0.0533	0.0698	0.0417	0.1484
		0.7	0.0083	0.0088	0.0531	0.0704	0.0422	0.1498
$\varepsilon_{J_h^I}$	0.1		0.0321	0.0357	0.2118	0.7077	1.7061	0.6102
	0.3		0.0278	0.0258	0.1528	0.5771	1.2054	0.4363
	0.5		0.0232	0.0195	0.1156	0.4824	0.9015	0.3292
	0.7		0.0195	0.0155	0.0922	0.4167	0.7143	0.2627
		0.1	0.0328	0.0412	0.2461	0.7654	2.0065	0.7121
		0.3	0.0322	0.0396	0.2371	0.7392	1.9257	0.6829
		0.5	0.0321	0.0381	0.2291	0.7172	1.8527	0.6566
		0.7	0.0319	0.0367	0.2222	0.6993	1.7869	0.6329
ε_{σ_k}	0.1		0.8947	0.6954	3.7332	3.1492	1.7783	0.2447
	0.3		1.0974	0.6864	3.7285	3.5741	1.8759	0.2690
	0.5		1.2571	0.6951	3.8263	4.0537	1.9279	0.3036
	0.7		1.3841	0.7162	3.9880	4.5901	1.9839	0.3555
		0.1	0.7831	0.6834	3.6537	2.8287	1.7297	0.2249
		0.3	0.7952	0.6449	3.4416	2.6499	1.8217	0.2235
		0.5	0.8086	0.6085	3.2398	2.4968	1.9649	0.2401
		0.7	0.8231	0.5741	3.0470	2.3680	2.2156	2.7610

续表

冲击来源	目标变量		主要宏观经济变量的标准差					
	φ_{bl}	φ_{qh}	C	π	Y	Q_h	B	Lev
ε_i	0.1		39.4464	3.8089	18.2829	79.0171	190.9193	71.3614
	0.3		39.3318	2.8939	13.5113	69.6342	146.4084	55.6051
	0.5		38.2463	2.4038	10.9626	65.3005	124.5880	47.8412
	0.7		37.0932	2.1686	9.7446	64.6497	115.3789	44.6265
		0.1	38.3967	4.3559	21.1685	83.4112	219.8939	81.3619
		0.3	38.0105	4.1650	20.2059	80.2745	211.0351	78.0652
		0.5	37.6899	3.9917	19.3516	77.6224	202.0522	75.0948
		0.7	37.4388	3.8342	18.5979	75.4255	195.8587	72.4178
ε_A ($\times 10^4$)	0.1		0.1849	0.0285	0.0494	0.2464	1.1282	0.4304
	0.3		0.1839	0.0199	0.0249	0.1689	0.7538	0.2943
	0.5		0.1742	0.0147	0.0126	0.1204	0.5414	0.2153
	0.7		0.1628	0.0117	0.0069	0.0929	0.4245	0.1711
		0.1	0.1775	0.0340	0.0668	0.2936	1.3833	0.5210
		0.3	0.1748	0.0335	0.0656	0.2945	1.3694	0.5154
		0.5	0.1726	0.0332	0.0646	0.2974	1.3583	0.5109
		0.7	0.1709	0.0329	0.0641	0.3023	1.3499	0.5074
ε_G	0.1		8.0364	1.0935	8.6467	31.5663	70.9308	24.9379
	0.3		8.4636	0.9477	7.7212	31.3154	61.2998	21.8377
	0.5		8.5570	0.8471	7.1205	31.1401	54.9779	19.7863
	0.7		8.5207	0.7855	6.7696	31.3086	51.1432	18.5572
		0.1	7.5991	1.1440	8.9784	30.6656	74.9677	26.1216
		0.3	7.5798	1.0901	8.5905	29.4439	71.8214	24.9896
		0.5	7.5769	1.0416	8.2452	28.3964	68.9884	23.9715
		0.7	7.5910	0.9981	7.9392	27.5100	66.4372	23.0559

注：主要宏观经济变量标准差的数量级为 10^{-4}。

4.4.3 银行资本监管的政策外溢效应

表 4-6 显示了不同外生冲击下分别盯住社会信贷总量和银行杠杆的商业银行资本监管的政策溢出效应。可以看出，对银行的资本监管能够降低银行信贷供给总水平和银行杠杆，对家庭消费、通胀和社会总产出的政策溢出

效应较小,而当外生冲击来源于耐心家庭住房需求冲击、企业家资本收益的风险冲击或政府支出冲击时,对银行的资本监管将引发其监管套利行为,对房价的波动造成一定程度压力,这也表明了宏观审慎政策需要协调搭配以降低金融系统监管套利行为的必要性。整体来看,银行资本监管政策对实体经济的溢出效应较为有限,金融部门内生失衡的调整也需要不同宏观审慎政策工具的配合。

表 4-6　　不同外生冲击下银行资本监管的政策外溢效应

冲击来源	目标变量		主要宏观经济变量的标准差					
	φ_{cb}	$\varphi_{c\varphi}$	C	π	Y	Q_h	B	Lev
$\varepsilon_{J_h^P}$	0.1		0.0123	0.0080	0.0495	0.0675	0.2531	0.1387
	0.3		0.0125	0.0069	0.0440	0.0805	0.1354	0.1295
	0.5		0.0125	0.0063	0.0408	0.0918	0.0891	0.1234
	0.7		0.0125	0.0059	0.0387	0.1099	0.0654	0.1192
		0.1	0.0116	0.0097	0.0581	0.0772	0.5317	0.1514
		0.3	0.0110	0.0113	0.0662	0.1231	0.8780	0.1617
		0.5	0.0100	0.0129	0.0740	0.2143	1.3339	0.1665
		0.7	0.0090	0.0145	0.0810	0.3470	1.8673	0.1661
$\varepsilon_{J_h^I}$	0.1		0.0331	0.0374	0.2266	0.5740	1.2858	6.9724
	0.3		0.0317	0.0322	0.1985	0.4181	0.6862	0.6496
	0.5		0.0304	0.0292	0.1823	0.3549	0.4499	0.6182
	0.7		0.0295	0.0272	0.1715	0.3204	0.3291	0.5962
		0.1	0.0339	0.0459	0.2708	0.9596	2.7044	0.7621
		0.3	0.0343	0.0538	0.3121	1.4700	4.4659	0.8143
		0.5	0.0339	0.0621	0.3524	2.1904	6.7858	0.8385
		0.7	0.0320	0.0699	0.3889	3.0804	9.5011	0.8364
ε_{σ_k}	0.1		0.7964	0.7191	3.8516	2.9556	1.5677	0.2912
	0.3		0.8207	0.7446	3.9953	2.9813	1.3674	0.4124
	0.5		0.8343	0.7654	4.1121	2.9911	1.2214	0.5374
	0.7		0.8413	0.7830	4.2108	2.9940	1.1079	0.6583
		0.1	0.7831	0.7055	3.7722	3.0187	1.7588	0.2334
		0.3	0.7897	0.7071	3.7767	3.1972	1.9311	0.2291
		0.5	0.7902	0.7057	3.7664	3.3441	2.1526	0.2190
		0.7	0.7862	0.7014	3.7377	3.4313	2.3653	2.0566

续表

冲击来源	目标变量		主要宏观经济变量的标准差					
	φ_{cb}	$\varphi_{c\varphi}$	C	π	Y	Q_h	B	Lev
ε_i	0.1		37.0541	3.9574	19.3098	61.5245	141.2211	79.5211
	0.3		35.1409	3.3966	16.6061	43.5368	75.9300	73.8190
	0.5		33.9922	3.0789	15.0677	36.2543	50.2830	69.9448
	0.7		33.2229	2.8691	14.0521	32.2963	37.2173	67.1779
		0.1	39.7136	4.8573	23.6110	105.6297	296.4369	86.9171
		0.3	41.9175	5.7117	27.6434	163.3491	489.3538	92.6226
		0.5	43.9947	6.5858	31.6137	243.9816	742.6740	95.2072
		0.7	45.8727	7.4209	35.2196	343.7237	1038.219	94.8868
$\varepsilon_A(\times 10^4)$	0.1		0.1734	0.0307	0.0574	0.2044	0.9038	0.4949
	0.3		0.1658	0.0267	0.0467	0.1481	0.5145	0.4510
	0.5		0.1609	0.0243	0.0410	0.1295	0.3569	0.4213
	0.7		0.1575	0.0227	0.0375	0.1203	0.2744	0.3999
		0.1	0.1822	0.0365	0.0750	0.3728	1.7745	0.5459
		0.3	0.1883	0.0416	0.0915	0.6150	2.7979	0.5806
		0.5	0.1934	0.0467	0.1092	0.9810	4.1445	0.5995
		0.7	0.1978	0.0516	0.1264	1.4556	5.7321	0.6040
ε_G	0.1		7.2478	1.0207	8.2365	22.8223	47.6533	25.6617
	0.3		6.7717	0.8547	7.1590	16.2700	25.0181	23.9566
	0.5		6.4688	7.6313	6.5494	13.5920	16.1635	22.8245
	0.7		6.2548	7.0363	6.1489	12.1293	11.6703	22.0394
		0.1	7.8723	1.2999	9.9769	38.7810	102.0271	28.0220
		0.3	8.3773	1.5764	11.6273	59.6690	170.4421	29.9538
		0.5	8.8398	1.8657	13.2486	88.7301	260.5407	30.7920
		0.7	9.2512	2.1471	14.7218	124.2178	365.8163	30.6104

注：主要宏观经济变量标准差的数量级为 10^{-4}。

综上所述，紧盯通胀的货币政策能够有效降低通货膨胀和社会总产出的波动性，也能够在一定程度上维护金融系统的稳定，为货币政策应对不利金融冲击预留充足的政策操作空间，但货币政策却无法同时实现实体经济与金融部门的双重稳定，其努力维护金融系统稳定将必然对实体经济造成明显的负面政策溢出效应。从宏观审慎政策的角度来讲，住房抵押贷款比能够显著降低住房市场领域风险向银行系统传导，在投资冲击下，该政策工具对通胀和社会总产出造成较为明显的负面溢出效应,而在其余冲击下,其对实体经济的政策外溢效应并不明显;对银行的资本监管能够有效维护社会信贷总量和银行杠杆的波动,对实体经济的整体外溢效果较小,而当外生冲击来源于耐心家庭住房偏好冲击、企业家资本收益的风险冲击和总需求冲击时,该政策工具将对房价造成较大程度的负面溢出效应,在此情境下,调整住房抵押贷款比能够有效弥补银行资本监管的不足,共同降低外生冲击下宏观审慎政策的整体外溢效应。

对上述两类政策在不同外生冲击下政策外溢效果的分析,引申出关于货币政策和宏观审慎政策在维护金融稳定方面的政策选择问题,即部分学者所认为的货币政策维护金融稳定必将对实体经济造成较大的负面溢出效应,宏观审慎政策弥补了货币政策维护金融稳定的不足,其能够针对具体金融领域内风险做出充足的反应,且对实体经济的溢出效应较小,故而认为货币政策仅需紧盯通货膨胀以维护实体经济的稳定,而将金融稳定的任务交由宏观审慎政策当局,两者之间并不需要任何协调机制便能够实现最优的协调搭配,但作者认为从最优化角度来看,对上述两类政策在不同外生冲击下政策外溢效果的分析仅能表明两者维护金融稳定和实体经济稳定的相对优势,紧盯通胀的货币政策不能完全实现实体经济的稳定,需要在必要的时候对金融变量做出一定程度的反应;从全局宏观审慎政策的视角来看,其对实体经济的溢出效应并不明显,但却可能引发局部金融领域风险加剧,尤其是存在不同安全属性的资产时,局部宏观审慎政策工具可能对实体经济造成较大负面溢出效应,全局宏观审慎政策工具需要使用局部宏观审慎政策工具切断局部宏观审慎政策对实体经济的传导机制,因此宏观审慎政策在维护金融稳定时可以考虑分区制的制度安排,即单一政策工具维护其目标金融领域稳定,同时要根据外生冲击类型适当调整政策工具。

4.5 本章小结

本书以前文所构建的 DSGE 模型为基础,从货币政策和宏观审慎政策维护金融稳定的视角,分别探讨了上述两类政策工具盯住的目标变量、传导机制和政策外溢效应等问题。具体来讲,对传统货币政策规则进行了扩展,引入了抵押贷款比和商业银行资本监管两种宏观审慎政策工具,以主要宏观经济变量的标准差作为政策评价标准,利用数值模拟方法识别了两类政策工具所应盯住的目标变量；随后，对两类政策的传导机制进行了对比分析；最后，对不同外生冲击下两类政策的政策外溢效应进行了分析。研究表明：

第一，货币政策可以将社会信贷总量、资本资产价格和房价纳入传统Taylor规则中并做出一定程度的反应，可以降低主要宏观经济变量的波动性。实证研究表明，中国人民银行并未对通胀做出充足的反应，在将名义利率对通胀的弹性系数提高后，数值模拟发现主要宏观经济变量的波动性均显著下降，在此基础上分别将上述三个金融变量纳入利率决策规则后，发现除了盯住房价将导致通胀波动性加剧外，其余变量的波动性均显著降低，这表明货币政策考虑上述金融因素能够在一定程度上维护金融与实体经济的稳定，但也应防范其盯住不同目标对通胀和劳动力市场的政策外溢效应。针对本书所引入的住房抵押贷款比和银行资本监管两种宏观审慎政策工具，前者可以盯住房价或住房信贷，后者的目标变量可以是社会信贷总量或商业银行杠杆，这两者表明宏观审慎政策可以盯住顺金融周期特征的、与作用对象直接相关的金融因素，对市场流动性做出充足的反应，在经济上行期间降低银行流动性供给，在经济下行期间适度放松市场流动性，从流动性供给角度维护信贷市场平稳，从而实现金融稳定的目标。此外，宏观审慎的政策规则应尽量简单、清晰，盯住多目标的政策规则可能会产生政策冲突或政策叠加，因此上述两种宏观审慎政策均倾向于盯住单一的顺金融周期性因素。

第二，考虑金融因素的货币政策与宏观审慎政策各有其不同的政策传导路径。盯住金融因素的货币政策与传统货币政策一致，均是由金融市场传导至实体经济，对家庭部门储蓄、住房贷款和企业借款决策施加影响，从而间接对金融市场稳定发挥效应，其维护金融稳定的传导渠道过长，容易受到各种金融摩擦的影响，以致难以发挥金融稳定的效应。宏观审慎政策直接作用于商业银行信贷供给决策，其降低信贷风险和维护金融稳定的传导路径更为直接，从本书所引入分析的住房抵押贷款比和商业银行资本监管两种宏观审慎政策工具来讲，前者对住房信贷施加影响进而维护住房市场稳定，商业银行资本监管能够同时对住房信贷和企业信贷的总供给水平施加影响，该工具的主要目标在于降低商业银行信贷过度扩张和高杠杆所带来的经营风险。

第三，紧盯通胀的货币政策能够有效降低通货膨胀和社会总产出的波动性，也能够在一定程度上维护金融系统的稳定，为货币政策应对不利金融冲击预留充足的政策操作空间，但货币政策却无法同时实现实体经济与金融部门的双重稳定，其努力维护金融系统稳定将必然对实体经济造成明显的负面政策溢出效应。从宏观审慎政策的角度来讲，住房抵押贷款比在投资冲击下，对通胀和社会总产出将造成较为明显的负面溢出效应，在其余外生冲击下，其对实体经济的负面溢出效应并不明显；对银行的资本监管能够有效维护社会信贷总量和银行杠杆的波动，对实体经济的整体外溢效果较小，而当外生冲击来源于耐心家庭住房偏好冲击、企业家资本收益的风险冲击和总需求冲击时，该政策工具将显著放大房价的波动性，在此情境下，住房抵押贷款比能够有效弥补银行资本监管的不足，共同降低外生冲击下宏观审慎政策的整体外溢效应，因此宏观审慎政策在维护金融稳定时可以考虑分区制的制度安排，即单一政策工具维护其目标金融领域稳定，同时要根据外生冲击类型适当调整政策工具。

5 货币政策与宏观审慎政策协调搭配的机制分析

前文已就货币政策与宏观审慎政策维护金融稳定所应盯住的目标变量、传导机制和政策外溢效应进行了对比分析,结果表明货币政策维护金融稳定将对实体经济产生较大程度的政策溢出效应,而宏观审慎政策弥补了货币政策的不足,能够有效降低金融系统风险积累,对实体经济的溢出效应相对较小。那么,在严格通胀目标制下,货币政策仅需维护实体经济稳定,而由宏观审慎政策负责维护金融稳定,两者之间是否不需要任何协调机制便能够实现最优的协调搭配?此外,考虑到对单一金融领域的监管政策可能引发商业银行对其他目标的监管套利行为,降低宏观审慎政策的整体效果①。因此,探究货币政策和宏观审慎政策最优协调搭配机制问题将是本章的主要研究内容。

具体来讲,本章将首先从合作与非合作均衡的视角求解不同外生冲击下两类政策盯住目标变量的最优参数,对两类政策合作与非合作的福利效果进行评价;其次,对货币政策和宏观审慎政策之间协调搭配的机制进行分析,尤其当单一监管政策工具可能引起金融机构监管套利行为时,额外监管政策工具对上述溢出效应的修正作用,即宏观审慎政策也需要就其政策目标和政策力度相互配合,以避免单一监管政策工具通过金融机构监管套利行为而削弱宏观审慎政策的整体有效性;最后,针对部分研究将其他变量作为货币政策和宏观审慎政策协调搭配中介变量的研究,对本章结论的稳健性进行检验。

5.1 货币政策与宏观审慎政策协调搭配的福利效果

如前文所述,大部分相关文献主要通过测算代表性家庭效用波动或社会福

---

① 当宏观审慎政策对金融部门施加更为严格的监管措施时,为规避监管,信贷扩张将会转移到监管不及的地方。

利损失情况对宏观经济政策进行评价。根据传统货币政策理论，社会福利的损失来源于价格（和工资）的调整成本，为了对金融部门失衡和宏观审慎政策工具波动的福利效果进行评价，这里需要扩展传统上仅考虑通货膨胀和产出缺口的损失函数。从理论上讲，社会福利损失函数由对代表性家庭效用函数进行二阶泰勒展开并推导而来，故两者实质上是等价的。然而，从代表性家庭效用角度进行政策评价，对政策制定者而言难以准确识别政策工具的目标变量，从社会福利损失角度进行政策分析则更具可操作性。Angelini et al（2012）认为，宏观审慎政策应以金融稳定为核心目标，同时兼顾抑制经济波动，熨平经济周期；从操作层面来讲，需要重点关注金融稳定和能够反映信贷市场波动的相关金融指标[172]。基于此，这里参考 Angelini et al（2012）和李天宇等（2017）对金融稳定福利效果的处理方式，将商业银行内生杠杆、动态住房抵押贷款比和商业银行资本监管工具的波动性作为金融系统稳定的关键指标，以社会信贷总量方差作为衡量信贷市场波动性的指标，同时考虑产出缺口波动的福利效果[172][187]：

$$\underset{\varphi_m l, \varphi_{cap}}{Min} L_{mp} = \sigma_B + \kappa_{y,mp}\sigma_y + \kappa_{l,mp}(\sigma_\varphi + \sigma_{mltv} + \sigma_{cap}) \qquad (5-1)$$

其中，$\kappa_{y,mp}$ 和 $\kappa_{l,mp}$ 分别反映了产出缺口和银行部门（以及缺乏耐心家庭）杠杆波动相对于信贷波动在福利损失函数中的权重。Woodfood（2003）认为，货币政策目标函数应重点关注通胀和产出波动性，故将其目标函数定义为：$\underset{\varphi_\pi,\varphi_y,\varphi_b}{Min} L_{cb} = \sigma_\pi + \kappa_{y,cb}\sigma_y$（$\kappa_{y,cb}$ 反映了产出缺口在货币政策福利损失函数中的权重）。结合宏观审慎政策当局的目标函数，可以得到最优合作均衡时的全局社会目标函数（Ramsy 规则）：

$$\underset{\varphi_m l, \varphi_{cap},\varphi_\pi,\varphi_y,\varphi_b}{Min} L_s = L_{mp} + L_{cb} = \sigma_\pi + (\kappa_{y,cb} + \kappa_{y,mp})\sigma_y + \sigma_B + \kappa_{l,mp}(\sigma_\varphi + \sigma_{mltv} + \sigma_{cap}) \qquad (5-2)$$

为了求解不同外生冲击下两类政策的最优反应参数，这里需要对上述目标函数中的权重参数进行赋值，为统一标准，这里参考 Angelini et al（2012）和李天宇等（2018）的赋值结果，令 $\kappa_{y,cb}$ 和 $\kappa_{y,mp}$ 都等于 0.5、$\kappa_{l,mp}$ 为 0.1[172][187]；此外，考虑到不同变量的波动性不在一个数量级上，因此调整相关变量波动性，使其方差在一个数量级上。表 5-1 显示了在不同外生冲击下，从合作与非合作均衡的视角实现货币政策与宏观审慎政策之间协调搭配的最优参数及其对应的福利损失情况；其中，非合作均衡结果是在纳什均衡条件下得到的局部均衡最优参数，最优的宏观审慎政策工具调整频率参数

ρ_{ml} 和 ρ_{cap} 等于 0。

表 5-1　合作与非合作均衡视角下货币政策与宏观审慎政策最优参数及其福利损失情况

冲击来源	非合作均衡					合作均衡				
	货币政策规则			宏观审慎规则		货币政策规则			宏观审慎规则	
	φ_π	φ_y	φ_b	φ_{ml}	φ_{cap}	φ_π	φ_y	φ_b	φ_{ml}	φ_{cap}
J_h^P	1.10	0.27	0.41	0.60	2.88	1.41	0.20	0.32	0.55	3.38
分类福利损失	0.1340			0.7681		0.1452			0.7085	
社会福利损失	0.9021					0.8537				
J_h^I	1.10	0.30	0.08	0.60	2.90	1.44	0.25	0.13	0.76	3.15
分类福利损失	0.6202			3.3994		0.5242			3.2122	
社会福利损失	4.0196					3.7365				
ε_{σ_k}	1.04	0.12	0.40	0.55	3.07	1.01	0.06	0.98	0.28	1.45
分类福利损失	0.1254			0.1120		0.1449			0.0685	
社会福利损失	0.2375					0.2134				
ε_i	1.22	0.00	0.20	0.95	5.37	1.01	0.00	0.15	1.38	5.39
分类福利损失	2.5155			4.7040		1.9496			4.7089	
社会福利损失	7.2395					6.6585				
ε_A	1.01	0.10	0.08	0.20	0.85	1.23	0.11	0.08	0.22	3.05
分类福利损失	7.5288			7.2316		7.1307			6.8832	
社会福利损失	14.7605					14.0140				
ε_g	1.50	0.55	0.04	0	3.00	1.55	0.63	0.12	0	3.00
分类福利损失	2.9279			2.1235		2.7958			2.1699	
社会福利损失	5.0514					4.9658				
ε_r	1.40	0.60	0.10	0	2.20	1.39	0.68	0.19	0	3.03
分类福利损失	2.8880			2.0890		2.7596			2.1361	
社会福利损失	4.9770					4.8957				

注：冲击标准差为 1%，福利损失数量级为 10^{-5}。

由以上分析得知：首先，从整体上看，货币政策与宏观审慎政策以合作的方式协调搭配能够普遍降低社会福利损失，其效果却与冲击来源相关：若经济波动由两类家庭住房偏好和投资冲击引起，两者之间相互合作效果最好；若外生冲击由政府支出冲击（或需求冲击）和货币政策冲击引起，两者之间相互合作所产生的福利增进并不明显，即货币政策可以保持自身独立性。其次，从两者之间相互配合共同维护实体经济与金融部门稳定角度看，若经济波动是由企业家资本收益的风险冲击引起，货币政策应该强化对信贷总量波动的反应力度，宏观审慎政策当局应适度降低对相应工具目标变量的反应水平，这表明此时货币政策致力于维护金融稳定的效果显著；若经济波动由技术进步引起，则宏观审慎政策当局应重点使用银行资本监管这一工具，货币政策应强化对通胀的反应力度；若经济波动由投资冲击引起，则货币政策应该紧盯通胀，宏观审慎政策当局并不需要对其工具目标变量的反应力度做出修正。再次，两类家庭部门住房偏好冲击和投资冲击所引起的金融部门过度波动是社会福利损失的重要来源，尤其当经济波动是由企业家资本收益的风险冲击引起时，紧盯信贷总量的货币政策能够非常显著地降低金融部门的福利损失。最后，无论两类政策工具以何种方式协调搭配，考虑社会信贷总量的货币政策总能实现福利增进；当外生冲击来源于政府支出冲击（需求冲击）或考虑信贷总量的货币政策冲击时，宏观审慎政策工具中的住房抵押贷款比并不适合对住房信贷波动做出反应，此时逆周期宏观审慎政策应以对商业银行资本监管为主。

综合来看，货币政策与宏观审慎政策之间有效配合能够最大限度地维护实体经济与金融部门的稳定，多种宏观审慎政策工具也能够降低单一政策工具维护金融稳定的负担，尤其当单一的监管政策工具可能引起金融部门监管套利行为时，宏观经济的长期波动性将可能加剧，削弱了宏观审慎政策工具之间相互配合的有效性，这就需要对宏观审慎政策工具之间相互配合共同降低金融部门福利损失水平，以及与货币政策之间协调搭配的机制和相应的协调变量进行定性分析。

5.2 货币政策与宏观审慎政策协调搭配的传导机制分析

大量研究已就宏观审慎政策在降低货币政策维护金融稳定的负担时，两者共同维护实体经济稳定的机制进行了分析，而对两者协调搭配的最优机制却鲜有研究；此外，单一宏观审慎政策可能导致金融机构监管套利行为而削弱宏观审慎政策的整体有效性。因此，本节将在合作均衡与非合作均衡视角下，对货币政策与宏观审慎政策协调搭配的传导机制进行分析。

5.2.1 耐心家庭住房偏好冲击

耐心家庭住房需求1%的增加导致当期房价上升15%，缺乏耐心家庭向其出售住房并增加消费，从而降低了对银行住房信贷需求；同时，根据欧拉方程，耐心家庭消费下降导致真实存款利率上升，随着真实存款利率向银行间市场拆借利率的传导，中间品生产企业的资本租金率也快速上涨，工资黏性使劳动力市场短期内不能快速出清，中间品生产企业边际生产成本增加，通货膨胀上升；此外，尽管耐心家庭消费经历了长期下降，但缺乏耐心家庭消费的增加却依然使当期社会总产出轻微上升了0.01%。

随着逆周期宏观审慎政策工具的引入，可以看到两类代表性家庭消费和住房需求的短期、长期波动性均出现较大程度下降，住房信贷和企业家信贷在宏观审慎政策下快速向稳态收敛意味着房价和社会总产出的长期波动性均得到有效抑制。然而，当仅存在货币政策或货币政策与住房抵押贷款比两种状态时，上述变量的长期波动性均显著加强，引起社会总产出和房价长期偏离于其稳态值，造成社会福利损失；这是由于在上述两种状态下，较高的折现因子意味着缺乏耐心家庭因房价下降会急剧增加对住房的需求，而社会总产出的下降表明企业未来经营风险在不断恶化，两者共同促使商业银行将信贷转移到对缺乏耐心家庭住房信贷上来，而后者在长期加重了商业银行进行监管套利的动力，即商业银行将资本转移到住房信贷上来可以规避风险。而当同时使用住房抵押贷款比和银行资本监管两种宏观审慎政策工具时，可以看到尽管短期内的通胀和社会总产出波动性所有加强，但通过提高银行杠杆降低银行间市场拆借利率，使耐心家庭降低对商业银行储蓄水平将显著降低因银行监管套利考虑和住房市场成本所带来的社会福利损失。此外，图5-1也表明在耐心家庭住房需求冲击下，若住房抵押贷款比紧盯房价，则缺乏耐心家庭将面临更高要求的信贷约束，导致其更大程度向耐心家庭出售住房，从而通过住房市场传导加剧宏观经济的整体波动程度，这意味着住房价格在此冲击下并不适合作为住房抵押贷款比盯住的目标变量，宏观审慎政策工具不应伤害合理的市场需求。

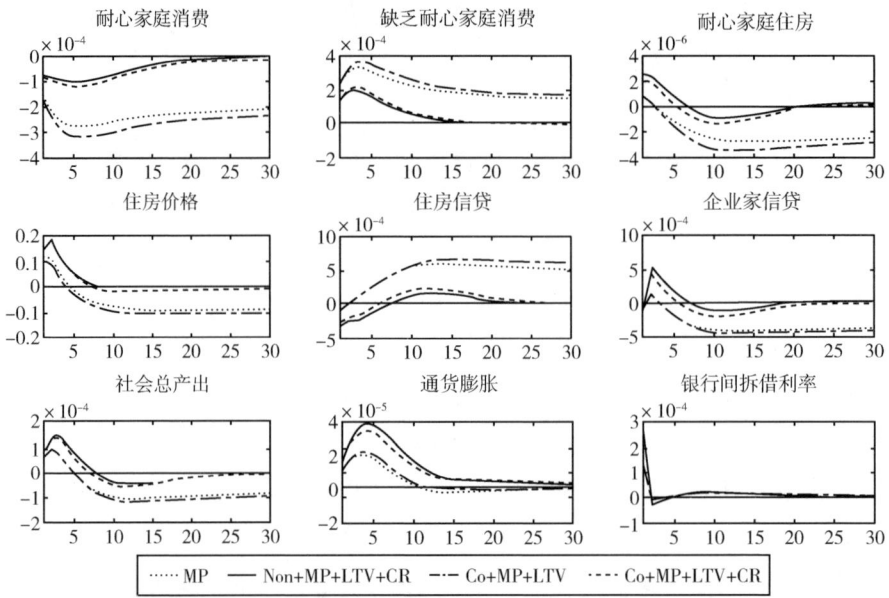

图 5-1 1% 标准差正向耐心家庭住房偏好冲击下各主要宏观经济变量的脉冲响应①

5.2.2 缺乏耐心家庭住房偏好冲击

缺乏耐心家庭住房偏好上升导致其增加对住房的需求、房价上涨，这两者共同促使商业银行增加对住房信贷的供给水平，而对企业家信贷供给水平下降，企业家资本存量减少，工资黏性导致劳动力市场不能快速出清，引起社会总产出和通胀的下降，在此期间企业经营风险快速上升，中央银行因社会总产出和通胀的下降而降低存款基准利率导致耐心家庭对商业银行储蓄下降，银行杠杆率出现轻微程度上升，金融风险不断累积。见图 5-2。

随着逆周期宏观审慎政策工具的引入，对住房信贷上涨做出反应的动态住房抵押贷款比可以有效降低商业银行对缺乏耐心家庭的住房信贷供给水平，房价上涨程度相应降低，也缓解了企业家信贷收缩对实体经济的负面溢出效应，商业银行杠杆水平上升幅度相对于前者而言降低了近 50% 的水平。相对于两种宏观审慎政策相互配合，尽管单独使用住房抵押贷款比在短期内能将房价上

---

① 其中，MP 表示非合作均衡下仅包括货币政策的脉冲响应；Non+MP+LTV+CR 表示非合作均衡下包括货币政策和两种宏观审慎政策工具搭配的脉冲响应；Co+MP+LTV 表示合作均衡下包括货币政策与抵押贷款比的脉冲响应；Co+MP+LTV+CR 表示合作均衡下货币政策与两种宏观审慎政策工具搭配的脉冲响应，后图与此类似。

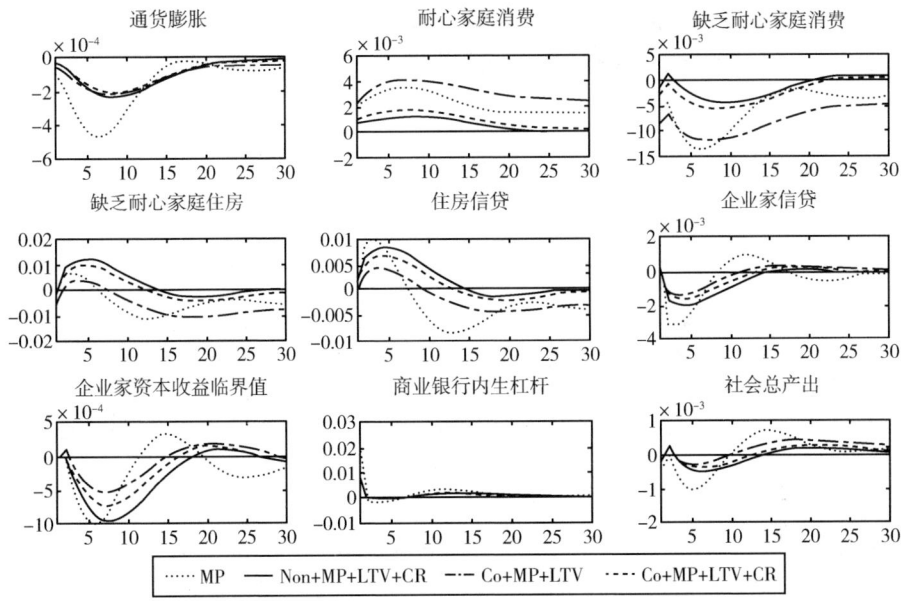

图 5-2　1%标准差正向缺乏耐心家庭住房偏好冲击下各主要宏观经济变量的脉冲响应

涨程度降低到最低水平，却加剧了两类代表性家庭消费的波动性；这是由于当仅使用住房抵押贷款比时，商业银行可以通过提高其杠杆水平而增加利润；为此，商业银行可以降低对耐心家庭储蓄需求，导致其消费上升，缺乏耐心家庭消费下降程度也将更高，上述两者和商业银行较高的杠杆水平将使住房需求的长期波动性均有所加剧，从而放大了宏观审慎政策工具相互配合降低主要宏观经济变量长期波动性的效果。自引入商业银行资本监管后，尽管短期内房价波动水平出现轻微上升，但两类家庭消费和社会总产出的长期波动性均有所下降，其他变量也快速向其稳态收敛。这表明不仅货币政策与宏观审慎政策需要相互配合，宏观审慎政策工具之间也需要就其政策目标和政策力度相互合作，以高效的方式维护金融系统稳定，防范金融机构监管套利行为，维护实体经济长期稳定发展。

5.2.3　企业家资本收益的风险冲击

企业家资本收益风险的下降导致商业银行对企业家信贷供给水平增加，相应也就减少了对缺乏耐心家庭住房信贷供给水平，导致其住房需求降低、房价下跌。工资黏性使劳动力市场不能快速出清，企业家资本存量的增加导致社会总产出上升，实际存款利率上涨，耐心家庭增加储蓄使商业银行杠杆水平在当期下降了 3.8%；此外，实际存款利率上升导致缺乏耐心家庭增加消费，中间品生产企业资本租金率上涨，通货膨胀上升。见图 5-3。

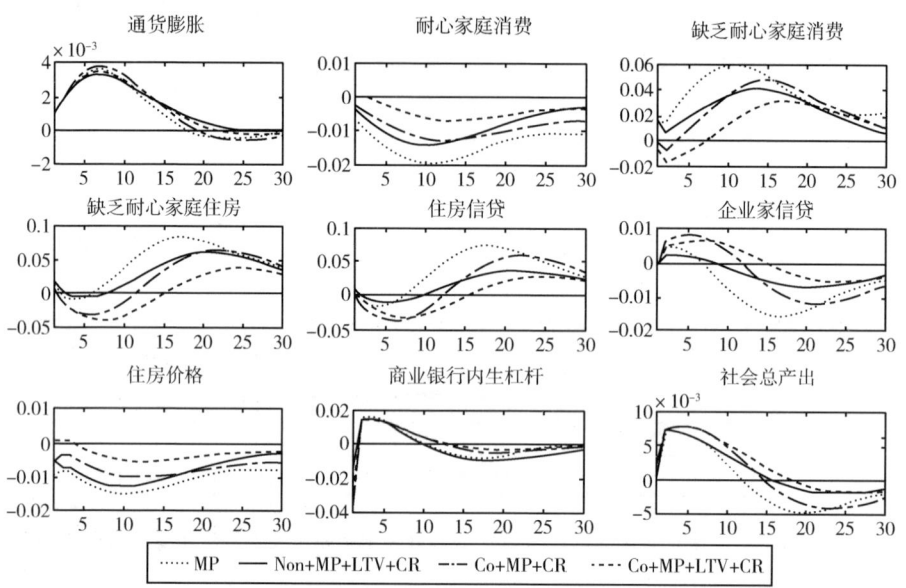

图 5-3　1% 标准差正向企业家资本收益风险冲击下各主要宏观经济变量的脉冲响应

社会融资规模的上升使宏观审慎政策当局加强了对商业银行的资本监管，导致社会信贷供给总水平的上涨幅度有所下降，前述各主要宏观经济变量的波动幅度均有所缓解，社会福利损失水平降低。然而，当仅使用商业银行资本监管政策工具时，实际存款利率的上升意味着银行间拆借利率的上涨，此时企业家较高的资本租金率意味着商业银行通过将信贷资源转移到对企业家的信贷供给决策上来能够实现利润最大化，这将导致其对缺乏耐心家庭住房信贷供给水平的降低程度更大，房价下降程度也更高，而住房调整成本的存在使住房市场不能快速出清，从而宏观经济的短期、长期波动性均显著增大，即商业银行监管套利行为导致宏观经济整体波动性增大；在两类政策合作状态下，包含两种宏观审慎政策工具与仅包含商业银行资本监管的脉冲响应图可以看出，缺乏耐心家庭住房信贷在后者状态下相对于前者状态下更为明显的波动幅度便证明了这点。若此时能够降低对缺乏耐心家庭的住房抵押贷款比，使住房信贷下降水平有所缓解，从而整体上降低了因商业银行监管套利行为通过住房市场波动对社会总产出和通过膨胀等变量的波动性，进而也就降低了社会福利损失。

5.2.4 投资冲击

资本品生产者投资增加导致企业家资本存量水平上升、资本品价格上涨，这两者共同促使企业家对商业银行信贷需求增加，导致其对缺乏耐心家庭的住房信贷供给水平下降，银行间市场拆借利率降低，企业家对中间品生产企业资本租金率也出现一定程度下降，中间品生产企业边际生产成本下降意味着通胀水平降低，而生产资本存量的增加和劳动力市场工资黏性共同促使当期社会总产出增加。若此时以住房抵押贷款比盯住住房信贷波动，表明商业银行将放松对缺乏耐心家庭住房信贷约束，其住房需求下降程度有所缓解，相应商业银行对企业家信贷供给增幅下降一定程度，从而降低了社会总产出的波动性。此外，当模型中仅存在货币政策时，商业银行出于经营风险和利润的考虑，会将其信贷向企业家倾斜，导致社会总产出呈现出不断上升的局面，而通货膨胀也因资金成本下降而出现较大水平降低，两者共同表明在投资冲击下引入宏观审慎政策的必要性。见图 5-4。

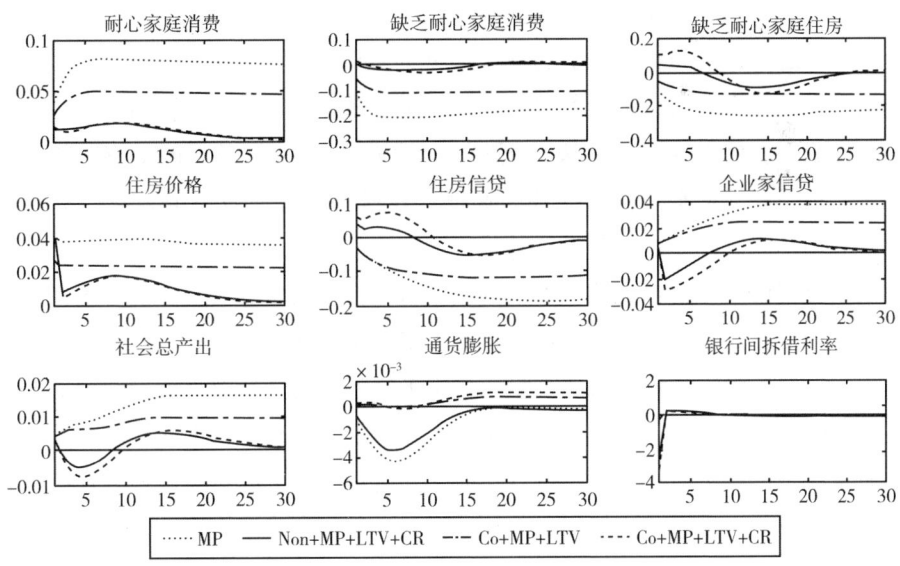

图 5-4　1% 标准差正向投资冲击下各主要宏观经济变量的脉冲响应

在货币政策规则中纳入对社会信贷总量的关注和商业银行资本监管这一宏观审慎政策工具后，能够在一定程度上降低银行间市场拆借利率下降和企业家资本收益风险水平下降所导致的社会总产出过度上涨和通过紧缩加剧局面；与此同时，两类代表性家庭消费、住房需求和房价的波动程度均快速下降。在两种均衡状态下同时引入住房抵押贷款比和银行资本监管时，商业银行对缺乏耐心家庭住房信贷供给水平下降程度有所缓和，也就降低了商业银行对企业家信贷供给增长幅度，从而使社会总产出和通货膨胀的波动性快速下降。然而，当在合作均衡时仅引入住房抵押贷款比这一宏观审慎政策工具时，尽管能够显著降低商业银行对缺乏耐心家庭信贷供给下降水平，但考虑到企业家资本收益风险水平较低的局面，商业银行将通过提高其杠杆水平的方式向企业供给信贷以增加其利润并规避风险，导致难以整体提升宏观审慎政策的整体效果，而同时使用住房抵押贷款比和银行资本监管能够有效降低商业银行出于提升利润或规避信贷风险而对宏观经济的负面溢出效应。

5.2.5 技术冲击

正向技术进步导致中间品生产企业边际资本收益率上升，故企业家降低对中间品生产企业资的资本租金，资本租金的下降和劳动力市场工资黏性导致中间品的边际生产成本降低，通胀在当期下降了1.5%，而社会总产出上升了0.13%。通货膨胀和真实存款利率的降低导致耐心家庭增加消费和住房需求，同时降低了对商业银行的储蓄水平，缺乏耐心家庭向耐心家庭出售住房，住房信贷在短期较低程度上升后快速下降，而房价也出现了28%的上涨，较高的资本回报率和储蓄水平下降导致商业银行杠杆水平当期增长了22%，企业家资本利用率和收益率的上升导致其对银行信贷需求下降。见图5-5。

当货币政策考虑社会信贷总量的波动时，社会信贷总量的下降导致商业银行相应调低存款基准利率，银行间市场拆借利率和住房抵押贷款比的下降使商业银行对缺乏耐心家庭住房信贷供给水平下降幅度有所缓解，而缺乏耐心家庭因住房贷款利率下降而增加了对住房的需求，从而导致房价上涨。当仅存在货币政策或货币政策与住房抵押贷款比时，住房信贷的下降意味着商业银行需要放松对缺乏耐心家庭住房抵押贷款比的限制，导致缺乏耐心家庭获得更多住房信贷，房价涨幅也明显增大。在引入商业银行资本监管后，社会信贷总量的下降意味着监管当局需要放松对商业银行的资本监管，银行提高其杠杆水平，同时放松对缺乏耐心家庭住房抵押贷款比的监管，使信贷资源向住房信贷转移，在一定程度上通过房价上涨使缺乏耐心家庭的消费上升；另一方面，在非合作均衡状态下对通胀更大程度的关注导致真实存款利率上涨，耐心家庭增加储蓄

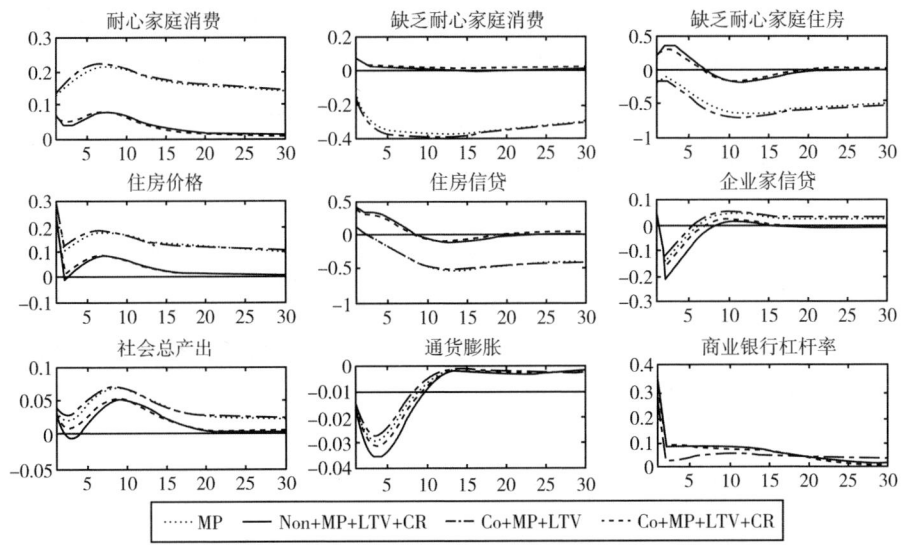

图 5-5 1%标准差正向技术冲击下各主要宏观经济变量的脉冲响应

并减少消费,从而在较大程度上降低了社会总产出的波动性,却在一定程度上对通缩施加了更强的影响。上述结论表明,在引入银行资本监管后,监管当局以提升银行杠杆的方式促使商业银行加强对住房信贷和企业家信贷供给水平,而企业家资本收益率较高的局面并未缓解,导致住房信贷无法有效流入缺乏耐心家庭部门,进而无法利用房价的传导机制降低耐心家庭的消费,增加其储蓄;在此状态下,需要放松对缺乏耐心家庭住房信贷要求,以提升房价的形式抑制其对社会总产出和通货膨胀的影响,而耐心家庭储蓄的增加也相应降低了银行杠杆水平。

5.2.6 政府支出冲击

政府支出1%水平的增加导致社会总产出和通货膨胀在当期上升了1.2%和0.08%,中央银行提高存款基准利率以抑制通货膨胀和社会总产出的上升,这使得银行间拆借市场利率和缺乏耐心家庭所面临的住房贷款利率出现一定程度上涨,社会总产出的逐渐下降使商业银行向企业家提供信贷面临较高的违约风险,因此在房价下跌的同时,商业银行却增加了对缺乏耐心家庭的住房信贷供给量,耐心家庭因存款利率上升而降低消费、增加储蓄,也减少了对住房的需求。

表 5-1 表明无论是货币政策与宏观审慎政策在合作均衡抑或是非合作均衡背景下,住房抵押贷款比均不适合作为总需求冲击下的宏观审慎政策工具。这是因为在正向政府支出冲击下,耐心家庭增加储蓄和劳动供给,降低消费并对缺乏耐心家庭出售住房,若此时宏观审慎政策当局因住房信贷供给水平增加而降低对缺乏耐心家庭的住房抵押贷款比,则会导致商业银行对企业家住房信贷供给水平下降的程度更大,从而使社会总产出和通胀的波动性进一步增强,由于本书所构建的模型简化了对政府支出的处理,政府支出冲击直接影响社会总需求,因此在总需求冲击下,抵押贷款比并不适合对住房信贷波动做出反应。见图 5-6。

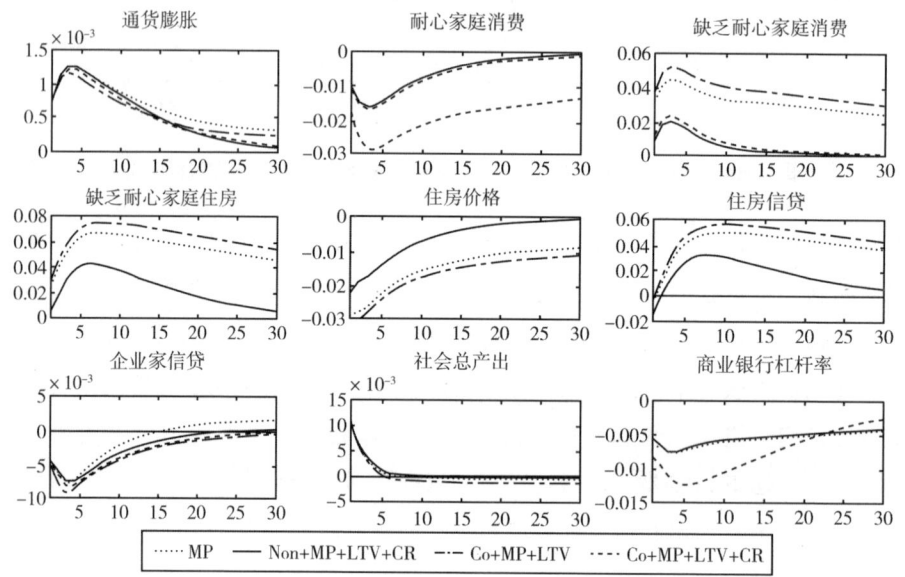

图 5-6　1% 标准差正向政府冲击下各主要宏观经济变量的脉冲响应

从合作与非合作均衡的视角来看,表 5-1 也表明在总需求冲击下,合作均衡与非合作均衡的唯一区别在于货币政策对产出缺口和社会信贷量的关注水平有所不同。在合作均衡时,货币政策应该对社会信贷总量的波动做出更为明显的反应,因为社会信贷总量的下降将使商业银行更大程度地提高存款基准利率,故耐心家庭更大程度降低消费、增加储蓄,企业家贷款利率上涨程度的下降使企业信贷需求相对而言也得以扩展,也就降低了商业银行对缺乏耐心家庭的住房信贷供给水平,进而使社会总产出和通货膨胀的长期波动性有所降低。

5.2.7 货币政策冲击

当期名义利率上升导致耐心家庭降低消费、增加储蓄，这使得商业银行信贷供给总量增加，银行间市场拆借利率下降，缺乏耐心家庭增加消费和住房需求，尽管商业银行对企业家信贷供给水平下降，但两类代表性家庭劳动供给的上升依然使社会总产出增加近1%，银行间拆借利率的下降导致企业家资本租金率降低，通货膨胀下降。此外，商业银行因信贷供给总量的增加和银行间拆借利率的下降导致自有资本水平降低，在此期间会出现银行杠杆升高的现象。

商业银行对缺乏耐心家庭住房信贷和社会信贷供给总量的增加，使其利用宏观审慎政策工具抑制上述两者过度波动从而平滑经济周期成为可能。然而，表5-1中货币政策冲击下的最优政策参数却表明，无论在合作抑或非合作状态下，用来降低缺乏耐心家庭住房信贷需求的抵押贷款比却都不适合此种经济背景，这是因为房价下跌会自然引发耐心家庭增加住房需求，若此时以住房抵押贷款比盯住住房信贷波动，则商业银行因监管套利行为会导致其对企业家信贷供给水平急剧收缩（若以房价波动作为住房抵押贷款比盯住的目标变量，则商业银行将对缺乏耐心家庭的信贷供给水平更高），最终放大了社会总产出、通胀等宏观经济变量的波动性。此外，在货币政策冲击下，无论以何种方式，货币政策与宏观审慎政策之间相互配合所带来的福利增进并不明显，这也表明，从货币政策当局角度来讲，货币政策工具依然是独立的，唯有在其他外生冲击占据主导地位时，货币政策才应调整对其盯住目标变量的反应程度，并与宏观审慎政策当局就其政策工具和政策力度相互合作。

综合来看，若外生冲击来源于耐心家庭住房偏好，则表明房价并不是住房抵押贷款比的目标变量，因为正向耐心家庭住房偏好冲击导致房价上涨，商业银行对缺乏耐心家庭信贷供给水平下降，若此时住房抵押贷款比盯住房价波动，则对缺乏耐心家庭的住房抵押贷款比会上升，企业家获得信贷量将进一步下降，因此相对于住房信贷，房价更不应成为住房抵押贷款比盯住的目标变量；另一方面，在货币政策力度保持固定的前提下，图5-7表明在货币政策紧缩冲击下，若货币政策对房价波动做出反应，商业银行监管套利，房价上涨会导致货币政策的紧缩力度加大，宏观经济的波动性将进一步加剧。

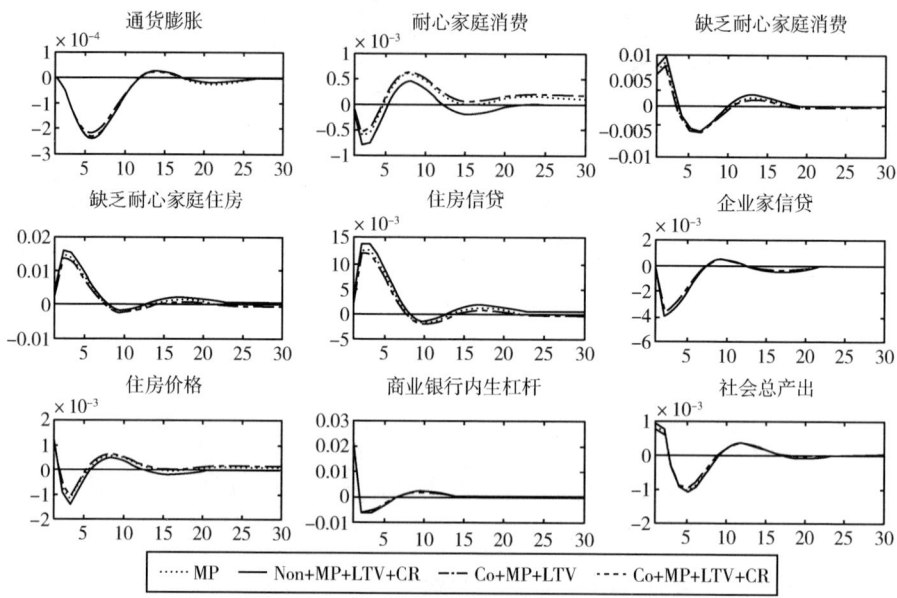

图 5-7 1% 标准差紧缩性货币政策冲击下各主要宏观经济变量的脉冲响应

5.3 稳健性检验

脉冲响应分析表明,在耐心家庭住房偏好冲击和货币政策冲击(引发商业银行监管套利行为)下,房价并不适合作为住房抵押贷款比和名义利率盯住的目标变量,针对部分研究所认为的应该将金融部门杠杆率作为逆周期宏观审慎政策工具的目标变量、将信贷市场融资溢价等金融变量纳入货币政策规则中进行最优政策分析的文献,为增强前述研究结论的可靠性,这里进行稳健性检验。为此,参考相关文献将货币政策方程扩展为如下形式,使之包括对商业银行杠杆率和信贷市场融资溢价的关注,即:

$$\log(r_t/r_{ss}) = \rho_r \log(r_{t-1}/r_{ss}) + [(1-\rho_r)/r_{ss}] E_t \{ \varphi_\pi \log(E_t[\pi_{t+1}]/\pi_{ss}) + \varphi_Y \log(Y_t/Y_{ss}) + \varphi_b \log[(B_t^I + B_t^E)/(B_{ss}^I + B_{ss}^E)] + \varphi_{r,\varphi} \log(\phi_t/\phi_{ss}) - \varphi_{r,fp} \log(Fp_t/Fp_{ss}) \} + \varepsilon_t^r \quad (5-3)$$

其中,$Fp_t = \dfrac{r_t^E}{r_t}$ 表示信贷市场融资溢价。此外,将产出缺口和商业银行杠杆率纳入住房抵押贷款比和商业银行资本监管的决策规则中,即:

$$\log(m_t^I/m_{ss}^I) = \rho_{m^I}\log(m_{t-1}^I/m_{ss}^I) - (1-\rho_{m^I})[\varphi_{m^I}\log(B_t^I/B_{ss}^I) +$$
$$\varphi_{m^I,y}\log(Y_t/Y_{ss})] + \varepsilon_t^{m^I} \quad (5-4)$$

$$\log(cap_t) = \rho_{cap}\log(cap_{t-1}) - (1-\rho_{cap})\{\varphi_{cap}\log[(B_t^I+B_t^E)/(B_{ss}^I+B_{ss}^E)] +$$
$$\varphi_{cap,\varphi}\log(\phi_t/\phi_{ss}) + \varphi_{cap,y}\log(Y_t/Y_{ss})\} + \varepsilon_t^{cp} \quad (5-5)$$

经过计算，相对于式（4-23）、式（4-24）和式（4-25），货币政策规则和上述两种宏观审慎政策规则中引入额外目标变量并不能进一步降低社会福利损失，即马勇和陈雨露（2013）研究所认为的政策规则应该尽量简单、清晰[167]。那么，是否剔除掉关于信贷量指标的上述规则能够得到更低程度的社会福利损失？为此，令 φ_b、φ_{m^I} 和 φ_{cap} 全部为零，从而研究相应规则下的社会福利损失情况，这里仅报告在合作与非合作均衡状态时，上述两类政策各自的福利损失情况，具体如表 5-2 所示。

对表 5-2 结果的分析表明：第一，货币政策和宏观审慎政策只需要包括

表 5-2　　扩展型货币政策与逆周期宏观审慎政策下合作与
非合作均衡的福利损失

冲击来源	非合作均衡福利损失		合作均衡福利损失	
	货币政策	宏观审慎政策	货币政策	宏观审慎政策
J_h^P	0.6127	1.7246	0.6034	1.1126
J_h^I	2.5433	6.2076	3.0151	5.4397
ε_{σ_k}	0.2758	1.2090	0.2831	0.9292
ε_i	3.5763	11.1175	3.5301	12.7812
ε_A	60.1695	27.1408	60.5937	25.9037
ε_g	7.3834	5.1379	7.5811	4.6618
ε_r	6.3425	2.4078	6.5618	2.0374

注：福利损失数量级为 10^{-5}。

对信贷量指标的关注，而不需要盯住更多其他金融指标，因为此举并不能降低社会福利损失；第二，无论宏观审慎政策当局目标函数中是否包括对产出缺口的关注，都不应将产出缺口作为其政策工具盯住的目标变量，对产出缺口的关注应该是货币政策当局的目标。

综上所述，货币政策和逆周期宏观审慎政策之间以合作的方式相互配合能够最大限度地维护实体经济和金融系统的稳定，多种宏观审慎政策工具的使用也能够降低单一政策工具的负担，尤其当金融部门存在显著的监管套利行为时，多种监管政策工具的使用能够降低相关金融变量的长期波动性。此外，上

述两类政策在不同外生冲击下的溢出效应存在显著的差异，两者之间有效配合既需要准确识别外生冲击来源，又需要就政策协调的力度相互配合，避免政策力度搭配失误所造成的宏观经济过度波动，而这对于政策制定者而言难度过大，也考虑到政策的协调成本，因此，在正常经济周期波动范围内，上述两类政策分别盯住各自目标，当外生冲击超过一定程度或宏观经济处于非正常时期，货币政策和宏观审慎政策相互合作，是一种折衷但相对易于实现的处理方式。

5.4 本章小结

针对单一宏观审慎政策工具可能因金融机构的监管套利行为而产生显著的负面溢出效应，如何利用多种宏观审慎政策工具，避免因商业银行监管套利行为而削弱宏观审慎政策的有效性，实现货币政策与其最优协调搭配是本章的主要研究内容。基于此，以第三章所构建的动态随机一般均衡模型为基本分析框架，以社会福利损失函数作为政策评价的依据，从合作与非合作均衡的视角探究了货币政策与宏观审慎政策之间的协调搭配问题，研究表明：①货币政策与宏观审慎政策相互合作能够实现更低的社会福利损失，该损失降低的程度与冲击类型相关，住房需求冲击和企业家资本收益风险冲击下两者之间相互合作的福利所得明显；②货币政策应与宏观审慎政策就信贷水平目标相互沟通，宏观审慎政策应以金融稳定为唯一目标，即使其目标函数中关注产出缺口，也不应将其作为决策变量；兼顾信贷市场平稳的严格通胀目标指标制货币政策可以独立于宏观审慎政策而单独执行，不需要考虑两者协调配合问题；③在货币政策和总需求冲击下，宏观审慎当局仅需使用银行资本监管工具，而在其余外生冲击下，单一的宏观审慎政策工具通过金融机构的监管套利行为会削弱其政策的有效性，宏观审慎政策需要多种工具相互配合，共同降低对宏观经济的整体外溢效应。

对于上述研究结论，相应的政策启示为：①相对于非合作方式，上述两类政策相互合作能够从整体上实现社会福利损失最小化，社会福利损失降低的程度与冲击来源有关，因此准确识别冲击来源，相应调整政策工具目标变量的权重系数对实现两者最优协调搭配至关重要，而较大的协调难度使上述两类政策工具在正常时期应盯住各自目标，当经济波动范围超过一定程度或非正常时期，两者相互配合共同实现金融稳定的效果明显。②不仅货币政策与宏观审慎政策需要相互配合，宏观审慎政策工具之间也需要就其政策工具类型和政策力度进行协调搭配，尤其当金融市场存在不同安全属性资产时，商业银行的监管套利行为可能通过金融机构资产选择行为而放大宏观经济的长期波动性，因此宏观审慎政策的最优执行需要多种政策工具相互合作，将单一政策工具所带来的政策外溢效果降到最低程度，努力降低局部金融失衡，共同实现整体金融系统稳定。③宏观审慎政策应以金融稳定为唯一目标，考虑产出缺口的宏观审慎政策可能导致宏观经济以一种非预期的方式运转，且不一定能够实现监管当局的目标；此外，住房抵押贷款比盯住房价仅在有限冲击下具有可行性，该变量并不是住房抵押贷款比的全局最优目标变量，因此宏观审慎政策以信贷量指标作为盯住的目标变量具有理论上的可行性，该政策目标简单、清晰，也便于政策制定者制定决策以及为市场提供有效的预期；最后，作为全局变量，货币政策不仅需要关注通货膨胀和产出缺口，也应对社会信贷总量的波动做出一定程度的反应，配合宏观审慎政策的执行，从整体上对金融系统失衡做出修正，共同提升社会福利水平；从货币政策当局立场来看，中国人民银行要逐渐摆脱以货币扩张推动经济增长的货币政策调控模式，严格确立通胀目标指标制的货币政策，同时兼顾信贷市场状态，对其过度波动做出必要的反应。

6 货币政策与宏观审慎政策协调搭配的实证分析

前述章节已就货币政策与宏观审慎政策协调搭配方式进行了数理上的分析,研究表明宏观审慎政策应将金融稳定视为唯一目标,从政策实践角度来讲,货币政策与宏观审慎政策在维护信贷市场平稳方面具有一致性,两者应该呈现出一种互补关系;然而,根据货币政策的风险承担渠道理论和相关实证研究,宽松货币政策下的信贷扩张必然伴随着金融系统风险承担水平的上升,若宏观审慎政策的唯一目标是金融稳定,则其维护信贷市场稳定的努力将对货币政策产生何种影响?此外,前文研究结论也表明,以通胀目标制为核心、兼顾信贷市场稳定的货币政策与银行资本监管政策之间具有一定程度的独立性。基于上述考虑,本章将对当前阶段我国货币政策与宏观审慎政策协调搭配的效果进行实证检验。

从实证研究方面来看,目前绝大部分关于宏观审慎政策有效性的研究均停留在对相关政策工具在降低系统性金融风险的空间维度——商业银行风险承担行为的有效性,而对其在降低时间维度金融风险的重要表现形式——信贷周期重视不足,在金融稳定背景下,也缺乏对上述两类政策协调搭配的实证研究。此外,考虑到中国人民银行综合采用价格型和数量型并重的货币政策调控宏观经济,维护金融市场流动性合理充裕的现实,这两种货币政策工具与宏观审慎政策协调搭配的效果如何,对当前阶段中国货币政策调控模式转型将会产生何种影响,将是本章的主要研究内容。

基于此,本章首先将利用2006~2016年我国商业银行的微观数据,选取恰当的货币政策和宏观审慎政策代理变量,构建包含上述两类政策的动态面板模型,利用系统GMM方法对货币政策和宏观审慎政策在降低系统性金融风险的两种重要表现形式——商业银行信贷供给的顺周期性和风险承担行为方面的效果进行实证检验;其次,在回归方程中引入货币政策与宏观审慎政策两者的交叉项，对两者协调搭配的效果进行评价；随后，考虑到系统重要性商业银行在我国货币政策传导中的重要性，在前述模型中引入系统重要性银行虚拟变量、货币政策及其宏观审慎政策三者之间的交叉项，对货币政策与宏观审慎政策关于系统重要性商业银行信贷供给顺周期性和风险承担行为方面的影响进行分析；最后，对研究结论的稳健性进行检验，总结相关结论。

6.1 变量选取、模型构建与数据描述

6.1.1 变量选取

（1）被解释变量。

宏观审慎政策主要通过抑制金融系统事前过度风险承担和信贷供给的顺周期性，从而降低系统性金融风险累积以实现金融稳定的目的。在我国金融市场化改革尚未实现，区域经济发展不平衡背景下，商业银行信贷供给的顺周期性会导致资产价格过快上涨，催生了房地产市场繁荣，加剧了房价的泡沫化程度，而在外部不利冲击下，房价急剧下跌通过银行资产负债表途径将会对实体经济产生显著的负面溢出效应；另一方面，宽松的信贷环境可能诱发商业银行采取更为激进的风险投资策略，银行信贷供给的顺周期性和风险承担行为从时间和空间两个维度影响，形成风险内生的闭环回路，将严重威胁金融系统的整体稳定。从当前宏观经济特征来看，无论是房地产领域风险还是政府债务规模过快上涨等问题，与之相关的核心问题均指向了银行信贷供给的过快增长。此外，关于宏观审慎政策对商业银行风险承担方面的研究已取得大量研究成果，此类文献通胀将银行不良资产比例、风险加权资产比例、资本收益率的滚动标准差或 Z 值（$Z_{i,t} = \dfrac{\sigma_i(Roa_{i,t})}{Roa_{i,t} + Car_{i,t}}$；$Roa_{i,t}$ 和 $Car_{i,t}$ 分别表示银行 i 在 t 时刻的净资产收益率和资本充足率）等指标作为测度商业银行风险承担水平的代理变量，此类指标也能够衡量商业银行风险管理决策的稳健性。基于实际数据可获得性，这里将银行贷款增速和风险加权资产比例分别作为从时间和空间两个维度衡量系统性金融风险的代理变量，即货币政策和宏观审慎政策及其两者之间协调搭配效果的目标变量。

(2)货币政策的代理变量。

当前乃至未来一段时期,中国人民银行仍将综合采用数量型与价格型并重的货币政策工具实现其物价稳定、金融发展和经济增长的目标。作为货币价格的基准,商业银行存款基准利率不仅改变了家庭部门的储蓄决策,通过银行利率传导渠道,也能够对实体经济信贷需求产生影响,进而改变金融稳定性。从货币政策实践角度来看,中国人民银行通过公开市场操作影响银行间市场拆借利率,通过债券市场、货币基金等货币价格传导机制,对银行的资产端和负债端进行调控,从而达到价格型的货币政策目标。此外,尽管近年来中国人民银行在不断推进利率市场化改革,但政府部门软预算约束、银行对私有企业的歧视现象、国有企业和事业单位大量债务等结构性金融摩擦的存在导致其并不一定对利率敏感,使用价格型的货币政策可能引发金融市场过度波动,不利于金融市场稳定。另一方面,鉴于2003年我国加入WTO后经常项目和资本项目"双顺差"局面所造成的过剩流动性,中国人民银行不断提高法定存款准备金率以防范市场流动性泛滥,商业银行的法定存款准备金率从2003年7%一直上升到2011年最高点21.5%,此后一度保持在20%左右;此外,考虑到中央银行当前以调控信贷供给实现广义货币供应量的目标,广义货币供应量M2可能和银行贷款增速存在反向因果关系,因此这里参考张娜(2019)的相关研究,将法定存款准备金率作为数量型货币政策工具,在引入回归方程时,将法定存款准备金率的变动 $\Delta sdr_{i,t}$ 作为数量型货币政策的代理变量。

(3)宏观审慎政策的代理变量。

宏观审慎政策包括多种工具,如文献综述所言,IMF将宏观审慎政策工具分为三类:一是资本类工具,包括逆周期缓冲、动态拨备、部门资本金要求和杠杆率等;二是流动类工具,包括巴塞尔协议Ⅲ提出的流动性覆盖和净稳定融资比率等;三是资产类工具,包括抵押贷款比(LTV)上限、债务收入比(DTI)等。在我国,宏观审慎政策主要是指监管当局根据金融风险状况对银行资本充足率、贷款价值比和流动性等指标施加相应的要求,促使银行业满足最低的监管标准。2008年金融危机过后,巴塞尔委员会针对银行业在危机中所暴露出的资本监管要求过低等方面的问题,推出了旨在防范系统性金融风险、强调宏观审慎管理的巴塞尔协议Ⅲ。作为该协议的核心内容,巴塞尔委员会提出了"逆周期资本缓冲"机制,希望借此加强商业银行信贷供给在顺经济周期中的稳健性,该机制要求监管当局在宏观经济上行期间加强对银行业资本缓冲水平的要求,在经济下行期间适度降低对银行资本缓冲的监管水平,这一举措在客观上改变了商业银行贷款和持有额外资本的水平，对降低信贷周期进而维护金融市场稳定起到了逆周期调控的作用。通常来讲，在信息不完全的条件下，商业银行会持有一定的缓冲资本以应付对其突发的资本需求，包括对银行挤兑和将来可能存在更好投资机会时对资本的需求；另一方面，银行持有较多的资本缓冲会面临支付利息的成本，因此银行的资本缓冲水平是其在收益和成本两方面进行权衡的最优决策变量；此外，监管当局对银行资本充足率施加一定要求也会进一步对其资本缓冲水平产生影响，为了避免受到监管处罚，商业银行也会存在激励持有较多的缓冲资本。事实上，自 2004 年中国银监会实施《商业银行资本充足率管理办法》以来，中国银行业的整体资本充足率水平显著提升，截至 2018 年底，银行业的平均资本充足率已达到 14.2% 的水平。由于宏观审慎政策的目的在于降低系统性金融风险，若商业银行在经济周期上行阶段持有较多缓冲资本，该行为本质上也起到了逆周期金融风险防范的作用，有别于发达国家资本缓冲水平与经济周期的负相关关系，实证研究表明我国商业银行的资本缓冲行为与经济周期呈现出显著的正相关关系，即商业银行在经济周期上行期间持有了较多的缓冲资本，该行为等价于监管当局对商业银行施加的逆周期资本缓冲要求，可以被认为是宏观审慎政策有效性的一种体现[229][230]。因此，借鉴已有相关文献，将商业银行的资本缓冲水平作为宏观审慎政策的代理变量。根据中国银监会 2012 年公布的《商业银行资本管理办法（试行）》，商业银行的资本充足率不得低于其总资本的 8%，这里借鉴黄宪和熊启跃（2013）、马勇和姚驰（2017）的做法，将商业银行的资本缓冲水平 $Buf_{i,t}$ 的计算公式表示为：$Buf_{i,t} = Car_{i,t} - 8\%$；其中，$Car_{i,t}$ 表示银行 i 在 t 时刻的资本充足率[229][230]。

（4）控制变量。

本章将构建动态面板的被解释变量为银行贷款增速 $dIn(Credit_{i,t})$ 和风险加权资产比例 $Risk_{i,t}$，因此这里需要选取恰当的控制变量对与商业银行有关的个体特征和反映市场流动性需求的宏观经济变量进行控制。参考相关文献，选取如下变量以控制商业银行的个体特征：一是资产规模；二是净资产收益率；三是资本结构；四是银行杠杆率。

资产规模（$Size_{i,t}$）：银行总资产的对数值。一般来讲，资产规模越大的银行，其经营决策更加规范，风险管理水平也越高，其信贷供给水平的增幅也应更低，风险承担行为的趋势也就越小。因此，银行的资产规模和信贷供给增速、风险承担应该呈现出负相关关系。

净资产收益率（$Roa_{i,t}$）：银行净利润与总资产的比值。利润的积累可以作为信贷扩张的资金来源，而当银行信贷供给增速增加时，反映了市场对信贷的需求旺盛，若银行的净资产收益率越高，从侧面说明市场上的资产收益率越高，故净资产收益率和银行信贷增速的关系并不确定。另一方面，若银行的净资产收益率越低，其扩张信贷追求高风险资产的动机也就更强，而银行净资产收益率较低也可能来源于过度追求高风险资产所导致的资产损失，因此净资产收益率与银行风险承担行为之间的关系也并不明确。

资本结构（$Ldr_{i,t}$）：银行贷款总量与存款总量的比值。若银行的相对负债水平越高，可供其发放的贷款量也就更少，也就降低了信贷增速；从风险管理的角度来看，若可供发放的贷款越少，其追求利率的动机可能也就更加强烈，导致其过度风险承担。因此，银行资本结构应该与信贷增速负相关，而与其风险承担正相关。

银行杠杆（$Lev_{i,t}$）：银行总资产与其权益资本的比值。若银行杠杆水平过高，较低程度的资本损失将可能导致银行破产清算，出于经营风险的考虑，商业银行很大可能会主动降低其杠杆水平，也就限制了信贷的进一步扩张；此外，监管当局也会对银行的杠杆率进行监管，以弥补对其资本充足率监管的不足。综合来看，银行杠杆与其信贷增速和风险承担水平呈现出负相关关系。

前文已从影响信贷供给水平的角度对商业银行微观个体特征进行了控制，这里也需要对影响银行信贷需求的宏观经济变量进行控制。从信贷需求角度来看，在经济增速较高的时期，实体经济对信贷的需求水平也就越高，在经济衰退期间对信贷的需求也会相应降低，两者之间呈现出明显的正相关关系。因此，从宏观层面来看，当期国内生产总值能够作为影响信贷需求的控制变量，但考虑到对外出口对GDP影响较大，为了剔除其对结论的干扰，这里参考徐明东和陈学彬（2012）的做法，选取固定资产投资作为影响银行信贷需求的宏观经济控制变量，而对影响地区性商业银行信贷需求的控制变量以相应省份当年的GDP作为对应的控制变量[72]。

（5）交叉项。

本章研究的核心内容在于探索货币政策和宏观审慎政策及其两者协调搭配对降低商业银行信贷顺周期性和风险承担行为方面的效果，故这里在回归方程中引入货币政策的代理变量和宏观审慎政策的代理变量两者之间的交叉项以考察两者协调搭配的效果；此外，考虑到货币政策和宏观审慎政策在调控系统重要性与非系统重要性银行方面的异质性，引入系统重要性银行虚拟变量、货币政策和宏观审慎政策三者代理变量的交叉项，对银行间市场调控效果的异质性进行检验和分析。具体指标的选取情况如表 6-1 所示。

表 6-1　　　　　　　　　　变量定义与变量设计

	变量名称	变量符号	变量设计
被解释变量	贷款增速	$\Delta Credit_{i,t}$	$(Credit_{i,t} - Credit_{i,t-1})/Credit_{i,t}$
	风险加权资产比例	$Risk_{i,t}$	风险加权资产除以银行总资产
货币政策	银行间市场拆借利率	R_t	银行间市场 1 年期拆借利率
	法定存款准备金率变动	Δsdr_t	$sdr_t - sdr_{t-1}$
宏观审慎政策	逆周期资本缓冲	$Buf_{i,t}$	资本充足率 -8%
控制变量	银行资产规模	$Ln(Size_{i,t})$	银行总资产的对数值
	银行资产净收益率	$Roa_{i,t}$	银行净利润与总资产的比值
	银行贷存比	$Ldr_{i,t}$	银行贷款总量与存款总量之比
	银行杠杆	$Lev_{i,t}$	银行总资本与其权益资本的比值
	全国固定资产投资	Fai_t	全国固定资产投资的对数值
	各省 GDP	$Gdp_{i,t}$	各省份 GDP 的对数值

6.1.2　模型构建

根据本章研究内容，这里首先建立基准模型对货币政策和宏观审慎政策在降低商业银行信贷供给顺周期性和风险承担行为进行检验：

$$Y_{i,t} = \alpha + \beta_1 Y_{i,t-1} + \beta_2 Buf_{i,t} + \gamma_1 R_t + \gamma_2 \Delta sdr_t + \mu_i + \eta Controls_{i,t} + \varepsilon_{i,t}$$

(6-1)

其中，$Y_{i,t}$ 表示被解释变量，包括银行 i 在 t 时期的信贷增速 $\Delta Credit_{i,t}$ 和风险加权资产比例 $Risk_{i,t}$；$Buf_{i,t}$ 表示银行 i 在 t 时期的资本缓冲水平；R_t 和 Δsdr_t 分别是银行间市场拆借利率和法定存款准备金率的变动，即价格型和数量型的货币政策。μ_i 表示银行的个体效应；$Controls_{i,t}$ 为系列控制变量，包括资产规模 $Ln(Size_{i,t})$、净资产收益率 $Roa_{i,t}$、资本结构 $Ldr_{i,t}$ 和银行杠杆 $Lev_{i,t}$；影响信贷需求的宏观层面控制变量为全国固定资产投资 Fai_t 或各省 GDP 的对数值 $Ln(Gdp_{i,t})$；$\varepsilon_{i,t}$ 为随机扰动项。如果 $Buf_{i,t}$ 的估计系数 β_2 显著为负，意味着银行资本缓冲能够有效降低商业银行信贷增速并抑制其风险承担行为；如果货币政策工具的估计系数 $\gamma_1(\gamma_2)$ 的估计系数显著为负（正），则表明紧缩性的货币政策也能够有效低银行信贷增速并抑制其风险承担行为。

其次，为了对货币政策与宏观审慎政策之间协调搭配共同致力于降低银行信贷供给增速和风险承担行为的效果进行检验，对基本模型式（6-1）进行扩展，分别引入货币政策和宏观审慎政策代理变量的交互项，对两者的协调效应进行检验：

$$Y_{i,t} = \alpha + \beta_1 Y_{i,t-1} + \beta_2 Buf_{i,t} + \gamma_1 R_t + \gamma_2 \Delta sdr_t + \theta_1 Buf_{i,t} \times R_t + \theta_2 Buf_{i,t} \times \Delta sdr_t + \mu_i + \eta Controls_{i,t} + \varepsilon_{i,t} \quad (6-2)$$

其中，式（6-2）中的交互项 $Buf_{i,t} \times R_t$ 和 $Buf_{i,t} \times \Delta sdr_t$ 分别用来检验价格型和数量型的货币政策工具对银行资本缓冲降低信贷供给增速和风险承担方面的效果，若其系数的估计值 $\theta_1(\theta_2)$ 显著为负（正），则表明宏观审慎管理当局配合货币当局的紧缩性货币政策，在更大程度上降低了银行信贷增速和风险承担行为。

最后，立足于宏观审慎政策思想，充分考虑宏观审慎政策在降低系统重要性银行与非系统重要性银行信贷顺周期性和风险承担方面的异质性，在式（6-2）的基础之上引入系统重要性银行的虚拟变量 Sys_i 及其与资本缓冲 $Buf_{i,t}$ 两者的交互项、与资本缓冲 $Buf_{i,t}$ 和货币政策 $R_t(\Delta sdr_t)$ 三者的交互项，对两类政策对调控系统重要性银行与非系统重要性银行的效果差异进行实证检验，对应的回归模型为：

$$Y_{i,t} = \alpha + Y_{i,t-1} + \beta_2 Buf_{i,t} + \gamma_1 R_t + \gamma_2 \Delta sdr_t + \theta_1 Buf_{i,t} \times R_t + \theta_2 Buf_{i,t} \times \Delta sdr_t + \phi_1 Sys_i + \phi_2 Sys_i \times Buf_{i,t} + \phi_3 Sys_i \times Buf_{i,t} \times R_t + \phi_4 Sys_i \times Buf_{i,t} \times \Delta sdr_t + \mu_i + \eta Controls_{i,t} + \varepsilon_{i,t} \quad (6-3)$$

其中，Sys_i 表示银行 i 的类型，若样本银行为系统重要性银行时，令 Sys_i 为1，否则 Sys_i 为0。交互项 $Sys_i \times Buf_{i,t}$ 可以用来检验资本缓冲对不同性质银行信贷供给顺周期性和风险承担行为的调控效果；若其系数 ϕ_2 显著为负，表明逆周期资本缓冲能显著降低系统重要性商业银行的顺周期性和风险承担行为。此外，式（6-3）中系统重要性银行虚拟变量 Sys_i、资本缓冲 $Buf_{i,t}$ 和货币政策 $R_t(\Delta sdr_t)$ 三者的交互项，可以检验货币政策和宏观审慎政策协调搭配在降低系统重要性银行与非系统重要性银行信贷供给顺周期性和风险承担行为方面的异质性。若其系数 $\phi_3(\phi_4)$ 显著为负（正），则表明货币政策和宏观审慎政策协调搭配有效降低了系统重要性银行信贷增速和风险承担行为。

6.1.3 数据描述

中国银监会自2004年开始实施《商业银行资本充足率管理办法》，鉴于该机制实施的滞后性和相关数据可得性,这里选取2005~2006年度中国商业银行的非平衡面板数据,包括中国工商银行、中国建设银行、中国银行、中国农业银行4家大型国有商业银行和招商银行、中信银行、民生银行、兴业银行、交通银行、光大银行等9家全国性股份制银行,以及上海银行、北京银行、广发银行、江苏银行等27家地方性商业银行作为研究对象。相关数据来源于Bankscope数据库、国泰安数据库(CSMAR)、Wind数据库、中国宏观经济数据库(CEIC)和《中国统计年鉴》;其中,银行相关的资产负债表结构数据来源于Bankscope数据库和CSMAR,各省市的年度GDP来源于Wind数据库,银行间市场拆借利率R_t和法定存款准备金率sdr_t来源于CEIC,全国固定资产投资数据来源于《中国统计年鉴》,而对于银行数据中的缺失值采用插值法进行替代。此外,为避免回归结果出现"伪回归"的可能性,这里对带有趋势项的银行层面变量和宏观经济变量进行了单位根检验,结果表明各序列均为时间平稳序列,适合作为回归的分析变量。表6-2为前述各变量的统计性描述。

表6-2　　　　　　　　　主要变量的统计性描述

变量	样本数	平均值	标准差	最小值	最大值
$\Delta Credit_{i,t}$	264	0.1966	0.1136	-0.5262	1.0068
$Risk_{i,t}$	264	60.5393	7.0259	40.1580	79.2334
R_t	264	3.9196	0.9435	2.0489	4.9764
Δsdr_t	264	0.2363	1.9226	-1.5000	4.7292
$Buf_{i,t}$	264	4.1830	1.6304	-1.1000	16.1200
$Size_{i,t}$	264	13.8697	1.6104	10.3117	16.9993
$Roa_{i,t}$	264	0.9613	0.2505	0.0526	1.7094
$Ldr_{i,t}$	264	65.8717	9.1744	37.1400	92.0317
$Lev_{i,t}$	264	17.0920	3.9895	8.1011	45.3704
$Ln(Fai_{i,t})$	160	12.9653	0.5824	11.6062	13.3154
$Ln(Gdp_{i,t})$	104	7.7696	0.2093	8.1011	8.9541

6.2　实证分析

根据前述所构建的统计模型,本小节主要包括以下三个方面的内容:一是分别探究货币政策与宏观审慎政策是否有助于降低商业银行信贷增速和风险承担行为；二是当前阶段我国货币政策和宏观审慎政策协调搭配的效果；三是上述两类政策协调搭配对系统重要性与非系统重要性银行信贷顺周期和风险承担行为的异质性。

由于银行信贷增速和风险承担行为存在一定程度的惯性，前述模型式（6-1）、式（6-2）和式（6-3）中将被解释变量的滞后一期值作为回归方程中的解释变量，这不可避免在估计过程中引入了内生性问题，使用传统的静态面板估计方法将不可避免导致得到有偏、非一致的估计结果。为了克服动态面板这一内生性问题，Arellano & Bover (1995) 提出了一阶差分广义矩估计（Diff - GMM），通过对模型进行差分以消除固定效应，同时选取恰当的被解释变量滞后值作为工具变量以解决动态面板的内生性问题，一阶差分广义矩估计的矩条件为 $E[(\varepsilon_{i,t} - \varepsilon_{i,t-1})Z_{i,t-j}] = 0$；$j = 2,3,\cdots$，$t = 2006,2007,\cdots$[229]。尽管一阶差分广义矩估计（Diff - GMM）解决了动态面板的内生性问题，对工具变量的选取却容易出现弱工具变量问题。为此，Arellano & Bover (1995)、Blundell & Bond (1998) 进一步提出将模型中被解释变量和解释变量的滞后项作为水平方程的工具变量，水平方程的矩条件为：$E[\varepsilon_{i,t}(Z_{i,t-j} - Z_{i,t-j-1})] = 0$，$j = 2,3,\cdots$，$t = 2006,2007,\cdots$[229][230]；在此基础上，结合上述差分方程和水平方程，就得到了动态面板系统广义矩估计（system - GMM），该方法有效弥补了 Diff - GMM 的不足，估计的参数结果也更为有效。由于工具变量的有效性取决于估计过程后误差项是否序列相关，Arellano & Bover (1995) 提出可以对误差项的一阶差分和二阶差分进行 Z 检验[229]；此外，针对工具变量在动态面板 system - GMM 估计过程中的弱可识别问题，这里也采用了 Hanson 检验。因此，本章将采用动态面板系统广义矩方法对货币政策和宏观审慎政策及其两者之间协调搭配的效果进行实证检验。

6.2.1 基准模型的估计结果

表 6 - 3 显示了回归方程式（6 - 1）的估计结果。其中，表中第 2 列至第 4 列分别是货币政策和银行资本缓冲对银行贷款增速的回归结果，而第 5 至第 7 列是关于上述两类政策对银行风险加权资产比例的回归结果。从回归结果来看，反映估计结果稳健性的残差项自相关系数的 AR（1）检验、AR（2）检验，以及对工具变量进行弱可识别的 Hanson 检验均无法拒绝对应检验的原假设，表明

了估计结果的可靠性。此外,估计结果被解释变量的一阶滞后项系数均在5%的显著性水平下为正,表明我国银行业信贷扩张和风险承担行为存在一定程度的持续性,这也与相关研究对银行业微观数据的实证分析较为吻合[222]。

表6-3 货币政策和银行资本缓冲对银行贷款增速和风险资产比例的估计结果

变量	(1) $\Delta Credit$	(2) $\Delta Credit$	(3) $\Delta Credit$	(4) $Risk$	(5) $Risk$	(6) $Risk$
$L.(\cdot)$	0.3005** (2.72)	0.2126*** (2.95)	0.2159*** (2.93)	0.4464*** (6.55)	0.5443*** (5.91)	0.3067*** (3.33)
Buf	-0.0452*** (-3.00)	-0.0131** (-2.10)	-0.0192*** (-2.95)	-1.8375*** (-6.32)	-1.3341*** (-3.50)	-1.7610*** (-6.57)
R		-0.0192* (-1.96)			-5.368** (-2.19)	
Δsdr			-0.0232*** (-3.23)			-1.0466*** (-3.72)
$Size_{i,t}$	-0.0287** (-2.32)	-0.0217*** (-2.76)	-0.0289*** (-2.87)	-1.4210** (-2.01)	-1.3751** (-2.26)	-1.6563** (-2.42)
$Roa_{i,t}$	0.1391* (1.69)	0.0613* (1.85)	0.0786* (1.79)	13.5891** (2.01)	11.9674** (1.97)	10.1778* (1.77)
$Ldr_{i,t}$	-0.0038** (-2.61)	-0.0022 (-1.23)	-0.0044*** (-2.97)	0.0891* (1.89)	0.05720 (1.02)	0.2817*** (3.10)
$Lev_{i,t}$	-0.0135** (-2.22)	-0.0060* (-1.70)	-0.0087* (-1.71)	-0.6579** (-2.54)	-0.5353** (-2.19)	-0.7085*** (-2.79)
$Ln(Gap_{i,t})$	0.0147** (2.27)	0.0219* (2.01)	0.0127** (2.30)	0.3851 (1.15)	0.4738 (1.57)	-0.1327 (-0.28)
AR(1)检验	-2.85 (0.004)	-3.03 (0.002)	-3.00 (0.003)	-2.94 (0.003)	-3.29 (0.001)	-2.98 (0.003)
AR(2)检验	1.14 (0.256)	0.04 (0.967)	0.41 (0.443)	2.02 (0.143)	2.48 (0.113)	1.97 (0.049)
Hanson检验	24.37 (0.182)	23.64 (0.746)	20.14 (0.683)	22.28 (0.844)	24.49 (0.789)	23.46 (0.947)

注:①***、**、*分别表示Z统计量小于0.01、0.05、0.1;
②$L.(\cdot)$表示被解释变量的一阶滞后;
③各变量估计系数下方的数值为Z统计量;
④AR(1)检验、AR(2)检验和Hanson检验括号内的数值为其P值。

首先,表6-3中的模型(1)至模型(6)关于银行资本缓冲对银行贷款增速和风险加权资产比例在5%的显著性水平下均为负,表明我国商业银行的资本缓冲行为确实具有不同于发达国家顺经济周期的特征，表现出一定程度的逆经济周期调控能力，因此适合作为逆周期宏观审慎政策的代理工具变量[231]。其次，价格型（数量型）的货币政策代理变量——银行间市场拆借利率 R_t（法定存款准备金率变动 Δsdr_t）对银行贷款增速和风险加权资产的回归系数均显著为负，表明紧缩性的货币政策不仅能够从"量"的维度降低银行过度借贷所带来的流动性风险，而且能够从"质"的维度增强银行对风险资产的敏感度，降低其顺经济周期中的风险承担行为；然而，单独的货币政策和宏观审慎政策却无法同时实现金融稳定和信贷增长的目标，即两者需要密切配合才能产生一个较为中性的结果，表明了宏观审慎政策在维护金融稳定方面的重要性。此外，为了研究银行资本缓冲是否干扰了货币政策目标的实现，这里始终将银行资本缓冲纳入回归方程，结果显示在货币政策发挥作用的时期，银行资本缓冲水平也相应降低，却并未干扰货币政策目标的实现，表明我国银行的货币政策传导渠道通畅，这也与相关文献研究结论保持一致。最后，无论在回归方程中以何种方式加入控制变量，均未改变上述两类政策代理变量回归系数的显著性和正负号，再次表明货币政策和银行资本缓冲均能对银行贷款增速和风险承担行为施加影响，这也增强了研究结论的可靠性①。

从控制变量来看，在将所有控制变量同时引入被解释变量为银行贷款增速的回归方程后，可以看到银行资产规模和杠杆对贷款增速的回归系数分别在5%和1%的水平下均为负，表明资产规模越大、杠杆水平越高的银行，其贷款扩张的倾向也就愈发收敛，这反映了两方面的内容：一是资产规模较大的银行风险管理水平较高，经营更为稳健；二是资产规模较大、杠杆水平越高的银行对系统性金融风险影响程度更大，也就受到更为严格的监管[232][233]。此外，银行净资产收益率和经济增速均在1%的显著性水平下为正，这表明：其一，银行净资产收益率越高，其通过扩张信贷规模追求超额利润的动机就愈发强烈，银行业的竞争也加剧了这一现象；其二，以货币供应推动经济增长的信贷驱动型货币政策已经成为现阶段我国宏观经济的常态，每当经济增速出现下滑的苗头时，中国人民银行总是面临稳增长的压力被迫"放水"，显示出货币政策当局一直将维护经济增速作为其核心政策内容，而对通胀的容忍程度却较高。在当前货币政策的增长效果不断减弱，而其扭曲效应逐渐开始显现时，货币政策当局应加强对通胀和资产价格以及金融风险的考虑，适当地对金融失衡

---

① 为避免逐渐加入控制变量导致表6-3篇幅过大，这里只报告了加入所有控制变量的结果。

作为一定程度的反应,使经济增长由量的积累转向质的提升,这也符合当前高质量发展阶段的基本要求。然而,银行贷存比及其杠杆的估计系数却并不显著,这与近年来我国商业银行将信贷业务出表,以传统方式计算的贷款比和杠杆不能如实反映银行的资本结构有关,这也是《巴塞尔协议Ⅲ》要求采用多种方式对银行的资本结构进行全面分析的原因。最后,从银行风险加权资产比例角度来看,银行资产规模和杠杆水平的回归系数分别在1%和5%的水平下显著为负,表明资产规模越大的银行,其利润来源愈加广泛,相应也从事了较低风险水平的贷款业务,而银行杠杆水平的回归系数为负,可能的原因在于银监会对银行的杠杆水平和资本充足率的管理,使银行出于追求利润的考虑,对违约率较高的企业和个人发放了贷款[234];另一方面,净资本收益率对其回归系数显著为正,表明银行业竞争的加剧、融资成本的上升以及对高资本收益率的追求,导致银行降低了贷款标准,发放了高风险贷款。

6.2.2 货币政策与银行资本缓冲协调搭配的估计结果

为了研究宏观审慎政策是否配合货币政策显著降低银行贷款增速和风险加权资产比例,在基准模型基础之上纳入两者的交互项,表6-4显示了式(6-2)的估计结果。其中,模型(1)和模型(3)分别是银行间市场拆借利率 R 与银行资本缓冲 Buf 及其两者交互项 $R \times Buf$ 对银行贷款增速和风险加权资产比例的估计结果,而模型(2)和模型(4)则分别是法定存款准备金率变动 Δsdr 和银行资本缓冲 Buf 及其两者交互项 $\Delta sdr \times Buf$ 对银行贷款增速和风险加权资产比例的估计结果。

回归结果表明:第一,在基准模型中引入两类政策代理变量的交互项后,被解释变量的一阶滞后值、银行资本缓冲、两类政策代理变量的估计系数均在1%的水平下显著,其正负号与表6-3相比也并未发生变化,间接证明了基准模型估计结果的可靠性,即货币政策和宏观审慎政策均有效降低了银行贷款增速和风险加权资产比例。第二,交互项 $R \times Buf$ 对银行贷款增速 $\Delta Credit$(风险加权资产比例 $Risk$)的估计系数在5%的显著性水平下为正,这与银行间市场拆借利率 R 和资本缓冲 Buf 对 $\Delta Credit(Risk)$ 的估计系数符号相反,表明银行资本缓冲显著削弱了价格型的货币政策对银行贷款增速(风险加权资产比例)影响;在货币政策宽松时,若银行贷款利率下降引发市场对银行贷款需求增加时,银行的资本缓冲不仅会对银行贷款数量施加一定约束,也会对其发放贷款的风险水平施加一定要求,从"量"与"质"两个方面降低了银行贷款风险;这与货币政策与经济周期正相关,而我国银行的资本缓冲却与经济周期逆相关有关,也表明了两类政策需要协调搭配的必要性。第三,交互项 $\Delta sdr \times Buf$ 对银行贷款增速 $\Delta Credit$ 的估计系数在5%的显著性水平下为负,这与银行资本缓冲 Buf 估计系数的符号相同,而与法定存款准备金率 Δsdr 估计系数的符号相反,表明银行资本缓冲也削弱了数量型货币政策对银行银行贷款增速的影响,即当货币供应量紧缩时,逆周期的银行资本缓冲将向市场释放一定水平的流动性,缓解了市场资金紧张的局面,但同时也就相当于削弱了货币政策的调控能力。然而,交互项 $\Delta sdr \times Buf$ 对银行风险加权资产比例的回归系数却并不显著,表明银行资本缓冲并未对数量型货币政策的银行风险资产选择行为施加影响,即当中央银行紧缩市场流动性时,若宏观审慎当局配合货币政策当局对银行施加更为严格的资本要求时,商业银行却并未表现出明显的风险规避倾向,这主要是由于以下两个方面的原因:一是从银行信贷供给角度来看,当中国人民银行紧缩市场流动性时,银行出于经营风险的考虑将贷款投向了国有企业和政府项目以降低贷款违约的责任,但国有企业和政府项目却无法提供足够风险溢价的资本收益率,无法弥补银行风险资产选择行为所带来的风险,例如相关研究表明监管当局对银行施加的贷款价值比和资本充足率等监管要求尽管限制了银行扩张贷款规模的行为,却导致其隐蔽地通过影子银行进行高风险的贷款活动[235]。二是从市场信贷需求角度来看,在中央银行紧缩信贷供给规模时,可能出于"逆向选择"的原因,资本收益率较高的企业考虑到社会总需求将出现下降,相应也就降低了对银行贷款需求,而资本收益率较低的企业可能会增加贷款,而较高的资金成本促使其追求更高风险的项目,可能导致银行风险加权资产比例不变或上升。上述两者表明,在当前国有企业和私有企业的二元经济模式下,可能存在较大程度信贷资源错配现象,银行资本缓冲对数量型货币政策降低风险承担行为并未产生实质性影响。

表6-4　两类政策协调搭配对银行贷款增速和风险加权资产比例的估计结果

变量	(1) $\Delta Credit$	(2) $\Delta Credit$	(3) $Risk$	(4) $Risk$
$L.(\cdot)$	0.2740** (2.58)	0.2227** (2.51)	0.3371*** (4.49)	0.3297*** (3.61)
$Buf_{i,t}$	-0.1381** (-2.41)	-0.0114* (-1.74)	-7.0151*** (-4.51)	-1.7786*** (-6.18)

续表

变量	(1) $\Delta Credit$	(2) $\Delta Credit$	(3) $Risk$	(4) $Risk$
R	-0.1205** (-2.14)		-4.0880** (-2.19)	
$R \times Buf$	0.0271** (2.12)		1.0356*** (3.19)	
Δsdr		-0.0859*** (2.86)		-0.7894** (-1.98)
$\Delta sdr \times Buf$		0.0118** (1.78)		-.0515 (-0.36)
$Size_{i,t}$	-0.0302** (-2.05)	-0.0319*** (-2.78)	-1.8191*** (-2.80)	-0.8976 (-1.26)
$Roa_{i,t}$	-0.0634 (-0.53)	-0.0316*** (-3.50)	10.76223** (1.87)	9.4317* (1.78)
$Ldr_{i,t}$	-0.0043** (-2.23)	-0.0027*** (-2.05)	0.0533 (1.13)	0.2496*** (2.90)
$Lev_{i,t}$	-0.0109** (-2.12)	-0.0023 (-0.60)	-1.3887*** (-3.28)	-0.7253*** (-3.10)
$Ln(Gap_{i,t})$	0.0178* (1.79)	0.0141*** (2.59)	0.6967** (1.99)	-0.2007 (-0.44)
AR(1)检验	-3.05 (0.002)	-2.87 (0.004)	-2.83 (0.005)	-2.92 (0.003)
AR(2)检验	1.06 (0.289)	0.96 (0.338)	1.83 (0.067)	1.96 (0.050)
Hansen检验	22.08 (0.182)	22.58 (0.367)	24.44 (0.551)	25.03 (0.868)

注：① *** 、** 、* 分别表示 Z 统计量小于 0.01、0.05、0.1；
② L.(·) 表示被解释变量的一阶滞后；
③ 各变量估计系数下方的数值为 Z 统计量；
④ AR(1)检验、AR(2)检验和 Hanson 检验括号内的数值为其 P 值。

就控制变量而言，在引入货币政策与银行资本缓冲两者的交叉项后，模型（1）和模型（2）结果表明银行资产规模和贷存比依然对其贷款增速有显著影响，这与基准模型的估计结果一致，而模型（2）中银行杠杆却并未显示出显著性，这与两类政策协调搭配的效果有关，即银行资本缓冲削弱了数量型货币政策效果，使银行持有了更高水平的缓冲资本，也就相应降低了银行杠杆水平，使得该系数并不显著。然而，模型（4）表明当被解释变量为风险加权资产比例和同时引入两类政策的交叉项时,原先在 10% 显著性水平下的银行资产规模却并不显著,表明尽管从整体上宏观审慎政策并未对货币政策的金融稳定效果产生影响,却使得资产规模较低的银行更大程度地加强了风险资产管理水平[236]。

6.2.3 货币政策与银行资本缓冲协调搭配对异质性银行的估计结果

考虑到商业银行的异质性,在式(6-2)中引入系统重要性银行的虚拟变量 Sys(将系统重要性银行虚拟变量设定为 1,而令非系统重要性银行虚拟变量为 0),对货币政策和宏观审慎政策及其两者协调搭配对系统重要性与非系统重要性银行关于贷款增速和风险加权资产比例方面的调控效果差异进行分析。表 6-5 显示了式(6-3)的估计结果。

表 6-5 两类政策对系统重要性银行与非系统重要性银行调控效果的估计结果

变量	(1) $\Delta Credit$	(2) $\Delta Credit$	(3) $\Delta Credit$	(4) $Risk$	(5) $Risk$	(6) $Risk$
$L.(\cdot)$	0.2189*** (3.52)	0.2207*** (3.63)	0.2304*** (2.97)	0.5948*** (4.35)	0.5526*** (4.30)	0.2878*** (3.64)
Buf	-0.0243* (-1.75)	-0.0261** (-2.17)	-0.0189* (-1.69)	-1.5763*** (-4.32)	-1.6166*** (-4.56)	-2.2188*** (-5.69)
R	-0.0216* (-1.75)	-0.0193* (-1.75)		-3.6501*** (-2.99)	-3.3805*** (-2.76)	
Δsdr			-0.0179** (-2.16)			-0.8699*** (-3.02)
Sys	0.2917** (2.18)	0.2065* (1.82)	0.1748* (1.85)	6.4026* (1.92)	5.3012* (1.76)	6.3368* (2.03)
$Sys \times Buf$	-0.0556** (-2.10)	-0.0616** (-2.45)	-0.3113** (-2.63)	-0.8521* (-1.77)	-1.3940** (-2.35)	-0.9729** (-2.12)
$Sys \times R \times Buf$		0.0051* (1.85)			0.1710** (2.07)	
$Sys \times \Delta sdr \times Buf$			-0.0019* (-1.76)			-0.0471 (-0.73)
$Size_{i,t}$	-0.376** (-2.24)	-0.0364** (-2.01)	-0.0398* (-1.77)	-1.3282 (-1.67)	-1.2574 (-1.65)	-1.2929* (-2.01)

续表

变量	(1) $\Delta Credit$	(2) $\Delta Credit$	(3) $\Delta Credit$	(4) $Risk$	(5) $Risk$	(6) $Risk$
$Roa_{i,t}$	0.0535** (2.06)	0.1124* (1.87)	0.0589* (1.90)	1.2012 (0.29)	2.1827 (0.54)	5.0602 (-0.61)
$Ldr_{i,t}$	-0.0022* (-1.92)	-0.0024** (-2.15)	-0.0018 (-1.27)	0.1745 (1.48)	0.1850 (1.66)	0.2171*** (2.91)
$Lev_{i,t}$	-0.0038** (-1.14)	-0.0039 (-1.04)	-0.0061 (-1.56)	-0.7946*** (-3.35)	-0.8001*** (-3.24)	-1.063*** (-3.63)
$Ln(Gap_{i,t})$	0.0209** (2.15)	0.0202* (1.91)	0.0153* (1.75)	0.2134 (0.39)	0.1573 (0.30)	-1.1517*** (-3.04)
AR(1)检验	-3.15 (0.002)	-3.21 (0.001)	-3.04 (0.002)	-3.48 (0.000)	-3.49 (0.000)	-2.80 (0.005)
AR(2)检验	-0.47 (0.641)	-0.09 (0.930)	0.13 (0.896)	2.56 (0.071)	2.50 (0.072)	1.90 (0.058)
Hansen检验	26.04 (0.992)	6.38 (1.000)	19.50 (0.996)	17.13 (0.979)	17.65 (0.994)	23.06 (0.985)

注：①***、**、*分别表示统计量Z小于0.01、0.05、0.1；
②L.(·)表示被解释变量的一阶滞后；
③各变量估计系数下方的数值为Z统计量；
④AR(1)检验、AR(2)检验和Hanson检验括号内的数值为其P值。

在加入系统重要性银行虚拟变量 Sys、被解释变量的一阶滞后值 L.(·)、核心解释变量的交互项、银行资本缓冲 Buf、货币政策代理变量 R(Δsdr) 和所有控制变量后，核心解释变量估计系数的显著性和正负号与式（6-1）和式（6-2）基本一致，佐证了前述两个回归模型的研究结论。估计结果表明：第一，模型（1）至模型（6）的估计结果显示，系统重要性银行虚拟变量 Sys 的估计系数在1%的显著性水平下为负，表明系统重要性银行贷款增速显著高于一般性银行，这也与 Ferri et al（2014）、刘生福和李成（2014）、张澄和沈悦（2018）的研究结论保持一致，可能是因为央行通过系统重要性银行向市场提供信贷[237][75][238]；然而，银行资本规模对被解释变量的估计系数在1%显著性水平下为负（对风险加权资产比例的估计系数接近1%），正常来讲，我国系统重要性银行也是资产规模较大的银行，而对应的虚拟变量 Sys 却显著为正，这表明我国银行资产规模应该与其贷款增速和风险加权资产比例呈"U"形关系，因此货币政策和宏观审慎政策及其两者协调搭配对中等规模银行的影响程度最为显著。第二，系统重要性银行虚拟变量 Sys 与资本缓冲 Buf 的交互项 $Sys \times Buf$ 显著为负，表明相对于非系统重要性银行，资本缓冲对系统重要性银行贷款增速和风险资产比例产生了更为明显的影响，显著提升了其信贷风险和经营风险的管理水平。第三，在同时将虚拟变量 Sys、资本缓冲 Buf 和银行间市场拆借利率 R（法定存款准备金率 Δsdr）引入回归方程后，估计结果表明银行资本缓冲削弱了价格型货币政策对系统重要性银行在降低贷款增速和风险加权资产比例的影响，即当中央银行降低利率以提高信贷需求时，银行资本缓冲降低了总的信贷供给增速，从而也降低了宽松货币政策下商业银行的风险承担行为；然而，从数量型货币政策角度来讲，银行资本缓冲加强了货币政策对系统重要性银行贷款增速的影响，对其风险加权资产比例却并未产生任何影响，这意味着当中央银行扩张信贷供给时，对全体银行施加的资本缓冲要求导致系统重要性银行显著扩张了信贷供给规模，即宏观审慎政策的金融稳定调控效果在银行间市场存在异质性，而一直并未显著的银行净资产收益率此时也显著起来，意味着本该稳健经营的系统重要性银行在宏观审慎政策下出现了与经济周期同步的现象，这与本研究所选取的核心解释变量密切相关，银行资本缓冲行为是银行自身决策的内生变量，即采用市场自律的方式无法解决系统重要性银行"大而不倒"所带来的问题，这也与陈忠阳和许悦（2017）的研究保持一致[239]。另一方面，若宏观审慎当局对商业银行施加一定的额外资本要求，则上述结论将意味着出于利润动机的考虑，系统重要性银行将显著降低其持有的额外资本水平，降低了金融系统的整体稳定性，因此宏观审慎政策也应关注银行间的异质性，采取差异化的调控方式来维护金融系统稳定。

从控制变量角度来看，银行资产规模 $Size_{i,t}$、贷存比 $Ldr_{i,t}$ 和银行杠杆水平 $Lev_{i,t}$ 的估计系数也都在 1% 的水平下显著，其符号方向也并未发生大的改变，进一步增强了前述关于银行特征对其贷款增速和风险承担行为的结论可靠性。

综上所述，首先，货币政策与宏观审慎政策均能有效降低商业银行贷款增速和风险承担行为，但单一的政策却无法同时实现信贷增长和金融稳定的目的，这表明了宏观审慎政策在降低金融风险方面的重要性，也反映了两者协调搭配的必要性；其次，宏观审慎政策削弱了价格型货币政策对银行贷款增速和风险承担的影响，也削弱了数量型货币政策对银行贷款增速的影响，却并未对数量型货币政策的银行风险承担行为产生影响，这表明在央行向市场注入流动性时，对商业银行的资本监管尽管降低了总的信贷供给规模，却导致商业银行通过其他方式规避了对其资本数量的监管，将资产转移到了更高风险的项目，即数量型货币政策下商业银行可能存在监管套利活动，如近年来逐渐发展起来的影子银行系统。最后，相对于非系统重要性银行，系统重要性银行存在显著的贷款增长惯性和风险承担行为，银行资本缓冲显著降低了其"大而不倒"对系统性金融风险的不利影响，银行资本缓冲削弱了价格型货币政策对系统重要性银行贷款增速和风险承担行为，却加强了数量型货币政策对银行贷款增速的影响，这表明以市场自律的范式对系统重要性银行施加的监管要求可能会改变其风险决策行为，降低金融系统的整体稳定性，若宏观审慎政策唯一目标是金融稳定的话，则数量型的货币政策法则并不利于宏观审慎政策维护金融稳定，中央银行应更多采用价格型货币政策作为其政策工具。

6.3 稳健性检验

为了检验前文研究结论的可靠性和稳健性，本节从两方面进行检验。一方面，宏观审慎政策包括多种工具，根据 Lim et al（2011）和 Claessens et al（2013）的统计，我国目前的宏观审慎政策工具主要分为 5 种，除了法定存款准备金率外，宏观审慎的政策主要包括抵押贷款比（LTV）、债务收入比（DTI）、逆周期资本要求和系统重要性银行附加资本要求以及贷款限额[150][123]。从我国相关政策实践来看，宏观审慎管理就是监管当局对银行资本充足率、贷款价值比和流动性等指标制定相应的监管标准。事实上，自 2004 年以来，中国人民银行借鉴国际上对金融机构风险水平差别化对待的做法，下调资本充足率和资产质量较高金融机构的法定存款准备金率，针对资本充足率较低和资产质量较差金融机构的盲目扩张行为而制定了较高的存款准备金率，中国人民银行希望利用差别存款准备金率这一制度矫正金融部门失衡，该制度对符合监管要求的金融机构降低法定存款准备金率，而对不符合监管要求的金融机构增加法定存款准备金的缴纳，从而降低了银行信贷供给的顺周期性，因此这里以差别存款准备金率作为各商业银行逆周期资本缓冲的替代变量，对其与货币政策之间相互配合降低银行贷款增速和风险加权资产比例的效果进行实证分析。另一方面，大量研究将银行不良贷款率作为银行风险承担的代理变量，故这里以不良贷款率作为风险加权资产比例这一被解释变量的替代变量，对前文结论进行检验。

6.3.1 差别存款准备金率作为宏观审慎政策代理变量的估计结果

从表 6-6 的估计结果来看，两个被解释变量一阶滞后值的回归系数在 10% 的显著性水平上均为正，显示出 6.1.2 小节所设定的动态面板模型是合适的，即我国商业银行具有显著的贷款扩张和风险承担惯性；差别存款准备金率 ddr 在 1% 的显著性水平下均有效降低了银行贷款增速和风险加权资产比例，紧缩性的价格型与数量型货币政策均能有效降低银行贷款增速和持有风险资产的膨胀动力，这与前文关于银行资本缓冲和货币政策的相关结论类似；在模型中加入系统重要性银行虚拟变量 Sys 后，却发现系统重要性银行在贷款增速方面显示出与非系统重要性银行存在显著不同，而其在风险承担行为方面却并未与非系统重要性银行存在多大差别，这可能是由于差别存款准备金率主要是从总量上降低银行贷款增速，不同于银行资本缓冲是内生化地出于经营风险考虑的代理变量。

表 6-6　货币政策与差别存款准备金率之间协调搭配的估计结果①

变量	(1) $\Delta Credit$	(2) $\Delta Credit$	(3) $\Delta Credit$	(4) $Risk$	(5) $Risk$	(6) $Risk$
$L.(\cdot)$	0.1200* (1.94)	0.2124*** (3.84)	0.2059*** (3.69)	0.8639*** (5.19)	0.3740*** (3.39)	0.3031*** (3.43)
ddr	-0.0687* (-1.72)	-0.0166** (-2.22)	-0.0092* (-1.84)	-6.1997* (-1.91)	-9.1035** (-2.12)	-5.3800* (-1.72)
Sys	0.1714 (1.36)	-0.2062** (-2.45)	-0.1815* (-1.70)	12.2676* (1.75)	11.8135 (1.68)	12.5193 (0.67)
R		-0.0216* (-1.96)			-48.7805** (-2.12)	
$R \times ddr$		0.0151*** (3.04)			1.9489* (1.60)	
$Sys \times R \times ddr$		-0.0011* (-1.79)			-0.1483* (-1.84)	

---

① 考虑到同时引入差别存款准备金率和法定存款准备金率会导致模型中存在多种共线性的可能，故这里以广义货币供应量 M2 的对数值作为数量型货币政策代理变量——法定存款准备金率的替代指标。

续表

变量	(1) $\Delta Credit$	(2) $\Delta Credit$	(3) $\Delta Credit$	(4) $Risk$	(5) $Risk$	(6) $Risk$
$Ln(M2)$			0.0886*** (4.05)			3.6640* (1.80)
$Ln(M2) \times ddr$			-0.3113** (-2.63)			0.3050* (1.92)
$Sys \times Ln(M2) \times ddr$			-0.0017 (-0.98)			-0.0195 (-1.28)
$Size_{i,t}$	-0.0768** (-2.03)	-0.0107 (-0.82)	-0.0199 (-1.67)	-1.2223 (-0.72)	-0.0106 (-0.01)	-0.4831 (-0.77)
$Roa_{i,t}$	0.0648 (0.81)	0.0096 (0.41)	0.0771 (1.17)	0.6523 (0.14)	5.6861** (2.15)	3.0422 (1.35)
$Ldr_{i,t}$	-0.0019 (-1.28)	-0.0019* (-1.90)	-0.0030* (-1.82)	0.4266*** (2.97)	0.3160** (2.56)	0.1547* (1.87)
$Lev_{i,t}$	-0.0065 (-1.26)	-0.0033 (-1.43)	-0.0046 (-1.25)	-0.3258 (-1.31)	-0.0441 (-0.27)	-0.4869** (-2.64)
$Ln(Gap_{i,t})$	0.0358** (2.31)	0.0065 (0.68)	0.0134 (1.61)	0.2066 (0.27)	-0.4568 (-0.70)	-0.0220 (-0.07)
AR(1)检验	-3.11 (0.002)	-2.94 (0.003)	-3.05 (0.002)	-3.31 (0.001)	-3.11 (0.002)	-3.22 (0.001)
AR(2)检验	0.34 (0.735)	-0.29 (0.772)	-0.26 (0.794)	1.86 (0.063)	0.78 (0.437)	1.23 (0.218)
Hansen检验	11.56 (0.997)	17.03 (1.000)	21.63 (0.963)	17.66 (0.875)	15.87 (0.999)	15.42 (1.000)

注：① ***、**、*分别表示 Z 统计量小于 0.01、0.05、0.1；
② L.(·)表示被解释变量的一阶滞后；
③各变量估计系数下方的数值为 Z 统计量；
④AR（1）检验、AR（2）检验和 Hansen 检验括号内的数值为其 P 值。

此外，差别存款准备金率削弱了价格型货币政策对银行贷款增速和风险加权资产比例的调控效果，也削弱了数量型货币政策对银行贷款增速的影响，却加强了数量型货币政策对银行风险承担行为的影响，这表明当前阶段中国人民银行对不同性质商业银行施加的资本监管要求是恰当的，该政策工具使不同性质商业银行表现出相同的风险管理水平。最后，差别存款准备金率显著降低了系统重要性与非系统重要性银行风险加权资产比例；然而，差别存款准备金率对数量型货币政策在降低系统重要性银行贷款增速和不良贷款比例方面却并未产生多大影响,该结论也与前文一致,对应的银行资产规模 $Size_{i,t}$ 回归系数并不显著也说明了这一点,也间接证实了前文的研究结论,即系统重要性银行相对而言对金融系统的整体稳定更为重要。

6.3.2 银行不良贷款率作为被解释变量的估计结果

表 6-7 显示了将银行不良贷款率 $Nplr$ 作为被解释变量,将差别存款准备金率 ddr 作为宏观审慎政策代理变量的模型估计结果。结果表明,银行不良贷款率滞后项的估计系数在 10% 的显著性水平下为正,显示出该指标的惯性,也表明了银行存在显著的风险承担行为;然而,差别存款准备金率的估计系数从整体来看却并不显著,这可能是因为差别存款准备金率与其说是一种监管工具,更应说是一种货币政策工具,人民银行利用其调控市场流动性,其具有较为明显的数量型货币政策意义,单一的差别存款准备金率对银行风险承担的影响并不确定,可能导致其政策的正面效应与负面效应相互抵消;此外,系统重要性银行虚拟变量 Sys 却因核心解释变量的不同而表现出显著差异,即在模型中引入银行间市场拆借利率、差额存款准备金率、系统重要性银行虚拟变量三者之间的交互项时(模型 2 和模型 3),系统重要性银行虚拟变量 Sys 的估计系数却并不显著,这表明价格型货币政策和宏观审慎政策及其两者之间交互作用显著降低了系统重要性银行风险承担行为,前述关于差别存款准备金率的讨论进一步表明,差额存款准备金率作为数量型货币政策无法降低商业银行的不良资产比例,但紧缩性的价格型货币政策却能够配合其增强商业银行的风险管理水平,降低其不良资产比例,这与前文关于价格型货币政策与宏观审慎政策的结论也保持了一致。最后,模型(4)表明在将差额存款准备金率及其与法定存款准备金率变动的交叉项同时引入回归方程时,系统重要性银行虚拟变量的估计系数变得显著,若将差额存款准备金率和法定存款准备金率的变动同时作为数量型货币政策法则时,则表明两者相互削弱了对方影响,而现实数据则是两者同向波动,这表明数量型货币政策下系统重要性银行存在显著的扩张风险资产的行为;模型(5)表明在控制了差额存款准备金率、系统重要性银行虚拟变量和法定存款准备金率变动三者的交叉项后,系统重要性银行虚拟变量变得不显著,而监管三者的交叉项并不显著,系数符号却为负,两者表明系统重要性银行确实具有显著的顺周期风险承担行为,更进一步证实了前文的研究结论。

表6-7　　　　　　　　被解释变量为银行不良贷款率的估计结果

变量	(1) $Nplr$	(2) $Nplr$	(3) $Nplr$	(4) $Nplr$	(5) $Nplr$
$L.(\cdot)$	0.6015*** (10.95)	0.8559*** (14.49)	0.6825*** (15.85)	0.5941*** (7.65)	0.6702*** (10.90)
ddr	-0.1741* (-1.73)	-0.1058 (-1.51)	-0.3189 (-1.56)	-0.1044* (-1.78)	-0.076** (-2.08)
Sys	0.4166* (1.84)	-0.0485 (-0.75)	0.4062 (1.25)	0.3319* (1.76)	0.3542 (0.68)
R		-0.5456* (-1.98)	-2.0321 (-1.61)		
$R \times ddr$		0.0283* (1.83)	0.1009 (1.50)		
$Sys \times R \times R$			-0.0066 (-1.18)		
Δsdr				-1.1067* (-1.88)	-1.7415* (-0.51)
$\Delta sdr \times ddr$				0.0373* (1.85)	0.0891* (1.71)
$Sys \times \Delta sdr \times ddr$					-0.0044 (-0.85)
$Size_{i,t}$	-0.0514 (-0.59)	-0.0379 (-0.62)	-0.0215 (-0.64)	-0.0433 (-0.57)	-0.0155 (-0.49)
$Roa_{i,t}$	0.3568 (1.63)	0.2552 (1.20)	0.1988 (1.36)	0.1148 (0.78)	0.2376 (1.41)
$Ldr_{i,t}$	0.0052 (1.16)	-0.0015 (-0.39)	0.0012 (0.24)	0.0023 (0.42)	-0.0017 (-0.55)
$Lev_{i,t}$	0.0050 (0.72)	0.0117* (1.87)	0.0147* (1.71)	0.0072 (1.40)	0.0028 (0.70)
$Ln(Gap_{i,t})$	0.0105 (1.08)	0.0285 (0.94)	0.0131 (0.92)	0.0034 (0.49)	0.0058 (0.27)
AR(1)检验	-2.82 (0.005)	-2.91 (0.004)	-2.96 (0.003)	-2.82 (0.005)	-2.78 (0.005)
AR(2)检验	-0.99 (0.320)	-1.03 (0.304)	-1.41 (0.159)	-0.81 (0.415)	-0.98 (0.328)
Hansen检验	15.56 (0.980)	19.65 (1.000)	20.71 (0.998)	17.50 (0.863)	18.54 (0.183)

注：① ***、**、*分别表示 Z 统计量小于 0.01、0.05、0.1；
② $L.(\cdot)$ 表示被解释变量的一阶滞后；
③ 各变量估计系数下方的数值为 Z 统计量；
④ AR(1)检验、AR(2)检验和 Hanson 检验括号内的数值为其 P 值。

综合来看，无论是将被解释变量替换为银行不良资产比例，还是以差别存款准备金率作为宏观审慎政策工具，稳健性检验所分析得到的结论均与 6.2 节实证分析得到的结论没有太大出入，前文章节的研究结论基本稳健。

6.4 本章小结

针对货币政策与宏观审慎政策协调搭配实证研究较为缺乏的现实，本章利用 2006~2016 年中国 36 家商业银行的微观数据，采用系统 GMM 方法对货币政策与宏观审慎政策降低时间维度和空间维度系统性金融风险的有效性进行了研究。具体来讲，以商业银行资本缓冲作为逆周期宏观审慎政策的代理变量，考虑到中国人民银行综合采用数量型和价格型的货币政策维护金融市场流动性合理充裕的现实，将银行间市场拆借利率和法定存款准备金率变动作为货币政策的代理变量，构建了被解释变量为系统性金融风险时间维度和空间维度的两个代理变量——商业银行贷款增速和风险加权资产比例的动态面板模型，研究了货币政策与宏观审慎政策及其两者协调搭配在降低系统性金融风险方面的有效性，最后对研究结论进行了稳健性检验。

研究表明：第一，货币政策与逆周期宏观审慎政策均能有效降低商业银行信贷增速和风险承担行为，从而抑制了系统性金融风险的累积，由于银行信贷增速和风险承担行为之间的同周期性，货币政策或宏观审慎政策却无法同时实现信贷增长和金融稳定的目标，显示出宏观审慎政策在降低系统性金融风险方面的重要性，也表明了两类政策协调搭配的必要性。第二，宏观审慎政策削弱了价格型货币政策对银行信贷增速和风险承担行为的影响，也削弱了数量型货币政策对银行信贷增速的影响，但却加强了数量型货币政策对银行风险承担行为的影响，即当中国人民银行向市场注入流动性时，对银行的资本监管尽管降低了信贷供给增速，却导致商业银行以其他方式规避了对银行的资本监管，将资产转移到更高风险的领域，即商业银行可能存在监管套利活动。第三，在引入系统重要性银行虚拟变量后，结果发现相对于非系统重要性银行，系统重要性银行存在更为显著的信贷顺周期性和风险承担行为，对其施加更为严格的资本监管能显著降低其因"大而不倒"而对系统性金融风险的不利影响。此外，资本缓冲（差别存款准备金率）显著削弱（加强）了价格型货币政策对系统重要性商业银行信贷增速和风险承担行为的影响，同时加强了数量型货币政策对银行风险承担的影响，从侧面表明当前对商业银行实行的差别存款准备金率是合理的。最后，从货币政策与宏观审慎政策协调搭配的视角来看，前述结论成立的一个重要前提是银行信贷扩张和风险承担行为之间的同周期性，这也是由于我国中央银行并未实行前述章节所提出的兼顾信贷市场稳定的严格通胀目标制所导致的结果，以信贷供给规模扩张推动经济增长是我国宏观经济的基本特征，该模式对本章的研究结论具有决定性影响。

综上所述，当前阶段我国商业银行内生化的资本缓冲和中央银行对其施加的差别存款准备金率均具有逆周期宏观审慎调控效果，政策当局可以考虑针对不同性质和规模的商业银行设计差异化的银行资本监管要求，防止资本监管政策"一刀切"所带来的监管不到位对金融稳定的负面影响，据此进行宏观审慎管理。从宏观审慎政策唯一目标是金融稳定的视角来看，货币政策当局应尽量使用价格型的货币政策工具，利用货币价格传导机制对市场主体决策产生实质性约束，避免因商业银行存款竞争所导致金融监管套利行为对系统性金融风险的边际贡献；但考虑到现实金融背景，当前中央银行还是应该利用数量型货币政策工具在确保银行间市场流动性合理充裕的条件下继续大力推进利率市场化改革，通过利率传导机制降低广泛存在于商业银行间的信贷歧视现象。系统重要性银行"大而不倒"一直以来都是金融业存在的一个现实问题，针对系统重要性银行过度信贷扩张和风险偏好行为，只有以加强银行业竞争的方式消除其不利影响，因此当前还是应该对外开放银行业，鼓励银行业间的良性竞争，加强对系统重要性银行的监管，以多种方式将广泛存在于金融系统中的金融摩擦通过"国企"和"私企"二元经济模式将负面影响降到最低程度，推进金融系统的整体稳定，防范系统性金融风险发生的可能性。

7 结论与政策建议

7.1 主要结论

2008年美国爆发的金融危机表明,传统的货币政策和微观审慎的监管政策无法有效确保金融系统的稳定,系统性金融风险亟须宏观审慎政策的弥补。危机过后,巴塞尔委员会和各国金融监管当局均在推动适合本国国情的宏观审慎政策以消除系统性金融风险的积累,促进金融系统稳定。宏观审慎政策主要通过约束金融市场参与者事前过度风险承担行为,限制金融风险在金融体系中的交叉"感染",从而增强金融系统的弹性,降低系统性金融风险发生的概率,进而实现其政策目标,但宏观审慎政策在促进金融体系稳定的同时,不可避免会对实体经济产生政策外溢效应。有部分学者认为紧盯通货膨胀和产出缺口的Taylor规则应该为此次危机的扩大和不断蔓延负有不可推卸的责任,货币政策当局追求物价稳定的目标导致物价上涨的压力向金融部门转移,信用创造在资产部门的过度扩张为日后的危机埋下了巨大隐患。此外,实证研究表明货币政策也显著改变了金融系统的风险感知和容忍度,即货币政策的风险承担渠道理论,该机制为货币政策将金融因素纳入其决策过程中提供了理论依据。综合来看,在维护金融系统稳定进而实现实体经济长期平稳运行的过程中,货币政策和宏观审慎政策均能有效降低系统性金融风险的积累,却也不可避免需要将对方的政策外溢效果纳入其决策范围之内、协调其政策的力度和方向,进而以社会成本最低的方式实现实体经济与金融系统的"双稳定"。

基于此,本书第2章对货币政策、宏观审慎政策及其两者之间关系的文献进行了梳理和分析,对国内外既有研究文献进行了述评,确定了本书的主要研究内容和方向。第3章从理论层面阐明了货币政策与宏观审慎政策在维护价格稳定和金融稳定方面的优势和不足,进而对两者的协同效应和协调机制进行了分析，并构建了一个能够反映现阶段我国宏观经济基本特征的新凯恩斯动态随机一般均衡模型，利用中国宏观经济数据对模型中的参数进行了校准与贝叶斯估计，形成了一个研究中国宏观经济政策调控的基本分析框架。第 4 章在 DSGE 模型中引入动态住房抵押贷款比和商业银行资本监管两种宏观审慎政策工具，与此同时，将金融因素纳入传统上仅考虑通货膨胀和产出缺口的 Taylor 规则之中，继而对上述两类政策盯住的目标变量、传导机制和政策外溢效应等问题，从定性与定量两类维度进行了分析，明确了两类政策工具的适用范围，为货币政策与宏观审慎政策协调搭配奠定了研究基础。为了对上述两类政策的最优协调机制进行分析，第 5 章提出了相应政策工具的局部最优化目标函数和社会（全局）最优化目标函数，在合作与非合作均衡的视角下求解了不同外生冲击下的最优政策反应参数和对应的社会福利水平，通过脉冲响应分析对上述两类政策的最优协调机制进行了分析，从定量与定性两个角度对货币政策当局和宏观审慎管理当局之间的最优协调机制进行了理论上的探讨。最后，为了对我国货币政策和宏观审慎政策协调搭配的效果进行评价，也考虑到中国人民银行综合采用价格型和数量型的货币政策调控宏观经济、维护金融市场流动性合理充裕的现实特征，第 6 章采用系统 GMM 方法对 2005 ~ 2016 年的银行面板进行了回归分析，对价格型和数量型的货币政策与银行资本缓冲共同降低银行贷款增速和风险承担行为方面的效果进行了评价，区分了两类政策对系统重要性银行与非系统重要性银行调控效果的差异。研究结果显示：

第一，社会信贷总量、资本资产价格和房价指数的波动均能在一定程度上反映金融市场风险状况，将其纳入货币政策决策规则中能够显著降低关键宏观经济变量的波动性；盯住金融因素的货币政策与传统货币政策一致，均由金融市场传导至实体经济，对家庭部门储蓄、住房贷款和企业借款施加影响，从而间接对金融市场发挥效应，但货币政策却无法同时实现实体经济与金融部门的双重稳定，其维护金融市场稳定的努力必将对实体经济产生显著的政策外溢效应。宏观审慎政策直接作用于商业银行信贷供给决策，其降低信贷风险和维护金融稳定的渠道更为直接，针对所引入的住房抵押贷款比和商业银行资本监管两种政策工具，前者可以盯住房价或住房信贷进而维护住房市场平稳，后者可以将社会信贷总量或银行杠杆作为其盯住的目标变量，该工具主要目标在于降低银行信贷过度扩张和高杠杆带来的经营风险，对实体经济的整体外溢效应较小，但在部分外生冲击下将加大房价波动，在此情境下，住房抵押贷款比能够有效弥补银行资本监管的不足，共同降低外生冲击下宏观审慎政策对实体经济的政策溢出效应。

第二，货币政策和宏观审慎政策相互合作能够实现最低程度的社会福利损失，该损失降低的程度与外生冲击类型相关，在住房需求冲击和企业家资本收益的风险冲击下，两者之间相互合作的福利所得明显。货币政策应与宏观审慎政策就信贷目标水平相互沟通，两类政策紧盯信贷指标在理论上具有一定的可行性，该政策目标简单、清晰，便于政策制定者决策且能够为市场提供有效预期；宏观审慎政策应以金融稳定为唯一目标，即使其目标函数中关注产出缺口，也不应将其作为决策变量。在货币政策冲击和总需求冲击下，宏观审慎当局仅需使用银行资本监管工具，表明了兼顾信贷市场平稳的严格通胀目标指标制规则的货币政策具有独立性，可以独立于宏观审慎政策当局决策，也表明在上述冲击下，商业银行不存在监管套利行为；而在其余外生冲击下，单一的宏观审慎政策工具将通过金融机构监管套利行为而加剧长期宏观经济波动，削弱了宏观审慎政策的整体调控效果。

第三，我国商业银行资本缓冲行为具有显著的逆经济周期特征，能够有效降低银行信贷增速和风险承担行为，适合作为宏观审慎政策的代理变量，而货币政策也具有金融稳定的调控效果。基于货币政策和宏观审慎政策协调搭配的实证研究表明，逆周期宏观审慎政策显著削弱了价格型货币政策对银行信贷增速和风险承担行为的影响，而宏观审慎政策对数量型货币政策的影响却因被解释变量的不同而显示出差异性；例如，宏观审慎政策削弱了数量型货币政策对银行信贷增速的影响，却加强了数量型货币政策对银行风险承担行为的影响，即当中央银行向金融市场注入流动性时，对银行的资本监管尽管降低了其信贷供给规模，却导致商业银行以其他方式规避了对银行的资本监管，将资产转移到更高风险领域，如影子银行等。在引入系统重要性银行虚拟变量后，结果表明相对于非系统重要性银行，系统重要性银行存在更为显著的信贷顺周期性和风险承担行为，对其施加的资本监管能够显著降低其"大而不倒"对系统性金融风险的边际贡献；在引入系统重要性银行虚拟变量、逆周期资本缓冲和货币政策三者代理变量的交叉项后，发现资本缓冲削弱了价格型货币政策对系统重要性银行信贷增速和风险承担行为的影响，却加强了数量型货币政策对银行信贷增速和风险承担行为的影响。最后，理论研究所认为的宏观审慎政策与货币政策存在一定独立性与上述实证研究相互矛盾的原因在于当前我国以信贷扩张推动经济增长的货币政策规则并不符合兼顾信贷稳定的通胀目标制规则。

7.2 相关政策建议

依据前述研究结论，这里提出了完善货币政策与宏观审慎政策协调搭配的相关政策建议：

（1）货币政策与宏观审慎政策协同互补、发挥各自优势。

宏观审慎政策的目标在于防范和降低金融系统顺周期性通过银行资产负债表渠道对实体经济的溢出效应，在整个金融系统顺周期性过程中，信贷扩张是其核心动力来源，而资产价格过度上涨只是信贷扩张的外在表现形式，宏观审慎政策的要义在于对整体金融体系信用创造的监管，针对广义信贷过度扩张采取逆周期的政策操作。尽管考虑金融因素的货币政策也能够显著降低金融系统的顺周期性，但很难在不对实体经济产生较大溢出效应的前提下抑制系统性金融风险的不断累积；此外，货币政策传导链条过长，传导过程中可能因各种金融摩擦的存在而导致传导渠道不畅，在当前我国金融体系并不完善的背景下还可能加剧局部金融失衡的程度，宏观审慎政策弥补了货币政策在维护金融稳定方面的不足，对降低我国金融系统顺周期性和风险承担行为将产生重要的推动作用，但也应防范其在维护金融系统稳定的同时对实体经济的溢出效应。综合来看，货币政策和宏观审慎政策在发挥各自优势分别维护实体经济与金融系统稳定的同时，不可避免需要考虑对方的政策外溢效应，协调政策的力度和方向，相互之间降低对方的政策外溢效果，以成本最低的方式实现金融系统与实体经济的"双稳定"。本书的理论研究表明，货币政策和宏观审慎政策相互合作，针对不同外生冲击分别调整对通货膨胀、产出缺口和信贷供给的弹性系数能够实现社会福利最大化，而准确识别冲击的来源和大小，确定政策合作变量和其变量的弹性系数对于政策当局来讲难度过大，因此，可以确定两类政策合作调控的目标变量范围，在正常指标范围内，货币政策和宏观审慎政策分别实现其目标函数的最优化，即货币政策紧盯通胀，宏观审慎政策维护信贷平稳，而当冲击力度超过一定程度或目标变量的波动范围超过一定水平时，两类政策当局相互沟通，协调政策的力度和方向，以一种妥协的方式共同维护实体经济与金融系统的稳定，这一方式也能够降低两类政策的协调成本。从货币政策当局立场来看，中国人民银行要逐渐摆脱以货币扩张推动经济增长的货币政策调控模式，严格确立通胀目标指标制的货币政策，同时兼顾信贷市场状态，对其过度波动做出必要的反应。

（2）货币政策与宏观审慎政策应重点加强对社会信贷总量水平和信用创造的关注。

货币政策和宏观审慎政策及其两者之间协调搭配均需关注政策本身对实体经济和金融系统的传导机制，从历次金融危机来看，过度借贷导致的信贷扩张是金融不稳定和危机的潜在来源，而金融中介的信用创造是金融风险的重要表现形式，因此货币政策和宏观审慎政策协调的重点应该在于对社会信贷总量水平和金融中介信用创造的关注。从我国金融中介信用创造的角度来看，商业银行为规避行政与金融监管，而通过理财产品、银信合作、银证合作等多种方式将信贷业务出表，经过中国式特征的"影子银行"将信贷提供给了原本无法从正常商业银行渠道获得贷款的实体经济，尽管商业银行以此扩张了其利润来源，却导致监管当局无法对"影子银行"利用期限转换和流动性转换所创造的流动性进行有效监管，成为当前阶段我国金融风险重要的潜在不稳定因素。因此，现阶段宏观审慎政策当局要从横向的信贷增速与纵向的信贷风险两个维度完善对整个金融系统的监管，尤其是要加强对脱离银行资产负债表途径而进入"影子银行"的信用创造活动的监管，完善对金融中介进行监管的指标统计体系建设，对金融体系（包括"影子银行"）信用创造和风险传导机制进行全方位的监测，构建完整的金融体系资金流量表，信用中介资产负债表等监测体系，将其纳入宏观审慎政策评估体系决策范围；此外，打破体制上的壁垒，建立能够协调中央银行与宏观审慎部门的信用监管和信息共享机制，以便两者能够实时获取金融中介信用创造水平和信用风险状态数据，协调彼此政策的力度和方向。

（3）宏观审慎政策相互配合以降低金融部门监管套利行为。

当宏观审慎当局使用单一的监管政策工具对部分金融领域内失衡施加更为严格的监管要求时，为规避监管，金融机构会将信贷转移到监管不足或监管真空地带，如近年来在我国发展起来的"影子银行"体系，从而降低了监管政策的效果，创造了新的金融不稳定来源，脱离监管的信用创造最终将可能以一种难以预期的方式威胁到金融系统的整体稳定，因此不仅货币政策需要与宏观审慎政策相互配合，宏观审慎政策本身也需要创新不同的政策工具共同抑制金融系统监管套利行为对金融稳定的负面效应。但从现实角度来看，金融创新导致监管当局难以彻底根除金融部门的监管套利行为，而宏观审慎政策的最终目标是确保整个金融体系的稳定，因此宏观审慎当局应密切监测信贷流动方程和程度，根据不同领域内的风险水平开发针对性的监管工具，促进不同层级、不同类型和不同部门监管政策工具彼此协同配合，共同降低金融机构的监管套利行为，维护金融系统全方位稳定。

（4）推进金融开放和利率市场化改革，促进货币政策调控向货币价格调控转型。

价格是市场经济的核心，在"货币政策+宏观审慎"双支柱调控框架还处于不断探索和完善的过程中时，应重视货币政策的价格机制对金融系统风险决策的影响，通过打破政府预算软约束、加快金融市场功能建设和深化金融市场风险管理等一系列利率传导的制约因素，疏通货币的价格机制传导渠道，使利率对金融市场参与者的风险行为形成有效制约，避免大水漫灌式信贷投放对实体经济的逆向淘汰影响，使货币的价格机制对市场参与者的风险行为形成有效制约，配合宏观审慎政策从"量"和"价"两个维度降低金融机构风险承担和信贷供给的顺周期性。此外，在利率市场化改革还远未实现的背景下，中央银行需要在确保金融系统流动性合理充裕的条件下，有序疏通货币的价格传导渠道，平滑政策转型对金融稳定的影响；宏观审慎政策当局应严格执行《巴塞尔协议Ⅲ》对商业银行的逆周期资本缓冲要求，在此基础之上可以根据我国商业银行的基本特征对规模较小的银行施加更为严格的监管要求，防范其逆经济周期的风险资产选择行为，即采用差异化的政策工具对不同资本水平的银行施加不同的监管要求。最后，"大而不倒"所引发的道德风险一直以来都在威胁着金融系统的稳定，货币政策当局和宏观审慎政策当局在制定决策时一般都需要将其对系统重要性银行的影响纳入其考虑范围，这不仅缩小了政策当局可以使用的政策工具范围，也对货币政策和宏观审慎政策协调搭配造成了不利影响，因此在当前银行业务割据，商业银行依然存在较大垄断势力背景下，应进一步扩大金融业的对外开放水平，引入更多外部竞争者，学习对方先进的管理技术和经验，从整体上提升银行业的风险管理水平，为货币政策和宏观审慎政策协调搭配奠定坚实的微观基础。

7.3 研究展望

本书利用主流宏观经济理论研究方法——动态随机一般均衡（DSGE）模型对货币政策和宏观审慎政策及其两者之间协调搭配共同维护金融与实体经济

的机制进行了理论上的分析,在理论研究的基础上进一步采用系统 GMM 方法对当前阶段货币政策和宏观审慎政策的配合效果进行了实证分析,提出了完善我国货币政策和宏观审慎政策协调搭配的政策建议。然而,本书仅是相关研究道路上的边际进步,相关工作还可以从以下三个方面进行深入研究:

第一,本书所构建的模型简化了对政府税收来源的处理,尤其在当前阶段货币政策的刺激效果越来越弱背景下,财政政策不仅肩负着维持经济增速的任务,而且其对金融稳定的效果愈加明显、相关税收类政策也能作为宏观审慎政策工具,因此货币政策、财政政策和宏观审慎政策三者在不同经济阶段对维护金融稳定的机理和协调搭配的机制需要进行更为深入研究。

第二,中国现阶段正处于经济转轨阶段,中国人民银行在较大程度上依靠流动性管理调控金融市场流动性状况,而数量型的货币政策在我国"二元"经济模式下难以为市场提供足够的基准,反而削弱了银行提升风险管理水平的动力,正如本书第六章实证研究的结论,货币政策与宏观审慎政策协调搭配也需要由货币政策数量调控向货币价格调控转型,而目前关于货币政策调控模式转型与宏观审慎政策之间调控机制转型的理论和实证依然较为缺乏,未来还需要进行更为深入的分析。

第三,本书对货币政策与宏观审慎政策之间最优协调搭配机制的研究属于理论层面的探讨,而具体协调制度的建设需要综合考虑当前经济所处的状态、金融结构、可供选择的监管工具和基本政治制度的需要,权衡各方面的利弊以确定政策配合的着力点。此外,两类政策协调搭配也需要考虑国际金融风险的溢出效应,实证研究表明:一国的金融监管政策将对其他国家产生显著的金融溢出效应,即存在国际监管套利活动,因此宏观审慎政策和货币政策的协调搭配也需要国家间的信息共享和监管协调机制,这都是将来需要研究的内容。

参考文献

[1] Gorton G, Metrick A. Securitized banking and the run on repo [J]. Journal of Financial Economics, 2012, 104 (3): 425-451.

[2] Pozsar, Adrian Australia R B O. Discussion on The Economics of Shadow Banking [J]. 2012.

[3] Board F S. Addressing financial systemprocyclicality: a possible framework [J]. BIS Note for the FSF Working Group on Market and Institutional Resilience, Financial Stability Board website, April, 2009.

[4] Bernanke B S, Gertler M. Should central banks respond to movements in asset prices? [J]. American Economic Review, 2001, 91 (2): 253-257.

[5] Boria C. Lowe P. "Asset Price, Financial and Monetary Stability: Exploring the Nexus" [R]. BIS Working Papers, 2002, No. 114.

[6] Issing O. Monetary and financial stability: is there a trade-off? [J]. BIS Papers, 2003 (18): 16-23.

[7] Padoa Schioppa T. Financial supervision: inside or outside central banks [J]. Kremers J., Schoenmaker D., Wierts P., Financial Supervision in Europe, Edward Elgar, Cheltenham, 2003: 160-175.

[8] Greenspan A. Economic flexibility [J]. Vital Speeches of the Day, 2005, 71 (24): 738.

[9] Gerlach S, Svensson L E O. Money and inflation in the euro area: a case for monetary indicators? [J]. Journal of Monetary Economics, 2003, 50 (8): 1649-1672.

[10] Bernanke B S, Gertler M, Gilchrist S. The financial accelerator in a quantitative business cycle framework [J]. Handbook of macroeconomics, 1999 (1): 1341-1393.

[11] Kiyotaki N, Moore J. Credit cycles [J]. Journal of political economy,

1997, 105 (2): 211 – 248.

[12] Kiyotaki, Nobuhiro, and John Moore. Liquidity, Business Cycle, and Monetary Policy, 2001, mimeo, LSE.

[13] Aoki K., Proudman, Vlieghe. Houses Prices, Consumption and Monetary Policy: a Financial Accelerator Approach [J]. Journal of Financial Intermediation, 2004, 13 (1): 559 – 641.

[14] Goodhart, C. and Boris Hofmann. "House Price, Money, Credit, and the Macroeconomic", Oxford Reviews of Economic Policy, 2008, 24 (1): 180 – 205.

[15] Iacoviello M, Neri S. Housing market spillovers: evidence from an estimated DSGE model [J]. American Economic Journal: Macroeconomics, 2010, 2 (2): 125 – 164.

[16] 梁斌, 李庆云. 中国房地产价格波动与货币政策分析——基于贝叶斯估计的动态随机一般均衡模型 [J]. 经济科学, 2011 (3): 17 – 32.

[17] 陈诗一, 王祥. 融资成本、房地产价格波动与货币政策传导 [J], 金融研究, 2016 (3): 1 – 14.

[18] Gilchrist S, Leahy J V. Monetary policy and asset prices [J]. Journal of monetary Economics, 2002, 49 (1): 75 – 97.

[19] Matteo Iacoviello. House Prices, Borrowing Constraints, and Monetary Policy in the Business Cycle [J]. American Economic Review, 2005, 95 (3): 739 – 764.

[20] Bean C R. Asset prices, financial imbalances and monetary policy: are inflation targets enough? [J]. 2003.

[21] Bean C R. Asset prices, financial instability, and monetary policy [J]. American Economic Review, 2004, 94 (2): 14 – 18.

[22] Mishkin F S. The transmission mechanism and the role of asset prices in monetary policy [R]. National bureau of economic research, 2001.

[23] Kohn D L. Commentary: Has Financial Development Made the World Riskier? [C] Proceedings of the Federal Reserve Bank of Kansas City Symposium at Jackson Hole. 2005.

[24] Cecchetti S G, Genberg H, Lipsky J, et al. Asset prices and central bank policy [M]. Centre for Economic Policy Research, 2000.

[25] Bordo M D, Jeanne O. Boom – busts in asset prices, economic instability,

and monetary policy [R]. National Bureau of Economic Research, No. w8966. 2002.

[26] Borio, C., and P. Lowe (2002). Asset Prices, Financial and Monetary Stability: Exploring the Nexus. BIS Working Papers 114. 2002. Bank for International Settlements, Basel.

[27] Detken C, Smets F. Asset price booms and monetary policy [J]. Macroeconomic Policies in the World Economy, Springer, Berlin, 2004: 189 – 227.

[28] BenBernanke. Monetary Policy and the House Bubble [R]. At the Annual Meeting of American Economic Assocaition, 2010.

[29] 汪恒. 资产价格对核心通货膨胀指数的修正 [J]. 数量经济技术经济研究, 2007 (2): 92 – 98.

[30] Savioz M R, Bengui J. Asset Price Bubbles and Monetary Policy: What can be learned from the Swiss Experience? [J]. AUSSENWIRTSCHAFT – ZURICH –, 2007, 62 (1): 9.

[31] Faia E, Monacelli T. Optimal interest rate rules, asset prices, and credit frictions [J]. Journal of Economic Dynamics and control, 2007, 31 (10): 3228 – 3254.

[32] 伍戈. 货币政策与资产价格：经典理论、美联储实践及现实思考 [J]. 南开经济研究, 2007, 9 (4): 100 – 105.

[33] 周晖, 王擎. 货币政策与资产价格波动：理论模型与中国的经验分析 [J]. 经济研究, 2009, 44 (10): 61 – 74.

[34] 王擎, 韩鑫韬. 货币政策能盯住资产价格吗？——来自中国房地产市场的证据 [J]. 金融研究, 2009 (8): 114 – 123.

[35] 戴国强, 张建华. 中国金融状况指数对货币政策传导作用研究 [J]. 财经研究, 2009, 35 (7): 52 – 62.

[36] 李成, 王彬, 马文涛. 资产价格、汇率波动与最优利率规则 [J]. 经济研究, 2010, 45 (3): 91 – 103.

[37] 唐齐鸣, 熊洁敏. 中国资产价格与货币政策反应函数模拟 [J]. 数量经济技术经济研究, 2009, 26 (11): 104 – 115.

[38] 赵进文, 高辉. 资产价格波动对中国货币政策的影响——基于1994 – 2006年季度数据的实证分析 [J]. 中国社会科学, 2009 (2): 98 – 114, 206.

[39] 邢天才, 田蕊. 开放经济条件下我国资产价格与货币政策目标关系的实证分析 [J]. 国际金融研究, 2010 (12): 4 – 12.

[40] 李健, 邓瑛. 推动房价上涨的货币因素研究——基于美国、日本、中国泡沫积聚时期的实证比较分析 [J]. 金融研究, 2011 (6): 18-32.

[41] 陈继勇, 袁威, 肖卫国. 流动性、资产价格波动的隐含信息和货币政策选择——基于中国股票市场与房地产市场的实证分析 [J]. 经济研究, 2013, 48 (11): 43-55.

[42] 谭政勋, 王聪. 房价波动、货币政策立场识别及其反应研究 [J]. 经济研究, 2015, 50 (1): 67-83.

[43] 徐妍, 郑冠群, 沈悦. 房地产价格与我国货币政策规则——基于多部门 NK-DSGE 模型的研究 [J]. 南开经济研究, 2015 (4): 136-152.

[44] 徐忠, 张雪春, 邹传伟. 房价、通货膨胀与货币政策——基于中国数据的研究 [J]. 金融研究, 2012 (6): 1-12.

[45] 侯成琪, 龚六堂. 货币政策应该对住房价格波动作出反应吗——基于两部门动态随机一般均衡模型的分析 [J]. 金融研究, 2014 (10): 15-33.

[46] 郑忠华, 邸俊鹏. 房地产借贷与中国宏观经济波动——基于信贷扩张视角的 DSGE 模拟研究 [J]. 中国经济问题, 2015 (4): 33-45.

[47] 吴智华, 杨秀云. 信贷结构摩擦、住房市场波动与货币政策 [J]. 财经科学, 2017 (10): 1-16.

[48] 骆祚炎. 资产价格波动、经济周期与货币政策调控研究进展 [J]. 经济学动态, 2011 (3): 121-126.

[49] Trichet J C. Monetary Policy Strategies: A Central Bank Panel [C]. A Symposium Sponsored by the Federal Reserve Bank of Kansas City. Jackson Hole, Wyoming. 2005.

[50] Borio C E V, Drehmann M. Assessing the risk of banking crises-revisited [J]. 2009.

[51] Cúrdia V, Woodford M. Credit Spreads and Monetary Policy [J]. Journal of Money Credit & Banking, 2010, 42 (s1): 3-35.

[52] Woodford M. Inflation targeting and financial stability [R]. National Bureau of Economic Research, 2012.

[53] Borio, C., 2014. Monetary Policy and Financial Stability: What Role in Prevention and Recovery?. Bank for International Settlements. BIS Working Papers 440.

[54] 黄佳, 朱建武. 基于金融稳定的货币政策框架修正研究 [J]. 财经

研究，2007（4）：96 – 106.

［55］何德旭，张捷. 经济周期与金融危机：金融加速器理论的现实解释［J］. 财经问题研究，2009（10）：65 – 70.

［56］马勇，冯心悦，田拓. 金融周期与经济周期——基于中国的实证研究［J］. 国际金融研究，2016（10）：3 – 14.

［57］Borio C, Zhu H. Capital regulation, risk – taking and monetary policy: A missing link in the transmission mechanism?［J］. Bis Working Papers, 2008, 8 (4): 236 – 251.

［58］Gambacorta L. Monetary policy and the risk – taking channel［J］. International banking and financial market developments, 2009 (3): 43.

［59］Adrian T, Shin H S. Financial intermediaries and monetary economics［M］//Handbook of monetary economics. Elsevier, 2010 (3): 601 – 650.

［60］Dell'Ariccia G, Marquez R. Risk and the corporate structure of banks［J］. The Journal of Finance, 2010, 65 (3): 1075 – 1096.

［61］Altunbas Y, Gambacorta L, Marques – Ibanez D. Bank risk and monetary policy［J］. Journal of Financial Stability, 2010, 6 (3): 121 – 129.

［62］Angeloni I, Faia E, Duca M L. Monetary policy and risk taking［J］. Journal of Economic Dynamics and Control, 2015 (52): 285 – 307.

［63］Delis M D, Kouretas G P. Interest rates and bank risk – taking［J］. Journal of Banking & Finance, 2011, 35 (4): 840 – 855.

［64］Maddaloni A, Peydró J L. Bank risk – taking, securitization, supervision, and low interest rates: Evidence from the Euro – area and the US lending standards［J］. the review of financial studies, 2011, 24 (6): 2121 – 2165.

［65］Delis M, Hasan I, Mylonidis N. The risk – taking channel of monetary policy in the USA: Evidence from micro – level data［J］. 2012.

［66］Delis M D, Hasan I, Mylonidis N. The Risk – Taking Channel of Monetary Policy in the US: Evidence from Corporate Loan Data［J］. Journal of Money, Credit and Banking, 2017, 49 (1): 187 – 213.

［67］Dell'Ariccia M G, Laeven M L, Suarez M G. Bank Leverage and Monetary Policy's Risk – Taking Channel: Evidence from the United States［M］. International Monetary Fund, 2013.

［68］Jiménez G, Ongena S, Peydró J L, et al. Hazardous times for monetary policy: What do twenty-three million bank loans say about the effects of monetary policy on credit risk-taking? [J]. Econometrica, 2014, 82 (2): 463-505.

[69] Bruno V, Shin H S. Capital flows and the risk-taking channel of monetary policy [J]. Journal of Monetary Economics, 2015 (71): 119-132.

[70] Paligorova T, Santos J A C. Monetary policy and bank risk-taking: Evidence from the corporate loan market [J]. Journal of Financial Intermediation, 2017 (30): 35-49.

[71] 张雪兰, 何德旭. 货币政策立场与银行风险承担——基于中国银行业的实证研究 (2000-2010) [J]. 经济研究, 2012, 47 (5): 31-44.

[72] 徐明东, 陈学彬. 货币环境、资本充足率与商业银行风险承担 [J]. 金融研究, 2012 (7): 50-62.

[73] 方意, 赵胜民, 谢晓闻. 货币政策的银行风险承担分析——兼论货币政策与宏观审慎政策协调问题 [J]. 管理世界, 2012 (11): 9-19+56+187.

[74] 张强, 乔煜峰, 张宝. 中国货币政策的银行风险承担渠道存在吗? [J]. 金融研究, 2013 (8): 84-97.

[75] 刘生福, 李成. 货币政策调控、银行风险承担与宏观审慎管理——基于动态面板系统 GMM 模型的实证分析 [J]. 南开经济研究, 2014 (5): 24-39.

[76] 金鹏辉, 张翔, 高峰. 货币政策对银行风险承担的影响——基于银行业整体的研究 [J]. 金融研究, 2014 (2): 16-29.

[77] 汪莉, 王先爽. 央行预期管理、通胀波动与银行风险承担 [J]. 经济研究, 2015, 50 (10): 34-48.

[78] 谭政勋, 李丽芳. 中国商业银行的风险承担与效率——货币政策视角 [J]. 金融研究, 2016 (6): 112-126.

[79] 项后军, 闫玉. 理财产品发展、利率市场化与银行风险承担问题研究 [J]. 金融研究, 2017 (10): 99-114.

[80] 王晋斌, 李博. 中国货币政策对商业银行风险承担行为的影响研究 [J]. 世界经济, 2017, 40 (1): 25-43.

[81] 邓向荣, 张嘉明. 货币政策、银行风险承担与银行流动性创造 [J]. 世界经济, 2018, 41 (4): 28-52.

[82] Woodford M. Comment [J]. NBER Macroeconomics Annual, 2011, 25 (1): 193-204.

[83] Mishkin F S. Monetary policy flexibility, risk management, and financial disruptions [J]. Journal of Asian Economics, 2010, 21 (3): 242 – 246.

[84] Mishkin F S. Monetary policy strategy: lessons from the crisis [R]. National Bureau of Economic Research, 2011.

[85] Agur. I., Demertzis, M. A Model of Monetary Policy and Bank Risk Taking [C]. mimeoNetherlands Bank, October, 2009.

[86] Kannan P, Rabanal P, Scott A. Monetary and Macroprudential Policy Rules in a Model with House Price Booms [J]. IMF Working Paper 09/251, 2009.

[87] Platen E, Semmler W. Asset markets and monetary policy [J]. QFRC Reasearch paper No. 247, 2009.

[88] 李成, 马文涛, 王彬. 我国金融市场间溢出效应研究——基于四元 VAR – GARCH (1, 1) – BEKK 模型的分析 [J]. 数量经济技术经济研究, 2010, 27 (6): 3 – 19.

[89] 吴培新. 以货币政策和宏观审慎监管应对资产价格泡沫 [J]. 国际金融研究, 2011 (5): 4 – 12.

[90] 巴曙松, 韩明睿. 基于 SVAR 模型的金融形势指数 [J]. 宏观经济研究, 2011 (4): 26 – 31, 79.

[91] DeFiore F, Teles P, Tristani O. Monetary policy and the financing of firms [J]. American Economic Journal: Macroeconomics, 2011, 3 (4): 112 – 142.

[92] Schularick M, Taylor A M. Credit booms gone bust: Monetary policy, leverage cycles, and financial crises, 1870 – 2008 [J]. American Economic Review, 2012, 102 (2): 1029 – 1061.

[93] Gilchrist S, Zakrajšek E. Credit Spreads and Business Cycle Fluctuations [J]. American Economic Review, 2012, 102 (4): 1692 – 1720.

[94] 马勇. 基于金融稳定的货币政策框架: 理论与实证分析 [J]. 国际金融研究, 2013 (11): 4 – 15.

[95] Huang K, Davis J. Credit Risks and Monetary Policy Trade – Offs [R]. Vanderbilt University Department of Eco – nomics working papers, 2013.

[96] Stein J. Incorporating Financial Stability Considerations into a Monetary Policy Framework: a speech at the International Research Forum on Monetary Policy, Washington, DC, March 21, 2014 [R]. Board of Governors of the Federal Reserve System (US), 2014.

[97] 马勇,李镭洋. 金融变量如何影响实体经济:基于中国的实证分析[J]. 金融评论,2015,7(1):34-50,124-125.

[98] Cúrdia V, Woodford M. Credit frictions and optimal monetary policy [J]. Journal of Monetary Economics, 2016 (84): 30-65.

[99] Filardo A J, Rungcharoenkitkul P. A quantitative case for leaning against the wind [J]. BIS Working Paper No. 594. 2016.

[100] Verona F, Martins M M F, Drumond I. Financial shocks, financial stability, and optimal Taylor rules [J]. Journal of Macroeconomics, 2017 (54): 187-207.

[101] Adrian T, Liang N. Monetary Policy, Financial Conditions, and Financial Stability [J]. International Journal of Central Banking, 2018, 14 (1): 73-131.

[102] Gelain P, Lansing K J, Mendicino C. House prices, credit growth, and excess volatility: Implications for monetary and macroprudential policy [J]. 2013.

[103] Svensson L E O. Inflation Targeting and Leaning against the Wind [J]. The International Journal of Central Banking, 2014, 10 (2): 103-114.

[104] 张亦春,胡晓. 宏观审慎视角下的最优货币政策框架[J]. 金融研究,2010(5):30-40.

[105] 朱琳. 货币政策如何应对理性资产价格泡沫[D]. 南京:南京大学,2016.

[106] 马勇,张靖岚,陈雨露. 金融周期与货币政策[J]. 金融研究,2017(3):33-53.

[107] 马勇,杨栋,陈雨露. 信贷扩张、监管错配与金融危机:跨国实证[J]. 经济研究,2009,44(12):93-105.

[108] Rigobon R, Sack B. Measuring the reaction of monetary policy to the stock market [J]. The quarterly journal of Economics, 2003, 118 (2): 639-669.

[109] Castelnuovo E, Nistico S. Stock market conditions and monetary policy in a DSGE model for the US [J]. Journal of Economic Dynamics and Control, 2010, 34 (9): 1700-1731.

[110] Finocchiaro D, Von Heideken V Q. Do central banks react to house prices? [J]. Journal of Money, Credit and Banking, 2013, 45 (8): 1659-1683.

[111] Baxa J, Horváth R, Vašíček B. Time-varying monetary-policy rules and financial stress: Does financial instability matter for monetary policy? [J]. Journal of Financial Stability, 2013, 9 (1): 117-138.

[112] Quint D, Rabanal P. Monetary and macroprudential policy in an estimated DSGE model of the Euro Area [R]. Discussion Paper, School of Business & Economics: Economics, 2014.

[113] Ajello, A., Laubach, T., López-Salido, D., Nakata, T., 2016. Financial Stability and Optimal Interest-Rate Policy (No. 2016-067). Board of Governors of the Federal Reserve System (US).

[114] Hirakata N, Sudo N, Ueda K. Capital injection, monetary policy, and financial accelerators [J]. International Journal of Central Banking, 2013, 9 (2): 101-145.

[115] Smets F. Financial stability and monetary policy: How closely interlinked? [J]. International Journal of Central Banking, 2014, 10 (2): 263-300.

[116] Svensson L E O. Cost-Benefit Analysis of Leaning Against the Wind [R]. National Bureau of Economic Research, No. w21902. 2016.

[117] Clement P. The term "macroprudential": origins and evolution1 [J]. BIS Quarterly Review, 2010: 59.

[118] 张健华, 贾彦东. 宏观审慎政策的理论与实践进展 [J]. 金融研究, 2012 (1): 20-35.

[119] 周小川. 金融政策对金融危机的响应——宏观审慎政策框架的形成背景、内在逻辑和主要内容 [J]. 金融研究, 2011 (1): 1-14.

[120] 陈雨露, 马勇. 宏观审慎监管: 目标, 工具与相关制度安排 [J]. 经济理论与经济管理, 2012 (3): 5-15.

[121] Borio C. Towards a macroprudential framework for financial supervision and regulation? [J]. CESifo Economic Studies, 2003, 49 (2): 181-215.

[122] Galati G, Moessner R. Macroprudential policy-a literature review [J]. Journal of Economic Surveys, 2013, 27 (5): 846-878.

[123] Claessens S. An overview of macroprudential policy tools [J]. Annual Review of Financial Economics, 2015 (7): 397-422.

[124] 马勇. 金融结构、银行发展与经济增长 [J]. 财经科学, 2010 (2): 10-17.

[125] Caruana J. Macroprudential policy: working towards a new consensus [J]. Bank for International Settlements, Basel, Switzerland, 2010.

[126] 梁琪, 李政, 卜林. 中国宏观审慎政策工具有效性研究 [J]. 经

济科学, 2015 (2): 5-17.

[127] Moreno R. Policymaking from a 'macroprudential' perspective in emerging market economies [J]. 2011.

[128] Funke M, Paetz M. A DSGE-based assessment of nonlinear loan-to-value policies: Evidence from Hong Kong [J]. BOFIT Discussion Paper No. 11. 2012.

[129] Suh H. Macroprudential policy: its effects and relationship to monetary policy [R]. Federal Reserve Bank of Philadelphia, No. 12-28. 2012.

[130] Yu S X. Evaluatingmacroprudential policy in a DSGE framework with financial frictions [R]. Division of Social Science, New College of Florida Working Paper, 2013.

[131] Gelain P, Lansing K, Mendicino C. House Prices, Credit Growth, and Excess Volatility: Implications for Monetary and Macroprudential Policy [J]. International Journal of Central Banking, 2013, 9 (2): 219-276.

[132] Funke M, Kirkby R, Mihaylovski P. House prices and macroprudential policy in an estimated DSGE model of New Zealand [J]. Journal of Macroeconomics, 2018 (56): 152-171.

[133] 梁璐璐, 赵胜民, 田昕明, 罗金峰. 宏观审慎政策及货币政策效果探讨: 基于DSGE框架的分析 [J]. 财经研究, 2014, 40 (3): 94-103.

[134] 陈明玮, 袁梦怡, 王博. 新常态下宏观审慎工具的有效性——基于DSGE模型的分析框架 [J]. 财经问题研究, 2016 (11): 59-65.

[135] 孟宪春, 张屹山, 李天宇. 住房信贷与房产税调控政策的传导机制与协调效应分析 [J]. 经济科学, 2017 (3): 47-59.

[136] 罗娜, 程方楠. 房价波动的宏观审慎政策与货币政策协调效应分析——基于新凯恩斯主义的DSGE模型 [J]. 国际金融研究, 2017 (1): 39-48.

[137] Clerc L, Derviz A, Mendicino C, et al. Capital regulation in a macroeconomic model with three layers of default [J]. Banque de France Working Paper, 2014: 533.

[138] Benes J, Kumhof M. Risky bank lending and countercyclical capital buffers [J]. Journal of Economic Dynamics and Control, 2015 (58): 58-80.

[139] Mendicino C, Nikolov K, Suarez J, et al. Welfare analysis of implementable macroprudential policy rules: heterogeneity and trade-offs [J]. Unpublished: European Central Bank (ECB) and Center for Monetary and Financial Stud-

ies (CEMFI), Frankfurt, 2015.

[140] Rubio M, Carrasco - Gallego J A. The new financial regulation in BaselIII and monetary policy: A macroprudential approach [J]. Journal of Financial Stability, 2016 (26): 294 -305.

[141] 王爱俭, 王璟怡. 宏观审慎政策效应及其与货币政策关系研究 [J]. 经济研究, 2014, 49 (4): 17 -31.

[142] 李天宇, 张屹山, 张鹤. 我国宏观审慎政策规则确立与传导路径研究——基于内生银行破产机制的 BGG - DSGE 模型 [J]. 管理世界, 2017 (10): 20 -35, 187.

[143] 范从来, 高洁超. 银行资本监管与货币政策的最优配合: 基于异质性金融冲击视角 [J]. 管理世界, 2018, 34 (1): 53 -65, 191.

[144] Roger S, Vlček J. Macroeconomic costs of higher bank capital and liquidity requirements [J]. IMF Working Paper No. 11/103. 2011.

[145] Chadha J S, Corrado L. Macro - prudential policy on liquidity: What does a DSGE model tell us? [J]. Journal of Economics and Business, 2012, 64 (1): 37 -62.

[146] Ratnovski L. Bank liquidity regulation and the lender of last resort [J]. Journal of Financial Intermediation, 2009, 18 (4): 541 -558.

[147] Saurina J. Loan loss provisions in Spain. A working macroprudential tool [J]. Revista de Estabilidad Financiera, 2009 (17): 11 -26.

[148] Foglia A. Stress Testing Credit Risk: A Survey of Authorities' Approaches [J]. International Journal of Central Banking, 2009.

[149] Nadauld T D, Sherlund S. The Role of the Securitization Process in the Expansion of prime Credit [R]. Ohio State University, Charles A. Dice Center for Research in Financial Economics, 2009.

[150] Lim C H, Costa A, Columba F, et al. Macroprudential policy: what instruments and how to use them? Lessons from country experiences [J]. 2011.

[151] Gauthier C, Lehar A, Souissi M. Macroprudential regulation and systemic capital requirements [R]. Bank of Canada Working Paper, 2010.

[152] Alichi A, Hong M C, Ryoo M S C. Managing non - core liabilities and leverage of the banking system: A building block for macroprudential policy making in Korea [M]. International Monetary Fund, 2012.

[153] Meeks R. Capital regulation and the macroeconomy: Empirical evidence and macroprudential policy [J]. European Economic Review, 2017 (95): 125–141.

[154] 王作文. 宏观审慎监管理论与实证分析 [D]. 吉林: 吉林大学, 2013.

[155] 方意. 宏观审慎政策有效性研究 [J]. 世界经济, 2016, 39 (8): 25–49.

[156] 杨昊龙. 宏观审慎政策有效性及其协调效应研究 [D]. 北京: 中央财经大学, 2017.

[157] 杨昊龙, 方意, 李宪铎, 宋辉鹏. "金砖国家" 宏观审慎政策有效性研究 [J]. 宏观经济研究, 2017 (1): 163–175.

[158] 许玲. 宏观审慎监管政策工具有效性研究 [D]. 吉林: 吉林大学, 2018.

[159] 王勇. 宏观审慎政策调控住房市场的有效性研究 [J]. 当代财经, 2018 (3): 12–22.

[160] 荆中博, 方意. 中国宏观审慎政策工具的有效性和靶向性研究 [J]. 财贸经济, 2018, 39 (10): 75–90.

[161] 叶欢. 宏观审慎政策工具的有效性——基于中国、中国香港和韩国数据的研究 [J]. 管理评论, 2018, 30 (2): 42–51.

[162] 何玉洁, 赵胜民. 房地产审慎监管的有效性及与货币政策协调性分析——基于中国 2002~2017 年数据的实证研究 [J]. 当代经济科学, 2018, 1: 1–15.

[163] Forbes K, Reinhardt D, Wieladek T. The spillovers, interactions, and (un) intended consequences of monetary and regulatory policies [J]. Journal of Monetary Economics, 2017 (85): 1–22.

[164] Kang M H, Vitek F, Bhattacharya M R, et al. Macroprudential policy spillovers: a quantitative analysis [M]. International Monetary Fund, 2017.

[165] IMF. Lessons for monetary policy from asset price fluctuation. World Econimic outlook, Chapter 3, 2009.

[166] N'Diaye. Countercyclical macro prudential policies in a supporting role to monetary policy [J]. Working Paper, 2009: 257.

[167] 马勇, 陈雨露. 宏观审慎政策的协调与搭配: 基于中国的模拟分析 [J]. 金融研究, 2013 (8): 57–69.

[168] 郭子睿,张明. 货币政策与宏观审慎政策的协调使用 [J]. 经济学家, 2017 (5): 68-75.

[169] 徐忠. 中国稳健货币政策的实践经验与货币政策理论的国际前沿 [J]. 金融研究, 2017 (1): 1-21.

[170] Borio C, Drehmann M. Assessing the risk of banking crises - revisited [J]. BIS Quarterly Review, 2009: 29.

[171] Beau D, Clerc L, Mojon B. Macro - prudential policy and the conduct of monetary policy [J]. Banque de France Working Paper, 2012: 390.

[172] Angelini P, Neri S, Panetta F. Monetary and macroprudential policies [J]. Bank of Italy Temi di Discussione, Working Paper, 2011: 801.

[173] Blanchard O, DellAriccia G, Mauro P. Rethinking macroeconomic policy [J]. Revista de Economía Institucional, 2010, 12 (22): 61-82.

[174] Kannan P, Rabanal P, Scott A M. Monetary and macroprudential policy rules in a model with house price booms [J]. Social Science Electronic Publishing, 2012, 12 (1): 544-553.

[175] Angeloni I, Faia E. Capital regulation and monetary policy with fragile banks [J]. Journal of Monetary Economics, 2013, 60 (3): 311-324.

[176] Dunstan A. The interaction between monetary and macro - prudential policy [J]. Reserve Bank of New Zealand Bulletin, 2014, 77 (2): 15-25.

[177] Scott A, Rabanal P, Kannan P. Monetary and macroprudential policy rules in a model with house price booms [M]. International Monetary Fund, 2009.

[178] Paoli B D E, Paustian M. Coordinating monetary and macroprudential policies [J]. Journal of Money, Credit and Banking, 2017, 49 (2-3): 319-349.

[179] Tayler W J, Zilberman R. Macroprudential regulation, credit spreads and the role of monetary policy [J]. Journal of Financial Stability, 2016 (26): 144-158.

[180] Yellen J L. Monetary policy and financial stability [M]. Speech Given at the 2014 Michel Camdessus Central Banking Lecture, International Monetary Fund, Washington, D. C., July 2, 2014.

[181] 马勇. 植入金融因素的 DSGE 模型与宏观审慎货币政策规则 [J]. 世界经济, 2013, 36 (7): 68-92.

[182] 程璐. 货币政策与宏观审慎政策的效用结果研究——基于新凯恩斯 DSGE 模型 [J]. 当代经济科学, 2015, 37 (6): 34-41, 123.

[183] 李天宇, 张屹山, 张鹤. 扩展型货币政策与宏观审慎监管的金融稳定作用分析 [J]. 经济评论, 2016 (3): 3 – 16.

[184] 卜林, 郝毅, 李政. 财政扩张背景下我国货币政策与宏观审慎政策协同研究 [J]. 南开经济研究, 2016 (5): 55 – 73, 88.

[185] 程方楠, 孟卫东. 宏观审慎政策与货币政策的协调搭配——基于贝叶斯估计的 DSGE 模型 [J]. 中国管理科学, 2017, 25 (1): 11 – 20.

[186] 赵玮, 赵敏娟. 异质性预期下宏观审慎政策与货币政策的协调效应 [J]. 财贸经济, 2018, 39 (4): 35 – 50.

[187] 李天宇, 冯叶, 张屹山. 宏观审慎政策的信号识别、规则确立与传导路径分析 [J]. 经济评论, 2017 (5): 123 – 138.

[188] Bean C, Paustian M, Penalver A, et al. Monetary policy after the fall [C]. Proceedings – Economic Policy Symposium – Jackson Hole. Federal Reserve Bank of Kansas City, 2010: 267 – 328.

[189] Pariès M D, Sørensen C K, Rodriguez – Palenzuela D. Macroeconomic Propagation under Different Regulatory Regimes: Evidence from an Estimated DSGE Model for the Euro Area [J]. International Journal of Central Banking, 2011, 7 (4): 49 – 113.

[190] Shin H. Macroprudential Tools, Their Limits, and Their Connection with Monetary Policy [J]. Progress and Confusion: The State of Macroeconomic Policy, 2016: 328 – 352.

[191] Paoli B D E, Paustian M. Coordinating monetary and macroprudential policies [J]. Journal of Money, Credit and Banking, 2017, 49 (2 – 3): 319 – 349.

[192] Hyunduk Suh. Macroprudential policy its effects and relationship to monetary policy. Working Paper. 2012: 12 – 28.

[193] Hyunduk Suh. Dichotomy between macroprudential policy and monetary policy on credit and inflation [J]. Economics Letters, 2014, 122 (2): 144 – 149.

[194] Svensson L E O. The relation between monetary policy and financial policy [J]. International Journal of Central Banking, 2012, 8 (S1 s 293): 295.

[195] Svensson L E O. Monetary policy and macroprudential policy: Different and separate? [J]. Canadian Journal of Economics/Revue canadienne d'économique, 2018, 51 (3): 802 – 827.

[196] Christiano L J, Motto R, Rostagno M. Risk shocks [J]. American

Economic Review, 2014, 104 (1): 27-65.

[197] Gertler M, Karadi P. A model of unconventional monetary policy [J]. Journal of monetary Economics, 2011, 58 (1): 17-34.

[198] Kydland F E, Prescott E C. Time to build and aggregate fluctuations [J]. Econometrica: Journal of the Econometric Society, 1982: 1345-1370.

[199] Long Jr J B, Plosser C I. Real business cycles [J]. Journal of political Economy, 1983, 91 (1): 39-69.

[200] Chetty R, Guren A, Manoli D, et al. Are micro and macro labor supply elasticities consistent? A review of evidence on the intensive and extensive margins [J]. American Economic Review, 2011, 101 (3): 471-75.

[201] Christiano L J, Eichenbaum M. Current real-business-cycle theories and aggregate labor-market fluctuations [J]. The American Economic Review, 1992: 430-450.

[202] King R G, Rebelo S T. Resuscitating real business cycles [J]. Handbook of macroeconomics, 1999 (1): 927-1007.

[203] Backus D K, Kehoe P J, Kydland F E. International real business cycles [J]. Journal of political Economy, 1992, 100 (4): 745-775.

[204] Mussa M. Nominal exchange rate regimes and the behavior of real exchange rates: Evidence and implications [C]. Carnegie-Rochester Conference series on public policy. North-Holland, 1986 (25): 117-214.

[205] Bernanke B S. The macroeconomics of the Great Depression: A comparative approach [R]. National Bureau of Economic Research, 1994.

[206] Bernanke B. The federal funds rate and the channels of monetary transnission [R]. National Bureau of Economic Research, 1990.

[207] Yun T. Nominal price rigidity, money supply endogeneity, and business cycles [J]. Journal of monetary Economics, 1996, 37 (2): 345-370.

[208] Goodfriend M, King R G. The new neoclassical synthesis and the role of monetary policy [J]. NBER macroeconomics annual, 1997 (12): 231-283.

[209] Clarida R, Gali J, Gertler M. The science of monetary policy: a new Keynesian perspective [J]. Journal of economic literature, 1999, 37 (4): 1661-1707.

[210] Rotemberg J J, Woodford M. An optimization-based econometric

framework for the evaluation of monetary policy [J]. NBER macroeconomics annual, 1997 (12): 297 – 346.

[211] Smets F, Wouters R. An Estimated Dynamic Stochastic General Equilibrium Model of the Euro Area [J]. Journal of the European Economic Association, 2003, 1 (5): 1123 – 1175.

[212] Smets F, Wouters R. Shocks and Frictions in U.S. Business Cycles: A Bayesian DSGE Approach [J]. American Economic Review, 2007, 97 (3): 586 – 606.

[213] Christiano L J, Eichenbaum M. Nominal Rigidities and the Dynamic Effects of a Shock to Monetary Policy [J]. Journal of Political Economy, 2005, 113 (1): 1 – 45.

[214] DeJong D N, Dave C. Structural macroeconometrics [M]. Princeton University Press, 2011.

[215] Gertler M, Kiyotaki N. Banking, liquidity, and bank runs in an infinite horizon economy [J]. American Economic Review, 2015, 105 (7): 2011 – 2043.

[216] Jermann U, Quadrini V. Macroeconomic effects of financial shocks [J]. American Economic Review, 2012, 102 (1): 238 – 271.

[217] Iacoviello M. House prices, borrowing constraints, and monetary policy in the business cycle [J]. American economic review, 2005, 95 (3): 739 – 764.

[218] Cai M, Del Negro M, Giannoni M P, et al. DSGE forecasts of the lost recovery. Federal Reserve Bank of New York Staff Reports, 2018: 844.

[219] Christiano L J, Eichenbaum M S, Trabandt M. On DSGE models [J]. Journal of Economic Perspectives, 2018, 32 (3): 113 – 140.

[220] 贾润崧, 张四灿. 中国省际资本存量与资本回报率 [J]. 统计研究, 2014, 31 (11): 35 – 42.

[221] Jordi Gali. Monetary Policy, Inflation, and the Business Cycle [M]. Princeton University Press, 2008.

[222] Woodford M. Interest and prices: Foundations of a theory of monetary policy [M]. princeton university press, 2011.

[223] 万晓莉. 我国货币政策能减小宏观经济波动吗? 基于货币政策反应函数的分析 [J]. 经济学 (季刊), 2011, 10 (2): 435 – 456.

[224] Svensson L E O. Monetary policy after the crisis [J]. Speech at the Federal Reserve Bank of San Francisco, 2011: 29.

[225] Jorda, O. , Schularick, M. , Taylor, A. M. . When credit bites back. J. Money Credit Bank, 2013, 45 (s2): 3-28.

[226] Jorda, O. , Schularick, M. , Taylor, A. M. . Leveraged Bubbles. National Bureau of Economic Research, Inc. NBER Working Papers 21486, 2015.

[227] 黄宪, 熊启跃. 银行资本缓冲、信贷行为与宏观经济波动——来自中国银行业的经验证据 [J]. 国际金融研究, 2013 (1): 52-65.

[228] 马勇, 姚驰. 监管压力、经济周期与宏观审慎政策效果 [J]. 经济理论与经济管理, 2017 (10): 5-16.

[229] Arellano M, Bover O. Another look at the instrumental variable estimation of error-components models [J]. Journal of econometrics, 1995, 68 (1): 29-51.

[230] Blundell R, Bond S. Initial conditions and moment restrictions in dynamic panel data models [J]. Journal of econometrics, 1998, 87 (1): 115-143.

[231] 张娜. 货币政策银行信贷渠道传导效应分析——基于银行微观竞争水平的视角 [J]. 国际金融研究, 2019 (2): 54-65.

[232] 顾海峰, 杨立翔. 货币政策、银行规模差异与信贷传导特征——来自2006-2015年中国银行业的证据 [J]. 国际金融研究, 2017 (12): 53-64.

[233] 方意. 货币政策与房地产价格冲击下的银行风险承担分析 [J]. 世界经济, 2015, 38 (7): 73-98.

[234] 孙成浩, 沈坤荣. 降低银行贷款规模有利于提升产能利用率吗?——基于中国制造业企业的实证研究 [J]. 产业经济研究, 2018 (3): 27-39, 102.

[235] 郭晔, 赵静. 存款竞争、影子银行与银行系统风险——基于中国上市银行微观数据的实证研究 [J]. 金融研究, 2017 (6): 81-94.

[236] 洪昊, 陈一稀, 项燕彪. 宏观审慎管理机制对货币政策的影响效应研究 [J]. 国际金融研究, 2018 (9): 45-55.

[237] Ferri G, Kalmi P, Kerola E. Does bank ownership affect lending behavior? Evidence from the Euro area [J]. Journal of Banking & Finance, 2014 (48): 194-209.

[238] 张澄, 沈悦. 房价波动、风险约束与银行信贷——来自中国银行业的经验证据 [J]. 经济与管理研究, 2018, 39 (8): 15-26.

[239] 陈忠阳, 许悦. 对我国系统重要性银行的市场约束真的有效吗——基于9起监管事件的实证研究 [J]. 经济理论与经济管理, 2017 (8): 60-74.